当代破产法丛书

韩长印◉总主编　　许德风　任一民◉执行主编

破产法上
待履行合同问题研究

张玉海◉著

当代中国出版社
Contemporary China Publishing House

图书在版编目(CIP)数据

破产法上待履行合同问题研究 / 张玉海著. -- 北京：当代中国出版社，2023.5

(当代破产法丛书)

ISBN 978-7-5154-1258-0

Ⅰ. ①破… Ⅱ. ①张… Ⅲ. ①破产法—研究—中国 Ⅳ. ①D922.291.924

中国国家版本馆 CIP 数据核字(2023)第 074109 号

出 版 人　冀祥德
责任编辑　邓颖君
责任校对　贾云华
印刷监制　刘艳平
封面设计　鲁　娟
出版发行　当代中国出版社
地　　址　北京市地安门西大街旌勇里 8 号
网　　址　http://www.ddzg.net
邮政编码　100009
编 辑 部　(010)66572744
市 场 部　(010)66572281　66572157
印　　刷　北京润田金辉印刷有限公司
开　　本　710 毫米×1000 毫米　1/16
印　　张　14.75 印张　2 插页　195 千字
版　　次　2023 年 5 月第 1 版
印　　次　2023 年 5 月第 1 次印刷
定　　价　78.00 元

序　言

如果从合同的视角审视“债”的内涵,“债”就是一种信用。而信用是债权与债务在时间上产生的一种脱节。该项脱节能否最终缝合,与其说取决于债务人未来的偿债愿望,毋宁说取决于债务人的偿债能力。因为,债务人的承诺如果能兑现而不予兑现,法律的强制力便会介入。极限的做法是借助于对人的执行,恰如莎士比亚笔下夏洛克与安东尼奥的故事。只是该故事发生之时,已经有了颠覆对人执行的思想萌芽,此即民法上“公序良俗”原则的雏形。

及至日本学者我妻荣《债权在近代法中的优越地位》一书的出版,人们才清晰地意识到债权制度对资本主义经济发展的突出贡献,以及债权制度的变革和发展在迎合资本主义经济发展方面所呈现出来的基本轨迹。显而易见,经济的发达是与债权制度的发达亦步亦趋的。

但正如英国金融服务局前主席阿代尔·特纳在其《债务和魔鬼》一书中指出的,债务很可能会被过度创造,当一个经济体中的债务超过一定水平后,经济就必然变得不稳定。“可以说从人类社会诞生货币和负债开始,金融危机便出现了。”过度依赖于债务驱动发展的经济,在增速放缓或者下行之时,债务风险便会持续累加。但话说回来,债务风险甚或债务危机,不过是现代经济周期性波动的内生结果,在不能避免又不可克服的情况下,积极地应对债务风险并就其对经济造成的创伤进行修补,或许是我们应当秉持的态度。破产制度的推行及其破产挽救和出清功能的发挥便是极为重要的一环。

在破产法处理的诸多债务类型和重要命题之中,有一类极为特殊的“债”的类型和命题,那就是“待履行合同”。美国著名破产法学者查尔斯·J. 泰步曾经指出:“在破产法上,最令人困惑、最复杂且最容易被人误解的问题之一就是所谓的‘待履行合同’。”美国《破产法典》关于待履行合同的第 365 条“可以说是一片几乎无法穿越的法律迷丛”。张玉海博士的这本书便是对该论题进行系统思考并尝试提出一套逻辑自洽的解决方案的一本专著。

本书作者认为,待履行合同问题的核心在于,一方破产带来的合同无法继续履行的风险应由谁承担以及对风险的承担方式可以有哪些备选方案。鉴于这些问题应当先于破产程序的启动而约定在合同之中,破产法原则上无需创设自身的特殊规则,只需“遵循非破产法规则”即可。

本书的一大特色在于对一手比较法资料的系统梳理。本书借助 110 余件域外法案例,为我们全景呈现了域外法尤其是美国法在待履行合同问题上的实践样态。本书还系统介绍了美国学者在 20 世纪 80 年代提出的“待履行性”学说与“功能主义”学说。这两种学说是在 Countryman 教授的“实质违约测试”理论之外最具影响力的理论学说。

“待履行性”学说主张,在破产申请之后,待履行合同并非当然移转至破产财团,而应由管理人根据破产财团价值最大化原则进行选择:若该待履行合同能增加破产财团的价值,则应选择承继;反之,则应予以拒绝。承继的后果是,破产财团将取得破产债务人于待履行合同下的债权,并承担相应的债务(即相对人之债权取得管理费用优先顺位);拒绝的后果是,破产财团既不会享有破产债务人于待履行合同下的债权,亦无须承担相应的义务，相对人在无担保的情况下仅享有普通债权之顺位。

“功能主义”学说则认为，破产债务人在待履行合同关系中所享有的合同权利，基于美国《破产法典》第 541 条自动归入破产财团，在合同关系中所负担的义务则基于第 502 条由破产财团承担。破产管理人在决定是否继续履行待履行合同时，同样应以最大化破产财团价值为准则，不过在衡量是否对破产财团有利时，基于破产法上的比例清偿原则，管理人选择拒绝时仅需就损害赔偿进行比例赔付。并且，管理人就承继还是拒绝进行选择时，只需遵循合同法的既有规则。

作为系统解决待履行合同方案的一部分，本书还对管理人选择继续履行后的相对人利益保护问题进行了探讨。作者结合美国法经验，提出了如下完善建议：(1)即使破产债务人在破产受理前存在违约行为，管理人仍得选择继续履行，即在实质上限制或排除了作为守约方的相对人在合同法上享有的解除权。只不过，管理人须对此类违约损害予以必要的补救。(2)相对人基于合同法享有的抗辩权在破产程序中应被限制行使，其抗辩权所蕴含的保障和救济功能，只能通过破产机制加以实现。(3)对于合同中常常约定的加速到期条款，在破产清算程序中仍应承认其效力，而在破产重整程序中则给以必要的限制，以免重整程序无法有效开展。(4)为便利破产财产的价值最大化，对于管理人选择继续履行后的合同转让问题，应持开放态度。这些建议中，尤值得关注的是第(4)点。我国现行立法对待履行合同仅提供了“解除”与“继续履行”两个选项，而作者在此提供了第三种可能性——合同权利义务概括性转让。这一建议无疑丰富了我们处理待履行合同问题的“工具箱”。毕竟待履行合同中不乏大量的继续性合同，尤其是在长期履行过程中双方当事人的权利和义务交织在一起的继续性合同。

是为序！

韩长印

2023 年春于上海

目录

前　言

妥善处理待履行合同问题，无论是对破产财团价值最大化、破产重整成功开展等现代破产法立法目标的实现，还是对相对人利益的维护均有重大意义。在美国，甚至有学者认为，大量破产程序被债务人提起的原因便是欲借此免掉本应承担的合同义务。待履行合同，作为非破产法（尤其是合同法）与破产法的重要交汇地带，在对其处理的过程中无时无刻不体现着不同法律价值的冲突，一旦在制度设置上出现偏差必然会产生极大的负面影响。然而，我国现行《企业破产法》的相关制度构造，无论是条文的数量，还是既有条文的内容，均亟待完善。对于我国破产司法实践中围绕待履行合同问题业已产生的大量争议，现有立法已表现出“捉襟见肘”“力不从心”之势。

在温州佳通实业有限公司等诉温州博来登皮具有限公司租赁合同纠纷案[1]中，法院认为“租赁合同……承租人不光要支付租金，还要按照约

〔1〕 参见浙江省温州市龙湾区人民法院，(2014)温龙民初字第767号民事判决书。

定的方法使用租赁物，仅仅支付租金并不是履行完毕合同的表现，本案租赁期限未满，出租人将房屋交付承租人使用、收益仍处于持续状态”，故涉案租赁合同仍属待履行合同。而在不少涉房地产买卖合同的案件中法官认为，即使案涉不动产尚未完成所有权移转登记，但因当事人已支付完房款，主要合同义务已履行完毕，案涉买卖合同不再属于待履行合同。[1] 那么，我国《企业破产法》第18条所规定的双方未履行完毕究竟应做何种解释呢？是仅主合同义务未履行完毕，抑或从合同义务、附随义务亦属之？

在承租人兴昊公司诉破产财产买受人香河公司继续履行其与破产企业签订的租赁合同案[2]中，当事人基于合同法享有的同时履行抗辩权在破产程序中能否继续主张，以及在破产程序中解除待履行合同时是否需考虑相对人的利益便引起了主审法官的反思。与前一争议点相类似的是，在张某等诉安徽国茂建设置业有限公司商品房买卖合同纠纷案[3]中，相对人依原《合同法》享有的要求继续履行的救济方式是否被《企业破产法》第18条当然地排除掉同样引起了争议。对此，现有立法未能提供直接的制度供给。

此外，在江苏日出化工有限公司等与江苏金融租赁有限公司融资租赁合同纠纷上诉案[4]中，涉案《融资租赁合同》中有如下约定：“在承租人支付租金逾期以及破产时，金融租赁公司有权要求承租人及时付清全部未到期租金和其他一切应付款项。”2011年11月21日，金融租赁公司基于上述约定提起诉讼，而2011年11月28日，姜堰法院裁定受理第三人对承租人提起的破产清算申请。对前述《融资租赁合同》中条款的效力，南京市中级人民法院予以认可，进而认为《企业破产法》第18条所规

〔1〕 参见陈某玲、浙江正国房地产开发有限公司与破产有关的纠纷案[浙江省温州市中级人民法院，(2021)浙03民再15号民事判决书]、大连机床集团有限责任公司、×××等一般取回权纠纷案[辽宁省高级人民法院，(2021)辽民终499号民事判决书]等。

〔2〕 参见北京市大兴区人民法院调解书。

〔3〕 参见安徽省滁州市中级人民法院，(2012)滁民一初字第00065号民事判决书。

〔4〕 参见江苏省南京市中级人民法院，(2012)宁商终字第680号民事判决书。

定的情形仅适用于破产申请受理前对方当事人并未提起诉讼且合同仍处在履行过程中的情形。本案中金融租赁公司于承租人破产申请被受理前便提起了诉讼,且同时要求付清全部未到期租金,因此破产管理人不得解除该融资租赁合同。问题是对于此类以一方当事人破产为启动条件的条款,在破产程序中果真应承认其效力吗？从比较法的视角看,美国《破产法典》主要通过破产条款(IPSO FACTO Clauses)机制来否认此类条款在破产程序中的效力。

相较于上述问题,实践中引发更多争议的是应否限制破产管理人基于《企业破产法》第 18 条享有的解除权。如针对北京英嘉房地产开发有限公司、杨某与北京英嘉房地产开发有限公司、杨某物权确认纠纷案[1],便有观点认为该案的核心争议点在于,在房屋买卖合同中,可否基于购房人的利益(涉及购房人的生存权问题)限制管理人的解除权。又如在厦门兴汇源金属制品有限公司等诉杭州兆丰电池有限公司租赁合同纠纷案[2]中,对于作为相对人的承租人的抗辩:“继续履行合同不会对破产程序进程造成影响,反而可以增加一笔清算期间的租金收入。”法院直接予以否认,并指出破产管理人需要对破产企业的债权人负责,其行为受债权人委员会监督,故解除待履行合同是否有利于债权人利益应该由债权人评价,而不是由合同相对人评价。最后法院支持了管理人的主张,即带租的土地和厂房会影响到土地厂房变现的价值和速度,故涉案租赁合同应予以解除。从法效果上看,相对人的利益在此被漠视了。当然,近期实践中,有法官已对立法赋予管理人解除权导致的结果不公在个案中进行矫正。如王某平与怀化市大成置业有限责任公司商品房预售合同纠纷案中,法官以原告未履行完毕付款义务系因破产债务人原因

---

〔1〕 参见北京市第一中级人民法院,杨某与北京英嘉房地产开发有限公司所有权确认纠纷案[(2014)一中民初字第 5482 号];北京市高级人民法院,北京英嘉房地产开发有限公司与杨某物权确认纠纷二审民事判决书[(2015)高民终字第 761 号];最高人民法院,北京英嘉房地产开发有限公司、杨某与北京英嘉房地产开发有限公司、杨某物权确认纠纷申请再审民事裁定书[(2015)民申字第 1158 号]。

〔2〕 参见杭州市中级人民法院,(2013)浙杭民终字第 3086 号民事判决书。

导致将案涉房屋买卖合同排除在待履行合同范畴之外,进而破产管理人无权基于《企业破产法》第18条解除该合同。[1]

通过前述案件的简单列举,我们不难发现,在我国破产司法实践中围绕如何界定待履行合同,管理人选择继续履行时相对人之抗辩权能否继续行使、破产约定条款的效力,以及管理人基于《企业破产法》第18条享有的解除权是否需受到必要的限制等问题业已发生了广泛的争议。

尤其是最后一点,不得不让我们对《企业破产法》赋予管理人解除权的正当性产生怀疑。在实践中,有破产管理人认为,该条实质上赋予了破产管理人较破产撤销权更为强大的武器。固然我国破产法为管理人设置的挑拣履行选择权为管理人收集破产财产带来了极大的便利。但问题是,在业已提供了破产撤销权的基础之上,再就待履行合同进行如此的制度设置果真必要、妥当吗?仅仅因为双务合同中的一方陷入破产便得完全无视相对人原本享有的合同权利吗?而这一问题的背后则是如何协调破产法与合同法等非破产法的关系。

笔者在对涉及待履行合同问题案件的梳理过程中还发现,在大量的案件中法院最后往往依据《企业破产法》第18条第1款的规定,认定待履行合同因破产管理人未在2个月内决定是否继续履行而自动解除。从实践效果上说,这一规定对破产财产的收集及破产案件审理的便利化无疑具有重大意义,但问题是如此一来对相对人利益的维护是否有失妥当。[2]

---

〔1〕 参见湖南省怀化市中级人民法院,(2019)湘12民初249号民事判决书。

〔2〕 在金某局等诉平阳县泰宇房地产开发有限公司商品房预售合同纠纷案中,法院便认为,本案涉案房屋已经房管部门预告登记,对外具有一定的公信力,法院受理被告的破产申请后,被告管理人未通知原告要求解除商品房买卖合同,在本案法庭辩论终结前,被告也未明确表示要求解除合同,故涉案商品房买卖合同亦应予以确认合法有效[参见浙江省平阳县人民法院,(2013)温平民初字第706号民事判决书]。因该案审理过程中曾延长审限6个月,故在本案中显然已超过《企业破产法》第18条所规定的2个月的选择权行使期限,由此,至少对于业已进行预告登记的商品房预售合同,实践中已有观点认为待履行合同并不因2个月期间的经过而当然解除。

目前,国内学者已对待履行合同问题取得了一批重要研究成果。[1]这些研究成果无论是对后续研究具有的基石性作用,还是对立法与司法的指导价值,均毋庸讳言。但正如前述最新司法实践反映出的那样,受制于此前我国破产司法实践的不充分,待履行合同问题下的许多子命题未能引起学者们的充分重视。首先,从破产法与合同法相冲突这一基本点展开的研究不足。进而导致在对这一问题的把握上缺乏根本性指导原则,影响到了对次级命题的准确把握。其次,对待履行合同问题研究的体系性稍显不足,对个别问题的研究与理解不够全面,甚至是有所缺失。如待履行合同的界定问题、继续履行时相对人抗辩权的行使问题、待履行合同的转让问题、选择权行使前特殊期间内的处理规则等议题,既有研究便稍显单薄,乃至有所缺失。在对管理人解除权的检讨方面,虽有学者于近期的研究中指出立法选用"解除"一定程度上源于对比较法的误读,较此前的研究有所推进。[2]但该研究对于"解除"与"拒绝履行"两种模式间差异的揭示仍存在进一步加强的空间。

相较而言,国外对于待履行合同问题的理论研究无论在深度上,还是在广度上都可谓蔚为壮观。以美国为例,单就笔者目前掌握的文献而言,除直接以待履行合同为题进行比较法研究的 *Treatment of Contracts*

---

〔1〕 代表性成果简要列举如下:王欣新、乔博娟:《论破产程序中未到期不动产租赁合同的处理方式》,载《法学杂志》2015 年第 3 期;庄加园:《预告登记的破产保护效力》,载《南京大学学报(哲学·人文科学·社会科学)》2014 年第 6 期;李永军:《论破产管理人合同解除权的限制》,载《中国政法大学学报》2012 年第 6 期;王欣新、余艳萍:《论破产程序中待履行合同的处理方式及法律效果》,载《法学杂志》2010 年第 6 期;许德风:《论破产中尚未履行完毕的合同》,载《法学家》2009 年第 6 期;丁晓春:《未履行或未完全履行的双务合同在破产程序中的命运——德国支付不能法第 103 条》,载《天津市政法管理干部学院学报》2008 年第 1 期;郑金玉、王嘎利:《破产宣告对租赁合同的效力》,载《政法论丛》2003 年第 4 期;韩长印:《破产宣告对未履行合同的效力初探》,载《法商研究》1997 年第 3 期;韩长印:《破产宣告对未履行合同的效力初探》,载《法商研究(中南政法学院学报)》1997 年第 3 期;刘颖:《反思〈破产法〉对合同的处理》,载《现代法学》2016 年第 3 期;兰晓为:《破产法上的待履行合同研究》,人民法院出版社 2012 年版;庄加园、段磊:《待履行合同解除权之反思》,载《清华法学》2019 年第 5 期;丁燕、尹栋:《论破产管理人待履行合同解除权的限制》,载《法律适用》2022 年第 3 期。

〔2〕 参见庄加园、段磊:《待履行合同解除权之反思》,载《清华法学》2019 年第 5 期。

in Insolvency[1]外，在 *Business Reorganization in Bankruptcy Cases and Materials*,[2] *The Law of Bankruptcy*,[3] *Bankruptcy and Debtor/Debtor*,[4] *The Logic and Limits of Bankruptcy Law*[5]，*The Elements of Bankruptcy Law*[6]等著作中均有关于待履行合同问题的大篇幅论述。而在 westlaw 等数据库中的相关文献更是汗牛充栋。上述成果就美国破产法上的待履行合同问题从宏观与微观层面进行了广泛而又深入的研究。整体而言，这些研究的核心命题主要体现在以下三个方面：

1. 管理人选择权的理论基础

美国《破产法典》就待履行合同进行专门规制肇始于 1938 年的《破产法》第 70 条(b)款。在此之前，待履行合同于判例法中不过被视为一无形财产束，需要由管理人基于是否对破产财团有利来选择承继与否(accept/affirm/assume or refuse to accept/reject)。围绕待履行合同问题的各种争论自 1938 年立法设置第 70 条(b)款便不断涌现。[7]

在讨论美国法上的待履行合同处理机制前，首先需要明确的是美国法上的破产财团(estate)制度。在美国法上，破产申请一旦被提起，破产财团便同时宣告成立。其由破产案件启动之时债务人的所有财产利益，及债务人或破产财团在破产申请之后取得的特定财产利益组成。[8]

在美国，最具代表性的理论成果主要有 Vern Countryman 教授的

---

[1] See Dennis Faber, Niels Vermunt, Jason Kilborn, and Kathleen van der Linde, *Treatment of Contracts in Insolvency*, Oxford University Press, 2013.

[2] See Mark S. Scarberry, Kenneth N. Klee, Grant W. Newton and Steve H. Nickles, *Business Reorganization in Bankruptcy Cases and Materials*, Thomson Reuters, 2012.

[3] See Charles Jordan Tabb, *The Law of Bankruptcy*, Foundation Press, 2009.

[4] See Brian A. Blum, *Bankruptcy and Debtor/Debtor*, Aspen Publishers, 2010.

[5] See Thomas H. Jackson, *The Logic and Limits of Bankruptcy Law*, Harvard University Press, 1986.

[6] See Douglas G. Baird, *The Elements of Bankruptcy Law*, Foundation Press, 2006.

[7] See Morris G. Shanker, "Bankruptcy Asset Theory and Its Application to Executory Contracts", 1992 *Ann. Surv. of Bankr. Law* 3.

[8] See §541(a).

“Executory Contracts in Bankruptcy Part Ⅰ”[1]与“Executory Contracts in Bankruptcy Part Ⅱ”[2],Michael T. Andrew 教授的“Executory Contracts in Bankruptcy：Understanding‘Rejection’”,[3]Jay L. Westbrook 教授的“A Functional Analysis of Executory Contracts”[4]等。

Countryman 教授提出了被美国法院广泛采用的实质违约(material breach)标准,即若破产债务人与相对人的合同义务均未履行完毕,以致未完成履行将构成足以豁免对方义务的实质违约,则该合同就属于待履行合同。[5] 然而,面对复杂多变的司法实践,若一味坚持该标准则会产生不公的结果,[6]为此 Michael Andrew 教授提出了被称之为“排除法”的定义方式,即待履行合同应被理解为:如果(a)债务人与非债务人的义务均未履行完毕;且(b)债务人若停止继续履行,则无权要求相对方继续履行,那么该合同就待履行合同。[7] Westbrook 教授的观点则更为激进,其认为,应当允许管理人根据需要对破产财团所面对的合同下的权利与义务进行自由处置,而无须设置“待履行”这种前提条件。[8]

此后,1997 年美国联邦破产法审查委员会采纳了 Westbrook 教授的观点,并向国会建议“应当对《联邦法典》第 11 篇进行修正,以删除第 365 条及相关规定中‘待履行’的表述,‘待履行’也不应再成为管理人

---

〔1〕 See Vern Countryman, “Executory Contracts in Bankruptcy Part Ⅰ”, 57 *Minn. L. Rev*. 439 1972 – 1973.

〔2〕 See Vern Countryman, “Executory Contracts in Bankruptcy Part Ⅱ”, 58 *Minn. L. Rev*. 479 1973 – 1974.

〔3〕 See Michael T. Andrew, “Executory Contracts in Bankruptcy：Understanding ‘Rejection’”, 59 *U. Colo. L. Rev*. 845 1988.

〔4〕 See Jay L. Westbrook, “A Functional Analysis of Executory Contracts”, 74 *Minn. L. Rev*. 227, (1989).

〔5〕 See Vern Countryman, “Executory Contracts in Bankruptcy Part I”, 57 *Minn. L. Rev*. 439 1972 – 1973.

〔6〕 See Charles Jordan Tabb, *The Law of Bankruptcy*, Foundation Press, 2009, p. 768.

〔7〕 See Michael T. Andrew, “Executory Contracts in Bankruptcy：Understanding ‘Rejection’”,59 *U. Colo. L. Rev*. 845 1988.

〔8〕 See “A Functional Analysis of Executory Contracts”,74 *Minn. L. Rev*. 227, 1989.

对合同予以承继或拒绝承继的前提条件”。[1] 然而,该建议在此后的修法中并未被采用。美国破产法学会(ABI)于2014年底发布的《破产重整改革报告》(*American Bankruptcy Institution Commission to Study the Reform of Chapter* 11)则认为,对第365条中的“待履行合同”,美国《破产法典》应将其定义为“破产债务人和合同相对方均未完全履行的一种合同,且任意一方的履行现状都构成对另一方的实质性违约,以致另一方的履行义务得因此免除”,但前提是不作为不构成履行的一种形式。该定义是在判例法下一步步地发展起来的,其在管理人依据美国《破产法典》对合同所享有的单方选择予以承继或不予承继的权利与非债务人一方在这种情况下所享有的权利义务之间实现了一种妥善的平衡。[2]

此外,在德国围绕此问题亦有长期讨论。主流观点曾采取消灭论,即认为破产程序的启动将导致所有双务合同的履行请求权归于消灭:若管理人选择不履行,则该状态维持不变,合同相对人仅得因不履行而请求损害赔偿;若管理人选择继续履行,则履行请求权复活。后该理论被抛弃,转而认为相互履行请求权仅随程序启动丧失其可实现性,如果管理人选择履行,那么这些请求权便取得原始财团债务和财团债权的法律性质。此即所谓的性质跳跃理论。这一观点有利于财团,因为据此那些“性质被提升了”的履行请权将不受合同相对方的抗辩,即它们可以被无限制地行使。不过,对于前述性质跳跃理论仍存在较多的反对观点。这些观点认为,破产程序的启动不对履行请求权产生任何影响。若管理人选择履行合同,原来的权利状态将继续维持不变。若管理人拒绝履行,则对方可因其不履行请求以破产财团支付损害赔偿。但即便是现在,履行请求权也不会自动消灭,而是应由合同对方作出抉择:既可以不履行损害赔偿请求权申报债权(此时不得再请求继续履行);也可以要求管理

[1] National Bankruptcy Review Commission, Final Report: Bankruptcy: The Next Twenty Years, Recommendation 2.4.4 at 21 (1997).

[2] See American Bankruptcy Institution Commission to Study the Reform of Chapter 11: 2012 - 2014 Final Report and Recommendations, p. 112.

人继续履行,不过只能取得比例清偿,同时以自己履行对待给付为条件;还可以选择放弃参加破产程序,此时履行请求权继续存在,但仅可向债务人而非破产财团主张,而且要等到破产程序结束后,才能按一般规则行使权利。[1]

2. 选择权的内容之一:继续履行

在美国法上,正如 David Hahn 教授所言,针对这一问题背后的理论基础缺乏系统性讨论。其"The Internal Logic of Assumption of Executory Contracts"[2]一文可谓是近年来对此进行专题研究的代表性作品。在该文中,作者认为合同法之所以在一方当事人违约时赋予相对人终止权(termination),主要在于使得相对人得以摆脱合同未来被继续违反的风险,而这一风险来源于此前业已违约的义务人,且其财务状况发生了根本性变化。然而破产的发生从根本上改变了上述机理,因在破产中破产管理人或经管债务人(DIP)将取代原债务人,且因破产程序的启动,原债务人的财务状况业已被根本性改变。由此,相对人在破产前因破产人违约而享有的终止权在破产中应被限制,且通过以对先前违约予以补救为前提条件的承继(assumption)较解除权更具价值。Brian A. Blum 教授则指出,基于现行美国《破产法典》,相对人在合同法下合法享有的终止权,除基于破产条款取得的外,在破产中仍得行使,但管理人可以通过对之前的违约给予补救的方式来限制相对人的行使。此外,终止权的行使还会受到自动冻结制度的限制。[3]

此外,在美国对于承继后的限制问题,还涉及诸如破产条款问题等,在此笔者不再一一介绍。

---

〔1〕 详细论述参考[德]莱因哈德·波克:《德国破产法导论》,王艳柯译,北京大学出版社 2014 年版,第 84—88 页;Dennis Faber, Niels Vermunt, Jason Kilborn, and Kathleen van der Linde, *Treatment of Contracts in Insolvency*, Oxford University Press, 2013, pp. 203 – 205.

〔2〕 See David Hahn, "The Internal Logic of Assumption of Executory Contracts", 13 *U. Pa. J. Bus. L.* 723 (2011).

〔3〕 See Brian A. Blum, *Bankruptcy and Debtor/Debtor*, Aspen Publishers, 2010, pp. 416 – 417.

3. 选择权的内容之二：拒绝履行

在美国，关于拒绝履行的讨论，学者们多围绕管理人选择拒绝(reject)后的效果展开，这与其立法采用"reject"这一用词有关。Andrew教授认为，在美国法上承继与否所要解决的不过是破产财团的构成范围问题，即对于待履行合同，若得不到管理人的承继，或者说管理人选择拒绝承继，则其上之利益便不再被认为属于破产财团。拒绝承继之效力也仅限于此，债务人原有之义务并未因管理人之拒绝而受影响。Andrew教授的这一论述业已得到了学者们的广泛认同。美国《破产法典》第365条(g)款则直接规定："对债务人的待履行合同或未满租约的拒绝承继，构成(1)于破产申请之前……对该合同或租约的违约。"即便在破产申请之前债务人并未违约，这一规则同样适用。有学者进一步指出，破产案件中对合同的拒绝承继被视同为预期拒绝履行，[1]非债务人仅享有对破产财产的普通无担保债权，进而债务人得通过免责制度来免除该债权。此外，虽然美国《破产法典》第365条就以下三类案件作了特殊规定，但在司法实践中仍存有部分争论：在不动产租约下，债务人系出租人而非债务人系承租人；在不动产买卖合同下，债务人系出卖人而非债务人系已占有买卖标的的买受人；在知识产权许可使用合同下，债务人系许可人而非债务人系被许可人。

根据上述研究视角，本书主要分为四章，分别针对待履行合同问题的基础理论、待履行合同的涤除问题、待履行合同的继续履行问题、待履行合同的程序性事项等进行研究。

第一章重点探讨思考待履行合同问题时应秉持的基础理论。在该章笔者指出，在此问题上应以尊重非破产法规范原则为讨论的起点。该原则认为，在破产程序中处理破产法与非破产法间的关系时，应以继续遵循非破产法规范为原则，除非有破产法立法目标或政策上的特殊需

---

〔1〕 See Morris G. Shanker, "Bankruptcy Asset Theory and its Application to Executory Contracts", 1992 *Ann. Surv. of Bankr. Law* 3, pp. 110–112.

求。以此为指导,在对美国学者近年提出的功能主义与待履行两种模式进行系统介绍与评析的基础上,指出功能主义模式更符合这一原则的内在理念。这在于,在功能主义模式下,待履行合同与破产债务人的其他财产并无本质区别,只不过管理人在决定是否继续保有这一财产时须统筹考量继续履行与不再继续履行时破产财团的收益大小,若选择继续保有带来的净价值相对较小,便应抛弃。我国今后修法时应以此为指导。

第二章围绕待履行合同的涤除规则进行重点讨论。首先论证了以解除权涤除待履行合同缺乏正当性,此举背离了待履行合同问题的本源——破产债务人于待履行合同中的利益应否继续保有问题、缺乏破产法上公共政策的支持,且必将不断面临管理人不得解除的边界究竟在何处的诘问。在此基础上,系统考察了美国法与德国法上的拒绝履行模式,并进一步指出相较于解除权模式,采拒绝履行模式对相对人的保护更为周延,亦更契合破产法平等清偿的理念。

第三章围绕待履行合同的继续履行进行重点讨论。首先结合美国法经验指出我国目前立法在管理人选择继续履行时相对人的保护机制过于刚性,且实践效果未必能达到立法者的预期,有必要进一步完善与细化。以此为基础,既然在管理人选择继续履行时须向相对人提供充分保护,相对人基于民法享有的履行抗辩权便应受到必要限制。对此,本书以同时履行抗辩权为例,重点探讨了在破产程序中于管理人选择继续履行时限制同时履行抗辩权之拒绝履行效力与限制抵销效力的可能性。其后,该章就实践中于待履行合同中可能存在的特殊合同条款(加速到期条款与破产约定条款)的效力进行了探讨。整体而言,在破产程序中应承认加速到期条款的效力;而对于破产约定条款因其存在规避破产法的目的应否认其效力。最后,该章针对管理人选择继续后的待履行合同转让问题进行了探讨。由于现行立法对此问题留有空白,导致实践中法官在面临此问题时疑惑重重。为此,笔者主要结合美国法经验进行了讨论,原则上应允许管理人在选择继续履行后转让待履行合同。不过,此种转让应受到适当限制。

第四章围绕待履行合同的其他问题进行探讨。该章主要涉及管理人行使选择权的期间、管理人为“通知”“答复”的形式,以及破产程序开始后管理人行使选择权前待履行合同的效力问题进行了探讨。由于我国与此三个命题相关的实践案例相对匮乏,笔者重点对比较法经验进行了介绍,以期为我国今后立法的完善提供借鉴。整体而言,我国立法规定的“2 个月”“30 日”的期间虽有助于效率的提升,但面对实践的复杂性,显得过于刚性。管理人在为“通知”“答复”时,原则上既可采取明示方式,也可采取默示方式,但应辅之以严格的管理人履职义务与责任体系,以防相对人承担不必要的风险。

本书尝试对待履行合同问题的处理提供体系化解决方案,但限于笔者研究水平,以及待履行合同问题本身的复杂性,书中必然存在诸多错漏之处。本书若能起到半分抛砖引玉之功效,便属笔者之极大幸事。

第一章　待履行合同理论基础重构

如何处理待履行合同无疑是破产法的重要课题。待履行合同,作为非破产法(尤其是合同法)与破产法的重要交汇地带,在对其处理的过程中无时无刻不体现着不同法律价值的冲突,一旦在制度设置上出现偏差必然会引发极大的负面影响。然而,我国现行《企业破产法》的相关制度构造却显得过于简陋,典型如出租人破产时,因对以下三个问题缺乏明确规定而在司法实践引起了诸多争议:(1)管理人是否应该解除合同?(2)承租人投入之装修费应如何处理?(3)承租人提前缴纳之租金应如何处理?[1] 遗憾的是,我国学者虽对待履行合同问题多有研究,却多聚焦于管理人解除权之限制等具体问题上,鲜见对我国待履行合

---

〔1〕 参见《企业改制、破产与重整案件审判指导》,法律出版社2015年版,第199页。

同基础理论的系统反思。[1] 前述围绕破产管理人待履行合同解除权的争论，表面上源自破产法为管理人创设的特殊法定解除权在特定情形下造成的利益失衡，但其根源在于对待履行合同之基础理论的认知偏差。

相较于我国对待履行合同问题基础理论研究的忽视，域外国家或地区对此却极为重视，各自发展出了不同的理论。如在德国，传统观点认为，基于《破产法》第 103 条第 1 款的规定，破产程序的启动将带来双务合同下所有履行请求权归于消灭的后果（消灭论）。若管理人作出不履行合同的决定，该状态将维持不变，此时合同相对方仅得因债务人不履行而请求损害赔偿。相反，若管理人决定履行该双务合同，履行请求权将因之复活。由于上述观点存在诸多批评，联邦最高法院后予以放弃，转而认为相互履行请求权仅随破产程序的启动而丧失其可实现性，如果管理人选择履行，这些请求权便具有了原始财团债务和财团债权的法律性质（性质跳跃理论）。不过，对于性质跳跃理论仍存在较多的反对观点。这些观点认为，破产程序的启动并不会对履行请求权产生任何影响：管理人选择履行合同，并未导致任何权利改变，反而表明原来的权利状态维持不变；反之，若管理人拒绝履行，则对方可因其不履行而请求破产财团支付损害赔偿。[2] 在美国，待履行合同问题同样引发了长久的理论争论。由于我国在待履行合同问题上，无论是立法层面还是理论层面均有较为明显的美国法身影，本书将主要结合美国法经验，就待履行合同问题之基础理论作一系统探讨。

---

〔1〕 相关讨论参见许德风：《论破产中尚未履行完毕的合同》，载《法学家》2009 年第 6 期；李永军：《论破产管理人合同解除权的限制》，载《中国政法大学学报》2012 年第 6 期；吴春岐：《论预告登记之债权在破产程序中的法律地位和保障》，载《法学论坛》2012 年第 1 期；庄加园：《预告登记的破产保护效力》，载《南京大学学报（哲学·人文科学·社会科学）》2014 年第 6 期；庄加园、段磊：《待履行合同解除权之反思》，载《清华法学》2019 年第 5 期；丁燕、尹栋：《论破产管理人待履行合同解除权的限制》，载《法律适用》2022 年第 3 期。

〔2〕 详细论述参考［德］莱因哈德·波克：《德国破产法导论》，王艳柯译，北京大学出版社 2014 年版，第 84—88 页；［德］乌尔里希·福尔斯特：《德国破产法》，张宇晖译，中国法制出版社 2020 年版，第 129—131 页；Dennis Faber, Niels Vermunt, Jason Kilborn, and Kathleen van der Linde, *Treatment of Contracts in Insolvency*, Oxford University Press, 2013, pp. 203 – 205.

第一节　理论重构基准:尊重非破产法规范原则

破产法意义上的待履行合同,核心特质在于该合同的履行状态因一方当事人破产而处于不确定状态。此不确定状态的消除,无疑依赖于合同法上的合同履行规则在多大程度上能够在破产程序中得以延续。换言之,破产法对此是否有必要构建特殊规则?由是观之,尊重非破产法规范原则无疑具有根本性指导意义。

对于破产法应采取的基本原则,我国学者较少予以专题讨论。目前具有代表性的成果主要是许德风教授的《论破产中尚未履行完毕的合同》一文。许德风教授在该文中认为破产法上的基本原则主要有以下四项:尊重非破产法规范原则、破产债权平等原则、债权人自治原则与集体清偿原则。前两项原则主要关注破产债权的确认与实现,其中尊重非破产法规范原则着眼于权利自身的内容,强调破产法外的实体权利在破产程序内仍需被尊重;破产债权平等原则着眼于此权利与彼权利的关系,强调在破产程序中相同的债权应相同对待,平等受偿。后两项原则主要关注破产程序的启动与展开,债权人自治原则是破产企业财产最大化的基本保障,但完全的债权人自治会产生较高的集体决策成本,因此必须同时强调集体清偿原则以进行必要的限制。[1] 上述四项基本原则中与本书主题密切相关者主要是尊重非破产法规范原则。许德风教授在对这一原则进行论述时,主要借鉴了美国法上的经验,本书将结合美国法经验予以必要的补充。

一、美国法上破产法尊重非破产法规范原则的历史演变

在美国,其《宪法》第 1 条第 8 款仅就破产立法问题进行了原则性规

〔1〕 参见许德风:《破产法基本原则再认识》,载《法学》2009 年第 8 期。

定,即授权国会进行统一立法,并在全国范围内通用。[1] 由于在美国州法与联邦法并非简单的上位法与下位法的关系,而在破产程序中又不可避免地会涉及属于州法规定事项的财产权等实体法问题,加之破产法更多的是一部程序性的法律,由此在美国司法实践中如何处理州法与联邦破产法的关系便成为一重要课题。

不过,基于美国的传统,对于州法规定的实体性权利,法院一般认为在破产程序中原则上应予尊重。[2] 因此,问题的关键是,对于州法的规定,破产法得在多大程度上改变,其理由为何。对此,美国联邦最高法院在1924年的Chicago Board of Trade v. Johnson案[3]中认为,由于联邦宪法授权国会制定破产法,因此破产问题可以被视为一个联邦层面的问题。当然,破产法也会涉及业已由州法规定了的财产权(property right)问题,联邦法院在破产程序中应尊重这些规定,但是当基于国会在破产法中所设定的破产法政策需要对相关规定作更宽泛的解释(broader construction)时,破产法院便不应再机械地遵守州法上的规定。换言之,美国联邦最高法院在Chicago Board of Trade案中认为:首先,对州法上的规定应原则上予以尊重;其次,在州法上的规定有碍于破产法政策之

---

〔1〕 See U. S. C. A. Const. Art. I § 8, cl. 4: "To establish an uniform Rule of Naturalization, and uniform Laws on the subject of Bankruptcies throughout the United States." 不过,在美国《宪法》制定后的一个多世纪内,联邦破产法只在1800—1803年、1841—1843年、1867—1878年这几段时期内短暂存在过,永久性的联邦破产法直到1898年才生效。在联邦破产法的空缺期内,州法填补了空缺并继续调整债权债务关系、破产(bankruptcy)与倒产(insolvency)问题。(See Charles J. Tabb, *The Law of Bankruptcy*, Foundation Press, 2009, p. 36.)这也就解释了为何早期的案例,会对该条之规定是否将破产法立法权排他性的授权给了联邦发生争议。See Sturges v. Crowninshield, 17 U. S. 122 (1819); Ogden v. Saunders, 25 U. S. 213 (1827).

〔2〕 如在1917年的Board of Trade of City of Chicago v. Weston案中,法院便认为联邦宪法虽然授权国会就破产问题进行立法,但这并不必然意味着联邦破产法得轻易否认州法对财产权的界定。See Board of Trade of City of Chicago v. Weston, 243 F. 332 (1917).

〔3〕 See Board of Trade of City of Chicago v. Johnson, 264 U. S. 1 (1924). 对于该案,Baird教授与Jackson教授认为,其所体现出来的原则实乃源于破产法的固有特性,并且构成了下文将要论述的"Butner规则"的有益补充。See Douglas G. Baird & Thomas H. Jackson, "Kovacs and Toxic Wastes in Bankruptcy", 36 *Stan. L. Rev.* 1199 (1984).

实现时,破产法院便得突破州法的规定。上述原则在此后的司法实践中得到广泛认同。[1]

具体而言,在该案中,普通债权人要求就破产债务人出售其在芝加哥交易所的席位所得进行受偿。根据交易所的规则,在有其他会员反对的情况下,会员不得出售其拥有的交易席位,除非其已清偿了其对其他会员负有的全部债务。地区法院与第七巡回法院却均认为,交易席位属于破产财产,在破产程序中可以移转给管理人,且不用受其他会员权利的限制,进而得为普通债权人的利益而出售。

不过,基于前述观点,联邦最高法院推翻了地区法院与第七巡回法院的判决。联邦最高法院解释道,即使交易所的其他会员不享有要求进行强制出售的权利或其他基于会员资格而主张清偿债务的权利,也不会改变会员就其交易席位所享有的财产权利的性质。包含会员资格在内的财产是由芝加哥交易所定义的,因此原本对其的限制应继续适用于破产债务人(及其一般债权人):在会员资格得被出售及以出售所得清偿剩余债权前,破产债务人向其他会员负担的债务应首先被清偿。此类限制曾使得伊利诺伊州高级法院在此前的一个案例中误认为此类会员资格并非州法上的财产。但最高法院可能注意到,联邦破产法界定何谓破产财产时,并非基于伊利诺伊州高级法院所声称的某种其他的理由,而是财产本身所具有的属性。最高法院总结到,由此观之,会员资格本身具有破产财产的某些特性。其中之一便是,会员在清偿完其对其他会员的全部负债前不得出售交易席位。在此一层面上,其他会员享有的这一权利在某种意义上类似于普通法上的担保权,最高法院宣称:“该种担保,若可以如此定性,在此类财产创设之初便已存在,并且权利人可以在(交易席位被)实际转让前的任何时间主张……”基于上述原因,最高法院认为芝加哥交易所的会员们得在管理人将出售交易席位所得纳入破产财

---

[1] See In re Baumgartner, 55 F. 2d 1041 (1931); In re Hines, 69 F. 2d 52 (1934); In re Goodson, 208 F. Supp. 837 (1962); In re Detlefsen, 610 F. 2d 512 (1979); In re Ellis, Not Reported in B. R. (2008).

团前优先被清偿。

由于 Chicago Board of Trade 案所针对的更多的是州法上关于何为财产权的规定在破产程序中是否应予以尊重的问题,因此对于实践中面临的复杂的州法与破产法冲突问题,并不能提供完美的解决方案。对于破产法究竟能够在多大范围内否认(override)州法上的实体性权利,美国学者 Alfred Hill 教授曾主张:《破产法典》在为实现州法所创设的权利而设置了一整套机制外,并未同时提供应在何种情况下遵循州法规定的规则。因此,与衡平法院具有相似地位的联邦破产法院,在处理破产事务时对于州法上的权利便需采取谨慎态度,一如衡平法院在处理衡平法上的案件时所持之态度,甚至有过之而无不及。而普遍认为联邦法院仅在为实现一源自宪法或由国会颁布之法律的政策目标时方可以作出涉及实体法的决定。在破产程序中,这也便意味着对州法的否认仅得基于破产法之立法目标,而不应仅仅基于一般衡平原则(general equitable principles)——这在于仅根据后者产生的效果往往被认为不符合破产法的立法目标。由于破产法之立法目标的模糊性,因此只能在个案中结合案件的具体案情进行个案判断。[1] 这一观点的逻辑前提应在于,破产法院实际上享有衡平法权力(equitable powers),只不过在行使此类衡平法权力时应以实现破产法目标为前提。[2]

现在被学者及法官广泛采纳的布特纳(Butner)规则,由美国联邦最高法院在1979年的布特纳案[3]中首次明确提出。布特纳案面临的主要问题是抵押权人得否就抵押物于破产申请后产生的租金孳息主张抵押权。在本案之前,破产法上一般认为担保权益(security interest)不得扩展至破产债务人于破产申请后取得的财产。不过,在本案中美国联邦最高法院突破了上述传统观点,认为这一问题的解决应主要依赖于州法

---

〔1〕 See Alfred Hill, "The Erie Doctrine in Bankruptcy", 66 *Harv. L. Rev.* 1013 (1953).

〔2〕 关于破产法院享有衡平法权力的讨论参见 Pepper v. Litton, 308 U.S. 295 (1939); U.S. v. Energy Resources Co., Inc., 495 U.S. 545 (1990); In re Airadigm Communications, Inc., 519 F.3d 640 (2008)。

〔3〕 See Butner v. U.S., 440 U.S. 48 (1979).

的规定，其主要理由为："宪法明确授权由国会制定统一的联邦破产法，就此抵押权人就破产财产之法定孳息享有的权利本应由破产法一并予以规定，但是国会却并未对此设置任何破产法规则。《破产法典》虽然针对担保问题设置了欺诈撤销及偏颇撤销制度，但除此之外的关于破产财产的财产权问题均留给了州法。而财产权是由州法创设与界定的，因此除非基于某些联邦利益的需要，否则便不应仅仅因为有关当事人陷入破产程序而对其进行不同的解读。州法院与联邦法院对财产利益的统一对待有助于减少不确定性，避免不必要的诉讼，防止当事人仅仅因为破产的发生而不当获利。"[1]

就前述美国法在不同阶段对破产法与州法间冲突的解决机制来看，Chicago 案主要是关于破产财产的构成或认定问题，而且更多地体现了破产法对州法的尊重，不过同时认为出于破产法政策之需可以对州法的规定进行不同解释；布特纳案则主要解决的是破产后的法定孳息是否属于抵押标的物，更多地体现了依赖于相对抽象的破产法政策考量对州法的变更；布特纳规则与前述 Alfred Hill 教授所主张的规则亦无本质区别，即在破产程序中对州法的否认均需依赖于在个案中对破产法立法目的的考察。综上，可以说美国司法实践中，在处理破产法与州法间的冲突时，一以贯之的认为应以尊重州法上的规定为原则，而以得否认州法上的规定为例外，且这种例外情形仅限于破产法立法目标或政策的需求范围之内。

尊重非破产法规范原则在破产法的具体制度设置中有诸多体现，如对于在债务人陷入破产前取得合法担保权的债权人而言，即使担保标的

---

〔1〕 需注意的是，在 1994 年修法时，美国《破产法典》对此类问题进行了明确规定，认为就不动产享有担保权的担保权人得就该不动产于破产申请后取得的租金主张担保权，即现行美国《破产法典》第 552 条(b)(2)款。

物在破产程序中被列为豁免财产,其担保权仍得继续向该特定财产主张。[1] 对此,许德风教授亦有过详细论述,按其观点以下诸项均属之:(1)在判断是否存在破产原因时,对于是否构成资不抵债,不能清偿到期债务或丧失清偿能力等的认定均须依据非破产法规范;(2)在"自动中止"制度中将政府的行政管制行为排除在外;(3)破产程序中债权人仍得对债务人的保证人和其他连带债务人主张权利;(4)在债务人持有的资格或权利转让的法律关系中,若法律或合同对转让的前提、方式有所限制,该限制在破产程序内也应被遵守;(5)破产法外的抵销权在破产法内继续有效。[2] 此外,笔者认为破产法上的撤销权制度,尤其是欺诈撤销制度,以及破产重整程序中的绝对优先权规则也是这一原则在破产法上的具体体现。对于前者,王欣新教授认为,民法撤销权在破产程序中仍具有适用的效力,破产撤销权实际上是依据民法撤销权之原理而针对破产这一特殊情形设置的,基于此破产法甚至未对意思表示不真实行为的撤销进行重复规定。[3] 绝对优先权规则的制度价值则在于"通过尊重和保护当事人的破产前权利和他们在破产前达成的利益分配格局来实现重整价值的公平分配,制约当事人在选择使用重整程序和进行重整计划内容谈判时具有正当的动机,促使当事人进行有效重整"。[4]

此外,需注意的是,根据学者的考察,在比较法上,对非破产法规范的尊重不限于实体法,也包括程序法。如在 BFP v. Resolution Trust Corp. 案中,美国联邦最高法院就明确指出,非破产之执行法亦属破产

---

〔1〕 这一规则首先由美国联邦最高法院在 1886 年的 Long v. Bullard 案[see 117 U. S. 617 (1886)]中创立,并被此后立法吸纳。See Douglas G. Baird & Thomas H. Jackson, "Kovacs and Toxic Wastes in Bankruptcy", 36 *Stan. L. Rev.* 1199 (1984); House Report (Judiciary Committee) No. 95 - 595, Sept. 8, 1977, p. 282.

〔2〕 详细讨论参见许德风:《破产法基本原则再认识》,载《法学》2009 年第 8 期。

〔3〕 参见王欣新:《破产法》,中国人民大学出版社 2011 年版,第 117 页。

〔4〕 任永青:《绝对优先原则与我国破产法的缺失》,载《河北法学》2011 年第 10 期。关于破产重整中的绝对优先权规则的进一步讨论参见王欣新、徐阳光:《破产重整立法若干问题研究》,载《政治与法律》2007 年第 1 期。

法应默认尊重的范畴。[1] 因本书所讨论之主题基本不涉及程序事项，故对此不再展开讨论。

二、尊重非破产法规范原则之扩展：破产法的立法目标

由上文对美国法上尊重非破产法规范原则的介绍，我们不难看出，对这一原则的理解与适用极大地依赖于对破产法立法目标的理解。而破产法的立法目标可以说是美国法上又一历久弥新的争议话题。在此本书仅对美国学者及我国学者对这一问题的论争作一简要介绍。

在美国，关于破产法之目标或本质的讨论，可以说贯穿于整个破产法制的发展史，而 20 世纪 60 年代法律经济学的创建与发展，进一步推动了这一议题的发展，甚至一再发展为一个公共话题。[2] 整体而言，学者们可划分为自由市场派（free-market critcs）[3] 与传统主义派（the traditionalists）[4] 两大阵营。不过，Donald R. Korobkin 教授认为可以从四个维度来理解前述学者们的论争。[5]

---

〔1〕 相关讨论参见何欢：《债务清理上破产法与执行法的关系》，载《法学研究》2022 年第 3 期。

〔2〕 如 Bird 教授与 Warren 教授曾为此进行过电视辩论。每当爆发经济危机后，出现企业破产潮时，破产问题便会成为重要的公共话题，如 2008 年金融危机后，美国联邦政府对通用等陷入破产危机的汽车企业巨头实施救助便引发了巨大的争议，且这种争议并未局限于学者间的学术探讨。See“GM Files for Bankruptcy”，from http://www. bloomberg. com/news/articles/2009 – 06 – 01/gm-files-for-bankruptcybusinessweek-business-news-stock-market-and-financial-advice last visited：09/20/2016；16 visited：09/20/. com/news/articles/2009 – 06 – 01/gmFrom http://www. webcitation. org/6AXaYNrn9，last visited：09/20/2016.

〔3〕 以 Jackson 教授、Barid 教授等为典型代表。

〔4〕 以 Warren 教授、Lynn LoPucki 教授等为代表。

〔5〕 See Donald R. Korobkin，“The Role of Normative Theory in Bankruptcy Debates”，82 *Iowa L. Rev.* 75（1996）.

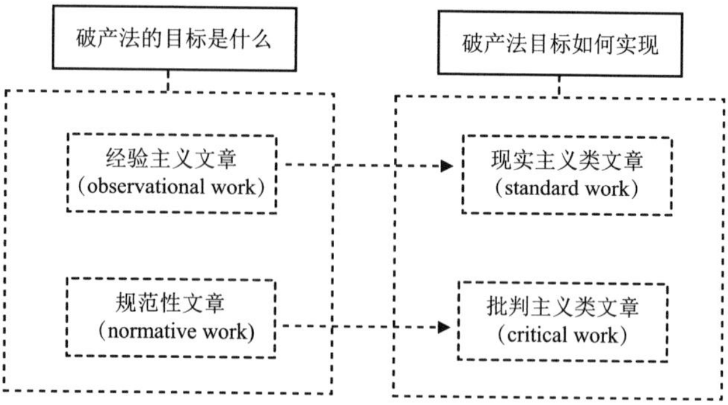

图 1-1　Donald R. Korobkin 理解学者们关于破产法之目标的讨论的四个维度

整体上 Korobkin 教授将学者们的文章划分为四大类,即经验主义类文章(observational work)[1]、规范性文章(normative work)[2]、现实主

〔1〕 作者认为此类文章主要有 Elizabeth Warren, "Bankruptcy Policy", 54 *U. Chi. L. Rev.* 775 (1987); Jean Braucher, "Bankruptcy Reorganization and Economic Development", 23 *Cap. U. L. Rev.* 499 (1994); Linda J. Rusch, "Bankruptcy Reorganization Jurisprudence: Matters of Belief, Faith, and Hope-Stepping into the Fourth Dimension", 55 *Mont. L. Rev.* 9 (1994); Raymond T. Nimmer, "Negotiated Bankruptcy Reorganization Plans: Absolute Priority and New Value Contributions", 36 *Emory L. J.* 1009 (1987); Karen Gross, "Taking Community Interests into Account in Bankruptcy: An Essay", 72 *Wash. U. L. Q.* 1031 (1994); Mary Josephine Newborn, "The New Rawlsian Theory of Bankruptcy Ethics", 16 *Cardozo L. Rev.* 111 (1994). See Donald R. Korobkin, "The Role of Normative Theory in Bankruptcy Debates", note 8, 82 *Iowa L. Rev.* 75 (1996).

〔2〕 作者认为此类文章主要有 Lucian Arye Bebchuk, "A New Approach to Corporate Reorganizations", 101 *Harv. L. Rev.* 775 (1988); Mark J. Roe, "Bankruptcy and Debt: A New Model for Corporate Reorganization", 83 *Colum. L. Rev.* 527 (1983); Robert K. Rasmussen, "Debtor's Choice: A Menu Approach to Corporate Bankruptcy", 71 *Tex. L. Rev.* 51 (1992); Barry E. Adler, "Financial and Political Theories of American Corporate Bankruptcy", 45 *Stan. L. Rev.* 311 (1993); Philippe Aghion & Oliver Hart & John Moore, "Improving Bankruptcy Procedure", 72 *Wash. U. L. Q.* 849 (1994); Elizabeth Warren & Jay Lawrence Westbrook, "Searching for Reorganization Realities", 72 *Wash. U. L. Q.* 1257 (1994); Lynn M. LoPucki, "Strange Visionsin A Strange World: A Reply to Professors Bradley and Rosenzweig", 91 *Mich. L. Rev.* 79 (1992); Michael Bradley & Michael Rosenzweig, "The Untenable Case for Chapter 11", 101 *Yale L. J.* 1043 (1992). See Donald R. Korobkin, "The Role of Normative Theory in Bankruptcy Debates", note 3 – note 7, 82 *Iowa L. Rev.* 75 (1996).

义类文章(standard work)[1]、批判主义类文章(critical work)[2]。其中,经验主义类文章的作者主要立基于对历史事实或经验事实的观察来分析破产法存在的问题,进而提出相应的破产法立法目标或实现路径。可以说此类文章更多的关注实然层面的问题。与之相反的是规范性文章,此类文章更多的关注应然层面的问题,即破产法的立法目标应当是什么,对当下的破产法往往持一种批判主义的态度。其一般体现出如下的逻辑:破产法应当追求诸如甲、乙、丙等目标;或破产法应该以甲目标为唯一的目标;或破产法应该以甲、乙为目标,即使会牺牲丙、丁等目标。不过,这两类文章的重点均在于破产法的立法目标是什么。后两类文章则更多关注破产法立法目标的实现问题。其中现实主义类文章主要关注破产法所蕴含的现实目标(actual purpose)如何能够更好地实现,而批判主义类文章则关注破产法所追求的应然目标应借助于何种机制才能更为有效地得以实现。需注意的是,Korobkin 教授同时指出,上述四种维度的划分并非绝对的,同一篇文章可能同时具备至少两个维度的要素。

---

〔1〕 作者认为此类文章主要有 Charles J. Tabb, "A Critical Reappraisal of Cross-Collateralization in Bankruptcy", 60 *S. Cal. L. Rev.* 109 (1986); Barry L. Zaretsky, "Co-Debtor Stays in Chapter 11 Bankruptcy", 73 *Cornell L. Rev.* 213 (1988); Bruce A. Markell, "Owners, Auctions, and Absolute Priority in Bankruptcy Reorganizations", 44 *Stan. L. Rev.* 69 (1991); Jay Lawrence Westbrook, "Two Thoughts About Insider Preferences", 76 *Minn. L. Rev.* 73 (1991); Susan Block-Lieb, "Why Creditors File So Few Involuntary Petitions and Why the Number Is Not Too Small", 57 *Brook. L. Rev.* 803 (1991). See Donald R. Korobkin, "The Role of Normative Theory in Bankruptcy Debates", note 31, 82 *Iowa L. Rev.* 75 (1996).

〔2〕 作者认为此类文章主要有 Thomas H. Jackson, "The Logic and Limits of Bankruptcy Law" 13 (1986); Douglas G. Baird & Thomas H. Jackson, "Corporate Reorganizations and the Treatment of Diverse Ownership Interests: A Comment on Adequate Protection of Secured Creditors in Bankruptcy", 51 *U. Chi. L. Rev.* 97, 102 (1984); James W. Bowers, "Whither What Hits the Fan?: Murphy's Law, Bankruptcy Theory, and the Elementary Economics of Loss Distribution", 26 *Ga. L. Rev.* 27, 35 (1991); Barry E. Adler, "Financial and Political Theories of American Corporate Bankruptcy", 45 *Stan. L. Rev.* 311, (1993); Robert K. Rasmussen, "Debtor's Choice: A Menu Approach to Corporate Bankruptcy", 71 *Tex. L. Rev.* 51, 54 (1992). See Donald R. Korobkin, "The Role of Normative Theory in Bankruptcy Debates", note 49 – note 59, 82 *Iowa L. Rev.* 75 (1996).

据此，Korobkin 教授认为自由市场派的学者更多地着眼于理想状态下破产法的价值取向，而非仅仅局限于现实境地，并以此为已足。同时这也意味着即使是国会也会犯错，即由国会通过的立法，在基本的公共政策设定上并不一定总是合理的。与之相反，Warren 教授等传统主义派学者则过于侧重现实因素，而对破产法是否应当包含此类现实目标未予讨论。而且持有上述不同立场的学者们的讨论，在多数情况下并未意识到二者间的这种差异。

在我国，对这一问题的代表性研究成果主要有韩长印教授的《企业破产立法目标的争论及其评价》、丁文联法官的《破产程序中的政策目标与利益平衡》以及许德风教授的《破产法基本原则再认识》。其中，韩长印教授在梳理了英美破产法理论界围绕破产法立法目标的相关争论后认为，“美国学者关于企业破产立法目标的争论，其焦点可以概括为两个方面，一是破产法能否创设新的实体权利和程序权利；二是破产立法的目标是定位在强化对债权人利益的保护方面还是同时可以考虑债权人以外的受到企业破产影响的其他利益主体的利益。问题在于，美国学者并没有把这两类问题分开进行讨论，而是混在一起一并作为论战的靶子了”。[1] 对于破产法的立法目标，作者旗帜鲜明地持多元论，反对一元论。丁文联法官则在系统分析比较了域外关于破产法立法目标的三种代表性理论的基础之上提出了自己的见解，即在企业破产中应采取利益平衡的政策。具体而言，对于企业破产状态下的利益相关人而言主要存在三种价值，“秩序是第一需要或第一选择（最基本的需要），秩序基础上的公正是第二需要或第二选择（比最基本需要高出一个层次），最理想状态是在实现秩序和公正的基础上再实现效率，即财富最大化（第三需要）。这三种需要是企业破产状态下利益相关人的共同利益，但不能通过利益相关人的自主行为实现，需要具有一定强制力的程序来保障实现这些利益，破产程序就是

〔1〕 韩长印：《企业破产立法目标的争论及其评价》，载《中国法学》2004 年第 5 期。

这样一种程序,因此,应将这些共同利益的保护作为政策目标来追求”。[1]

另外,许德风教授对此问题的认知发生了重大转变,即由认为破产法的目标在于促使债务人责任财产最大化与促进公司的管理者勤勉工作转变为,中小股东、公司雇员、消费者、供应商、社区、政府、环境等利益相关者的利益在破产过程中都应受到必要的保护,即实质上采取了多元论的立场。并认为破产程序作为一种集体清偿程序,本身便具有社会化的属性,在强调效率或社会整体福利的同时还要考虑破产与否的社会经济效果等非经济目标,因此必要时国家亦可介入具体的特定的重整案件中,一如美国联邦政府在通用汽车陷入破产时的果断介入。进而认为,对于破产法的具体立法目标,可以借鉴美国为 1978 年《破产法》立法而成立的破产法委员会的观点,即将破产程序的目标划分为外在目的(external goals)与内在目的(internal goals)。前者主要包含以下几方面:(1)顺应市场规律,提供清晰明确、具有可预见性的程序性规范;(2)充分优化破产程序,避免当事人的实体权利在破产程序中受到额外的不公损害;(3)顺应破产法内在的社会化属性,合理地在各利益相关者之间分配风险。而后者主要包括以下几个方面:(1)实现程序“友好”化,使债权人与债务人均可方便地启动与参与程序;(2)平等对待债权人的请求;(3)在可能的情况下,促使债务人再生;(4)降低破产程序自身运转的成本;(5)制约欺诈;(6)确立破产统计体系,搜集、整理和提供公司破产统计信息。[2]

笔者认为,前述学者在观点上的分歧,从根本上讲来源于各自所采取之研究方法的不同。对于法律的经济分析这一研究方法,熟稔于传统

---

〔1〕 丁文联:《破产程序中的政策目标与利益平衡》,法律出版社 2006 年版,第 70 页。此外,值得注意的是杨忠孝教授在其《破产法上的利益平衡问题研究》(北京大学出版社 2008 年版)一书中亦持类似立场。

〔2〕 参见许德风:《破产法论——解释与功能比较的视角》,北京大学出版社 2015 年版,第 29—33 页。

规范研究的法学学者往往难以认同,[1]有时甚至存有误解。对于经济分析之本质,熊秉元教授认为,"经济分析所隐含的逻辑,不在于极大化或均衡,而是由'相对'的角度来认知、比较、并评估事物。而且,对于任何个人、社会、法律等所希望追求的目标,经济学者总是思索各种潜在的'可能性'"。[2] 而对于常被法律学者误认为不具有价值中立(value free)的"效率"这一概念。熊秉元教授解释道:

法律学者对经济学(和经济学者)的主要批评之一,是"效率"这个概念并不是"价值中立"(value free)的。"效率",是在特定的财产权结构、科技水平、和市场及政治的交易机制下所界定而出的;所以,如果财产权的结构不理想(或其他的条件不理想),在这种情形下所得到的"效率"并没有太大的意义。可是,对经济分析而言,"效率"的重要性是在于"手段"或"方式",而不在于"结果"。换句话说,即使追求的目标是"正义"(或公平、或其他价值),经济学者也是由"相对"和"其他可能性"的观点,找出比较有效率的方式来实现"正义"(或其他价值)。因此,"效率"这个概念的重点,还是反映了"相对上"较好的手段或方式。[3]

按照上述熊秉元教授对法经济学视角下的"效率"的解读,我们似可以将学者们关于破产法立法目标的争论统一起来,即学者们的相关争论存在维度上的差异,而这种差异并非完全不可调和。法经济学视角下的"效率"更重要的是从法律制度的外在效用上着眼,并以此作为评价某一

---

〔1〕 此类学者对法律经济学的诘难主要表现为,"法律制度是一个价值多维的制度体系,法律经济学意义上的'效率'是否完全等同于法律意义上的公平与正义?在婚姻家庭等注重情感治理的法律场所,以及在关乎人之生死的刑事法律场域,我们还能够以效率作为正义的实现标准码?"换言之,此类学者认为促进社会财富的最大化难以作为衡量法律规则正当性的唯一标准。参见罗培新:《学科交叉复合,多元同生共长——法律经济学译丛总序》,载[美]尼古拉斯·L. 吉奥加卡波罗斯:《法律经济学的原理与方法——规范推理的基础工具》,许峰等译,复旦大学出版社 2014 年版,第 1—7 页。

〔2〕 熊秉元:《法学的经济思维》,华艺学术出版社 2013 年版,第 158—159 页。

〔3〕 熊秉元:《法学的经济思维》,华艺学术出版社 2013 年版,第 159—160 页。

具体法律制度内在设定的多元目标的合理性。

下面笔者借助于美国学者对破产法是否应对劳工权益予以特殊保护的讨论,对法律之经济分析的内涵做进一步的说明。在荷兰、法国、德国等国,为鼓励更多地进行重整(可保留更多的就业岗位),以便更好地保护劳工权益,破产法往往会允许在重整程序中修改非破产法向劳工提供的诸多保障机制。此外,法国于2005年引入保护程序(the safeguard procedure),本欲借助于允许指定DIP来便利破产重整程序的开展,但实践效果却是,由于这一程序较多地保留了非破产法下较高水准的劳工保障水平,这一程序在实践中很少被采用,以致这一改革举措有陷入失败的风险。在荷兰亦发生了类似的情况。由此,Omer Kimhi与Arno Doebert认为,即使破产法采取倾向于劳工的立场,这一立法目标也未必能实现,而减少向劳工提供特殊保护,虽在个案中会使部分劳工的权益遭受一定程度上的损失,但最终却有利于全体劳工的整体利益。这也就间接地支持了基于经济分析的观点。[1] 正如学者所言,"经济分析立足于对偏好的满足",[2]其志在于寻求能够更好地实现大多数人的偏好的机制。以前述对劳工权益的保护为例,基于法律的经济分析的观点实际上认为,较之于在破产程序中对劳工提供更高水准的保护,相对低层次的保护更能在实质上维护全体劳工的整体利益,也即后者更具效率。前述检讨,在某种程度上也反映出,我们在对立法目标的探讨中应对理想主义保持一定的克制,法律毕竟具有浓厚的实践色彩。

---

〔1〕 See Omer Kimhi & Arno Doebert, "Bankruptcy Law as A Balancing System: Lessons from A Comparative Analysis of The Intersection Between Labor and Bankruptcy Laws", 23 *Am. Bankr. Inst. L. Rev*. 491 (2015).

〔2〕 [美]尼古拉斯·L.吉奥加卡波罗斯:《法律经济学的原理与方法——规范推理的基础工具》,许峰等译,复旦大学出版社2014年版,第31页。

第二节　对尊重非破产法规范原则的回归：功能主义视角下的待履行合同

一、美国法上待履行合同问题处理模式的论争及评析

在美国破产法演变过程中，待履行合同之破产法处置问题引发了无数争论。在这些争论中尤以 Vern Countryman 教授、Michael T. Anrew 教授、Morris G. Shanker 教授及 Jay Lawrence Westbrook 教授等学者所做贡献为巨，他们的工作奠定了现下美国学界与实务界讨论待履行合同之破产法处置问题的基本框架。[1]

根据 Westbrook 教授的考察，与 Countryman 教授同时期的学者与法官在处理待履行合同问题时主要存在以下几种观点：其一，认为待履行合同就是第 541 条(a)款所规定的破产财团中的财产，不过由于破产财团必须为合同下的权利支付对价或赔偿因抛弃(abandon)合同而带来的损失，故该理论难以成立。其二，认为破产自动导致债务人的预期违约(anticipatory repudiation)，破产管理人之承继(assumption)将构成对违约的补救(cure)，而拒绝(rejection)则该违约存续。Countryman 教授认为该理论错误地借助于州法上的预期违约机制来处理待履行合同问题。[2]其三，新实体理论(new entity theory)，该理论认为破产财团乃一新的实

〔1〕 See Vern Countryman, "Executory Contract in Bankruptcy: Part I", 57 *Minn. L. Rev.* 439 1972 - 1973; Vern Countryman, "Executory Contract in Bankruptcy: Part II", 58 *Minn. L. Rev.* 479 1973 - 1974; Jay Lawrence Westbrook, "A Functional Analysis of Executory Contracts", 74 *Minn. L. Rev.* 227 1989 - 1990; Jay Lawrence Westbrook, "The Abolition of Dysfunctional Contracts in Bankruptcy Reorganization"; Michael T. Andrew, "Executory Contracts in Bankruptcy: Understanding 'Rejection'", 59 *U. Colo. L. Rev.* 845 1988; Michael T. Andrew, "Executory Contracts Revisited: A Reply to Professor Westbrook", 62 *U. Colo. L. Rev.* 1 1991; Morris G. Shanker, "Bankruptcy Asset Theory and Its Application to Executory Contracts", 1992 *Ann. Surv. of Bankr. Law* 3. 下文提及前述教授之观点时，若无特殊说明均引自上述文章。

〔2〕 See Vern Countryman, "Executory Contract in Bankruptcy: Part I", 57 *Minn. L. Rev.* 439 1972 - 1973.

体(new entity),且不是申请前合同关系的当事人,故可以自由选择承继(assume)或拒绝(reject)。但是,"新实体"这一概念难以解释为何管理人要承担因拒绝合同而产生的损失,因为只有合同关系的当事人才须承担合同下的赔偿责任;在承继时亦会面临同样的难题。

区别于上述传统模式,Countryman 教授提出了实质违约(material breach)的模式。Countryman 教授认为只有经过实质违约测试的合同才能构成待履行合同,即只有那些破产人与相对人均尚有(相当)未履行的合同义务,以至于任何一方未能履行自己的义务均将构成实质违约,且使对方得以免除自己之履行义务的合同方为待履行合同。只有经过了实质违约测试的合同才有必要考虑对其的承继与拒绝问题。[1] Countryman 教授的这一模式在此后的司法实践中被大量采用,[2]一如 In re New York Investors Mutual Group, Inc 案,[3]法院在分析时便采用了 Countryman 教授的这一分析框架,认为首先应分析涉案合同是否构造待履行合同,而评判的标准便是 Countryman 教授给出的定义;其次,再结合是否对破产债务人或破产财团有利决定是承继还是拒绝。

不过,正如 Charles Tabb 教授所指出的,虽然 Countryman 教授的模式被法院广泛采纳,但是由于现实中合同类型的复杂性,许多情况下采用 Countryman 教授的模式便会出现不公的结果,[4]尤其是在需要拒绝的时候,此时法院便会倾向于放弃 Countryman 教授的模式。如在 In re

---

〔1〕 See Vern Countryman, "Executory Contract in Bankruptcy: Part I", 57 *Minn. L. Rev.* 439 1972 - 1973.

〔2〕 目前,第三、第四、第七、第八、第九以及第十巡回法院均明确采纳了 Countryman 定义。See Charles J. Tabb, *The Law of Bankruptcy*, West Academic Publishing, 3d ed., 2013, p. 787 note 26.

〔3〕 See In re New York Investors Mut. Group, Inc., 143 F. Supp. 51 (1956).

〔4〕 根据 American Bankruptcy Institute Commission 的观点,对于如下诸多合同便难以直接适用:期权合同及优先购买协议、竞业禁止协议、土地使用限制协议(restrictive covenants on land)、许可协议、经销协议,商标(使用)协议、保证合同、雇佣合同、离职协议及仲裁条款等。See "American Bankruptcy Institute Commission to Study the Reform of Chapter 11: 2012 ~ 2014 Final Report and Recommendations", 23 *Am. Bankr. Inst. L. Rev.* 1, p. 113 note 416.

Booth 案[1]中，为了防止合同被拒绝承继及由此产生的利益损失，Ralph Mabey 法官将一项契据合同（contract for deed）重新界定为担保交易。Mabey 法官认为不应根据剩余义务的相互性，而应当根据当事人的特点以及重整的目标来判断是否构成待履行合同……因此，决定性的因素在于适用第 365 条对当事人的后果。[2] 不过，也有法院坚持认为合同首先应为待履行合同，否则便不得被拒绝。[3] 为解决上述争论，Michael T. Andrew 教授提出了待履行模式（the executoriness analysis），而 Jay Lawrence Westbrook 教授提出了功能主义模式（functional analysis），[4] 上述两种观点可谓是 20 世纪 80 年代以来美国破产法理论界在分析待履行合同问题上的两个主要理论。[5] 此外，Douglas G. Bird 教授则从法经济学的视角提出，破产管理人一如破产人的新管理层，并不享有任何特殊地位，也不会给待履行合同问题的处理带来任何特殊影响，进而破产管理人拒绝之效果等同于非破产法上的违约（breach），管理人行使选择权的标准便是是否对破产人有利。[6] 鉴于"待履行"与"功能主义"两种模式在美国司法实践中被诸多法官援引，在相当程度上挑战了"实质违约"模式的垄断地位，故本书主要对这两种理论予以介绍。

（一）"待履行"模式核心观点

这一被 Westbrook 教授称之为"待履行"的模式乃由 Michael T.

---

[1] See 19 B. R. 53 (Bankr. D. Utah 1982).

[2] See Charles J. Tabb, *The Law of Bankruptcy*, Foundation Press, 2009, pp. 767 – 768.

[3] See In re Exide Techs., 607 F. 3d 957 (3d Cir. 2010).

[4] 需要予以说明的是，Westbrook 教授在其最近的一篇文章中，为避免功能主义模式在实践中给法院带来误导——有法院认为"功能主义"这一概念含有在处理待履行合同时应以给破产财团带来实质性收益为核心评价指标，将其改称为现代化的合同模式（Modern Contract Analysis）。不过，由于这两个概念背后所具体指向的分析方法并无本质区别，而功能主义模式这一概念更具指向性，故笔者在本书中仍沿用功能主义模式（functional analysis）这一概念。See Jay Lawrence Westbrook, The Abolition of Dysfunctional Contracts in Bankruptcy Reorganization, note 15, from http://ssrn.com/link/texas-public-law.html.

[5] See In re Bergt, 241 B. R. 17 (1999).

[6] See Douglas G. Baird, *The Elements of Bankruptcy*, Foundation Press, 2006, pp. 127 – 129.

Andrew 教授提出，Andrew 教授的这一理论建立在其对美国破产法史详尽考察的基础之上。[1] 承继在破产法中指破产财团将承担原债务人于合同中的义务及权利，与其在合同法中的含义并无本质区别。而第 365 条中的拒绝，在合同法中并无与之相对应的用语。对其含义的解释成了关于待履行合同问题诸多争论的核心。司法实践中，法院可能会将其解读为解除（release）、撤销（repeal）、拒绝履行（repudiation）、解除（cancellation）等。Andrew 教授通过对其演变历史的梳理发现了两条相互关联的原则：基本的"承继或拒绝"选择权（the basic assume-or-reject selection）与作为违约的拒绝（the rejection as breach）。[2]

前者主要来源于 1818 年英国的 Copeland v. Stephens 案[3]。在该案中法院将其表述为选择接受（accept）或拒绝（refuse）。这一除非经过选择否则合同与租约将不被纳入破产财团的做法为美国判例法所继受，并最终演变为立法上的"承继或拒绝"（assume or reject）。不过，破产财团所拒绝的是合同关系，以此使自己免受合同义务的拘束。[4] 虽然，这更多的是对"承继或拒绝承继"历史内涵的回归，但正如 Michael T. Andrew 教授所言，只要尚未对第 365 条进行现代化改造，"承继或拒绝承继"的历史内涵便仍具有指导意义。后者意在解决，破产债务人在破产之时于此类合同或租约中并无违约行为时，相对人于破产程序中享有何种权利的问题。美国联邦最高法院在 1916 年的 Central Trust Co. v. Chicago Auditorium Assn. 案[5]中认为，若破产财团没有承继合同（即拒绝），那么破产申请本身便构成破产债务人对合同的预期违约（anticipa-

---

〔1〕 See Michael T. Andrew, "Executory Contracts in Bankruptcy: Understanding 'Rejection'", 59 *U. Colo. L. Rev.* 845 1988.

〔2〕 在美国，历史上的相关争论主要围绕拒绝的效果展开，出于行文安排，对美国法上关于拒绝之本意的历史梳理参见本书第 2 章第 2 节的相关内容。

〔3〕 See Copeland v Stephens, 106 E. R. 218.

〔4〕 原文为"what the estate refused or rejected was the transfer of title to a contract or lease, thereby protecting itself against the transfer of liability"。

〔5〕 See Central Trust Co. of Illinois v. Chicago Auditorium Ass'n, L. R. A. 1917B, 580 (1916).

tory breach)。法院给出的理由如下:“一般而言,破产法的目的在于允许全体债权人参与债务人财产的分配,并使诚实的债务人从先前的债务中解放出来。若在待履行合同问题上采取对破产法的狭义理解,将会带来严重后果:相对人将被要求向破产债务人继续履行合同,而无法参与破产财团的分配。由此破产债务人亦仍需承担尚未履行的义务,虽然其已丧失了支撑其将来履约的必要财产。”Chicago Auditorium 案通过在合同未被承继时假定债务人于破产时违约来解决这一不确定性带来的问题。上述从司法实践中发展出来的规则,先后被 1938 年的《破产法典》及 1978 年的《破产法典》吸收。

基于上述对美国法制发展史的梳理,Andrew 教授进一步认为,无论合同是否属于待履行合同,结果都一样:相对人都拥有请求权(claim)。若该合同为待履行合同,则拒绝仅在于使相对人取得债权(违约损害赔偿请求权)以便参与破产分配;若该合同非属待履行合同,相对人本就享有这种权利,拒绝已属不必要。拒绝亦不会产生任何有害的结果,并不会导致合同义务的消灭,而违约亦不过在于创设这一权利。如此一来,待履行合同的定义实属多余。未能充分认识到这一点可谓是人们在此问题上困惑不已的根源。“待履行”这一定义剩下的唯一功能在于界定何时应予承继。因承继将使得相对人取得管理费用优先顺位(administrative priority),因此仅在破产财团能够取得相对人之履行收益时方得予以承继。而借助于双方均有未履行之义务便足可达致上述目的。

与之相关的另一个问题便是拒绝能否像破产撤销权那样得终止(terminate)他人于破产债务人特定财产上的权利。假设债务人将其拥有的一架飞机出租给承租人。此后债务人申请破产,且破产财团拒绝了该租约。那么,承租人是交还该飞机,还是通过继续交付租金来继续占有该飞机?

传统的观点认为承租人应交还该飞机,其模式如下:(1)承租人继续占有飞机的权利来源于租约;(2)对租约的拒绝将终止或撤销(revoke)

该租约;(3)第 365 条并未像保护不动产租约下的承租人那样保护动产租约下的承租人;(4)故承租人无权继续占有飞机。

Andrew 教授并不认同上述第二步的论述,而且在结论上也与上述观点不同。Andrew 教授的分析过程如下:此时破产债务人拥有两份相互关联的财产——作为出租人于租约下享有的利益以及飞机的剩余价值。破产财团业已拒绝了该租约,那么该租约作为破产债务人名下的合同关系便不得对破产财团具有拘束力。基于第 541 条(a)款之规定,仅债务人的财产移转至破产财团名下,此时只有飞机的剩余价值移转给了破产财团。不过,管理人之拒绝并不会终止租约,故该租约继续有效存续,进而承租人仍得基于该租约继续占有飞机。换言之,在选择不予承继时,债务人之财产向破产财团的移转并无特殊之处。简而言之,对合同或租约的拒绝并不具有破产撤销权那样的效力,即使得破产财团得以不再受原合同或租约的限制。

立法对于不动产租约、技术许可合同采取了上述立场。不过有人基于传统观点认为,除上述立法明文予以规定的领域外,拒绝具有与撤销权相同的效果。对此,Andrew 教授反驳道:"立法档案清晰地表明国会在此类问题上一贯持有与上述观点完全相反的立场,而且也没有任何证据表明国会曾对上述观点予以考虑过,更遑论支持这一观点了;第 365 条的文义也不支持上述观点,进行'拒绝—撤销'的解读业已超出了相反解释(negative inference)范畴。"

(二)"功能主义"模式核心观点

该理论认为待履行合同能否纳入破产财团与第 365 条无关。破产人于待履行合同中享有的权利基于第 541 条自动归入破产财团,于合同中负有的义务则基于第 502 条而成为得向破产财团主张的权利,且这些权利与义务相互依存,即破产人于合同下权利的实现有赖于自己对相应义务的履行。这便导致了管理人在计算待履行合同对破产财团之利弊时远较一般的财产复杂。破产管理人代表的乃是无担保的普通债权人,其根本职责在于最大化破产财团的价值,同时也要最小化得向破产财团主张的各类权利,比如拒绝无效债权。因此,其在处理待履行合同时便须以最小的代价实现其于合同中享有的权利。此时,管理人代表的是无担保债权人——其并非该双务合同的当事人,其并不对相对人负有任何道德或法律义务,只不过应对债务人破产前的不当行为负责。[1]

对此,Westbrook 教授借助于一个假设的洋葱案进一步予以说明。假设破产债务人享有 500 美元的债权,不过需交付一批产自其自有土地上的洋葱。在破产债务人发生破产后,基于第 541 条,前述债权自动成为破产财团的一部分;基于第 502 条,前述交付洋葱的义务亦由破产财团承担。对于管理人而言,若能在付出少于 500 美元代价的前提下实现上述债权,便应实现该债权;同时亦须最小化自己的义务,诸如通过从别处购买便宜的洋葱,或选择违约并赔偿给相对人带来的损害。

根据 Westbrook 教授之观点,第 365 条规定的破产管理人得选择承继或拒绝的权利并非一项破产法上特有的规则,其仅仅意味着管理人将选择履行或违约。州法原本便赋予了每一合同下的任意当事人此种权利。对此,波斯纳与霍姆斯认为应是毋庸置疑的,不过有人认为这里面涉及了道德层面的限制。Westbrook 教授认为,暂且不考虑道德层面的问题,州层面的合同法应允许合同当事人在履约与违约并赔偿相对人的损失之间进行选择,只要相对人的损失能够得到足够的赔偿。由此,管理人在选择是承继还是拒绝时,所应遵循的只能是合同法的既有规则。

在债权、债务单独存在时,管理人对其进行处分的方式无论是否在破产程序中并无不同。就前述洋葱案而言,若作为出卖人的破产人,其

---

〔1〕 Westbrook 教授基于这些基本认知,认为解决破产程序中的合同问题应立基于下述四项基本破产法政策:破产免责、对债权人的平等对待、破产财产的价值最大化、破产程序之终局性(finality)。进而在处理待履行合同问题时,应最大限度地实现破产债务人于待履行合同下的权利,而且所有的待履行合同均应得到处理,以及向相对人为必要的通知。此外,Westbrook 教授认为破产法上的待履行合同仍应保持普通法(common law)上的内涵,即 Williston 所谓的"尚有未履行完毕或未履行的将来义务,或合同当事人在将来仍需为一定行为"的合同。See Jay Lawrence Westbrook, The Abolition of Dysfunctional Contracts in Bankruptcy Reorganization, from http:// ssrn. com/link/texas-public-law. html.

于破产前已交付了洋葱,除非主张 500 美元债权的诉讼费用超过 500 美元,那么便应主张该笔债权。若作为买受人的债权人于破产前已支付了货款,那么管理人便应履行债务交付洋葱,或赔偿买受人因自己不交付洋葱而遭受的损失。不过在债权与债务处于相互依存的状态时,即属于待履行合同下的债权与债务时,问题便会相对复杂许多。但从原则上讲,管理人可选择的策略与非待履行合同下的当事人的策略并无不同,管理人仍需就净收益(获得的 500 美元债权 - 交付洋葱支付的成本)与不交付洋葱时的损害赔偿额进行比较。基于管理人对其他无担保债权人的职责,其显然应在二者中选择收益较大者。

Westbrook 教授进一步认为,源于破产法的平等清偿规则、比例清偿规则,无担保债权人之债权额虽仍基于州法进行全额计算,但只能于破产程序中比例清偿。由此,当管理人计算违约成本时,因破产的原因,仅须比例支付即可,而非如州法上那样全额支付,但相对人却需要全额履行自己的义务。这在实质上使得管理人较破产人在破产前于合同中的地位有利。不过,在选择履约的情况下,相对人将会取得优先权。为更为清晰的阐释这一观点,Westbrook 教授将前述假设洋葱案变更为:假设甲以 500 美元的价格向乙出售一批洋葱,合同尚未履行甲便陷入破产。若假设管理人选择交付洋葱的成本是 550 美元,而此时的市价亦是 550 美元,那么管理人选择履行合同交付洋葱(选择承继)则意味着破产财团发生 50 美元的损失(市价 550 - 合同价格 500)。但此时管理人选择违约的成本亦是 50 美元,因为在不考虑其他因素的情况下,乙需要花费 550 美元才能获得相同的洋葱,由此乙得主张 50 美元的违约损害赔偿(支出的 550 - 省下的 500)。此时,若不考虑破产因素,选择履约的净值为 0。但在考虑破产因素时,情况则大不同:假设清偿率为 10%,那么在选择违约时实际损失为 5 美元(违约金 50 × 10%);而选择履行时实际的损失为 50 美元(合同价格 500 - 实际履行成本 550)。故破产财团的净收益为负的 45 美元,显然选择违约对破产财团更有利。由此,实践中管理人更倾向于选择违约。至于相对人的此种损失,从根本上说源于破产法的比例清偿规则。

此外,基于破产法的平等清偿原则,相对人原本享有的衡平法上的“强制履行”(specific performance)请求权于破产中不得再主张。对此,Westbrook 教授解释道,若允许“强制履行”,则意味着个别债权人会得到 100% 的清偿。不过,这并非“待履行”概念的构成要素,虽然 Countryman 教授如此认为。基于同样的原因,衡平法上的解除(rescission)同样对管理人无效,不过因解除而产生的损害赔偿(rescission damage)可以继续主张。即使是在那些针对损害难以计算的场合,相对人亦很少会因此而遭受不公的待遇。这在于破产法授予了破产法院相当广泛的损害评估权(estimate),使得破产法院可以不受州法上相关损害规则的限制。

对于相对人(非债务人)于特定财产上享有的权利,破产法仍会予以承认,除非上述权利可得基于破产撤销权而被撤销。这一规则可谓是破产法平等清偿原则的最大例外,典型如担保。上述规则与所谓的“财产权”(property rights)有关,如指向财产本身的权利,或在出售该财产时得优先受偿的权利等,不过为避免“财产”(property)一词可能带来的混乱,Westbrook 教授将其称为“就特定财产享有的权益”(Interest in the Thing Itself,Westbrook 教授将其简称为“ITI”,下文从之)。ITI 主要由非破产法创设,破产法只不过是在破产程序中继续承认其效力,但这需要对第 541 条中的“破产财团”进行相反解释(negative inference)。换言之,某一特定财产在被归入破产财团的同时,ITI 的权利人的权利并未被消灭。不过,若具体 ITI 的设立属于破产撤销的情形,ITI 将因破产撤销权的行使而归于消灭。

具体来讲,将破产财团中的特定财产交由担保权人出售属于执行 ITI,而执行限制竞争或仲裁条款便不属于对 ITI 的执行。这在于,后者仅是一般性的权利,而非指向特定财产的权利。对后者的执行便会构成对平等清偿原则的违反;而对前者的执行则属于例外的情形。另外,在一项交易中,权利人的权利只有在交易完成前成就,才能由一般性权利转化为 ITI。由此可以认为,在某一交易中,权利人的 ITI 成就之时便是该交易的终局(finality)之时,在此之后便属不可逆(reversible)。但不应过分纠结于"终局"这一概念,因为其与"财产""合同"等概念一样,过于抽象。不过,"终局""不可逆"等概念对理解非破产法上的一般性权利(a general claim)向 ITI 的转化的确有密切联系。

于破产程序中对合同的承继或拒绝无须以"待履行"为前提。而且这一概念并未服务于任何破产政策,对合同须为"待履行"的要求,实乃一语义上的错误。对合同须为待履行的要求,使得人们误认为此时存在一特殊的破产法规则,进而使法院的注意力脱离了问题的核心——当事人于州一级的合同法上享有的权利。此类案件中的难点往往存在于合同法上,一旦合同法中的疑点被消除,破产法之清偿规则的适用也就变得简单了。换言之,待履行模式试图借助于判断合同是否属于待履行合同来解决该问题,而不是回到问题的本源——非破产法是否给予了相对人 ITI。此外,由于以下两点原因,这一模式也经常会导致不恰当的结果:(1)单纯的支付不构成实质履行的错误观念;(2)存在诸如担保等从债务(ancillary obligation)。其中,从债务问题清晰地表明待履行合同问题的关键在于州的合同法。对此,Westbrook 仍以洋葱案为例,针对破产人分别作为买受人和出卖人时的不同情况进行了说明。

1. 破产人作为买受人

不妨进一步假设政府在洋葱中发现了一种致命细菌,由此使得出卖人面临洋葱难以出售及需承担相应的产品责任的现实风险。若出卖人能就洋葱是否含有细菌提供担保,100 份洋葱在市场还可以值 100 美元。此时,作为买受人的破产人仅在其能一并获得相对人就细菌提供的担保时,其买入的洋葱才能够再度出售。即若无担保,便无法再予出售。另外,清偿率仍为 10%。

此时,承继——虽在平时不予考虑,乃对破产财团及其他债权人最为有利。选择承继后,固然需要向相对人全额支付合同价款 100 美元(具有管理费用优先顺位),但同时取得了相对人的担保,故可再以 100 美元的价格转手,与此同时还是节省了 10 美元的赔偿金(100 美元×

10%)。若选择拒绝,虽仅需向相对人支付10美元的赔偿金,但此时破产人手上的洋葱因难以出手(无相对人的担保)而变得一文不值。此案是少有的在破产人为买受人且货物已交付时选择承继仍有收益的类型。

对于上述案例,基于待履行模式,将得出"(此合同)非待履行合同,进而不予承继"的结论。由此可见,从债务——一如此处的担保,具有现实意义。这也再次证明了待履行模式的不可操作性。若法院意图给出非待履行合同的答案,其便可以忽视此类从义务;相反,若想得出属于待履行合同的结论,便大可将这些从义务解读为尚未履行的实质债务。

2. 破产人作为出卖人

相对人已支付价款,而破产人尚未交付洋葱。基于功能主义的视角,管理人不会选择承继,而是选择违约并按比例支付损害赔偿金,因在此合同下其已无权利。假设市价仍为每100份100美元,选择拒绝时的净收益为,因出售未交付之洋葱而获得的100美元收益 - 因违约而需支付的10美元(100美元×10%)的赔偿金,即90美元;而在选择承继时则变为 -90美元,因此时仍需全额交付市场价值为100美元的洋葱(此时相对人的债权享有管理费用优先顺位),而因避免支付违约赔偿而减少的支出仅为10美元。

我们不妨再来假设一种特殊类型:相对人将因破产人违约而承受巨大的损失。若相对人购买洋葱乃是为了实现其与"最终购买人"签订的一巨额合同。此时,由于市场价格陷入疯狂,"终极购买人"正欲终止其与相对人的合同,而相对人未能及时交付洋葱便构成了其终止合同的正当理由。由于技术上的原因(比如该批洋葱属于破产人独有的品牌),若破产人不能交付洋葱,相对人便无法向"终极购买人"进行交付。最终相对人从上述巨额合同中损失了10,000美元。若相对人事先已向破产人就上述情况进行了说明,基于州合同法,在破产人仍未交付洋葱时,相对人得向破产人主张其上述损失。

此时,管理人之权衡便会发生变化。承继虽然会使破产财团丧失于市场上出售该批洋葱的100美元收益,但也可以避免向相对人支付超额赔偿金（10,000 美元×10% ＝1000 美元），故管理人应选择承继，以最小化损失。

对于此一特例，基于待履行模式，法院便需操控“待履行”概念以便让无担保债权人从相对人的这一巨额债权中摆脱出来，比如借助于该批洋葱乃破产人的独有品牌，认为此时存在一从义务，且该从义务构成实质履行（material performance）。不过，受具体案情及法官水平的影响，并非所有的法院都借助于上述模式。

（三）待履行模式与功能主义模式的异同

1. Andrew 教授与 Westbrook 教授的论战

以上对待履行模式与功能主义模式作了简单的介绍，结合 Andrew 教授与 Westbrook 教授的论战来看，二人间的相同点主要有以下几点：（1）破产财团仅在合同被承继时始向相对人承担管理（administrative）责任；在被拒绝时，相对人并不取得较其他债权人优先的地位，且被按比例清偿。（2）拒绝的效果仅在于给予相对人一个就被拒绝的合同的违约损害赔偿请求权。拒绝对合同本身之继续存续与否并无影响，即合同未被终止（cancelled）、废弃（repudiated）或撤销（rescinded）。（3）拒绝无须以合同为待履行合同为前提，相反借助于界定待履行合同模式在实践中反而导致了诸多错误的结果。（4）对合同的拒绝并不会消灭该合同下的财产权利。

而二人间的分歧则体现在以下几点：其一，二人展开论述的基础完全不同。Andrew 教授基于历史事实，坚持认为待履行合同并不当然转移至破产财团，是否发生移转，则有待于管理人之选择权的行使——承继或拒绝的意义也便在于此。而 Westbrook 教授则认为，就美国《破产法典》第 541 条之尽可能多地将破产人的财产纳入破产财团中的立法目的看，待履行合同应与破产人的其他财产一起自动转移至破产财团。其二，Westbrook 教授认为破产管理人从破产人那里继承了一个霍姆斯式的违约权（a Holmesian right to breach），而破产法上的拒绝不过是对上述违约权的称谓而已。Andrew 教授则认为拒绝意味着待履行合同并未转移至破产财团。其三,在承继时是否需要以合同须为待履行合同为前提,二人的观点亦不同,Westbrook 教授认为无须此一前提条件,而 Andrew 教授则认为仍需以待履行合同问题为前提。下文,笔者将对二人间的不同做一具体介绍。

Westbrook 教授认为,不同于待履行模式需借助于一系列的规则及概念,功能主义模式下只需两步:(1)在违约时破产财团于非破产法下拥有的权利与义务是什么?(2)相对人于非破产法下享有的救济权将会受到破产法之救济规则及破产撤销权的何种限制?待履行模式之所以要借助于一系列的规则及概念在于其在诸多方面脱离了美国《破产法典》的文义。如 Andrew 教授认为拒绝不等于违约,然而法典却对此予以明文规定。又如基于这一模式,破产债务人于待履行合同中享有的权利将会被排除在破产财团之外,并且主张应在第 541 条中寻找将承继后的待履行合同中的权利纳入破产财团的直接依据。但第 541 条中并无此类明文规定,进而这一模式对理解第 541 条下的破产财团造成了不利影响。此外,待履行模式的核心在于,拒绝之效果仅为假设债务人违约,不过这需建立在破产不能使合同加速到期的前提之上。然而,破产的的确确具有使合同加速到期的效果,至少在如下这一层面上如此,即原债务人于破产前的全部债务均须于破产程序中一并处理。与之相反,功能主义模式则完全基于法典且可得到妥帖的结果。

对于两条模式的实践结果,Westbrook 教授认为同样存在较大差异。其中,最严重的问题在于,待履行模式创设的承继—拒绝权(assumption-rejection right)允许破产申请后原债务人继续主张执行一申请前的合同。对于相对人而言,这无异于要求相对人在债务人在业已丧失了全部责任财产的情况下继续履行合同。

此外,待履行模式还会导致合同的继续存续(ride-through),即对于那些既未承继又未拒绝的合同,在破产程序中便会继续存续。《破产法典》中唯一关于继续存续的条款意在保护特定情形下的担保权人(lienholder),[1]对于无担保的相对人便无类似规定。对后一项指责,虽然Andrew教授回应道,借助于推定的承继(implied assumption),继续存续的效果与承继完全相同,即破产财团需履行合同,或100%支付违约损害赔偿金。但Westbrook教授批评道,承继及其效果属于法之明文规定,继续存续却是无源之水、无本之木。承继尚需法院批准,在《破产法典》第11章中作为重整计划之一部分则需债权人会议的批准。推定的承继或者与之具有相同效果的继续存续显然违背了上述法之明文规定及其背后的法政策。

Westbrook教授认为待履行模式与现代破产法体系如此不相协调的主要原因在于,其违背了现代破产法所立基的基本法政策——概括清偿(once and for all),即在一个程序中解决掉债务人于破产申请前负担的全部债务。

对于Westbrook教授的上述质疑,Andrew教授在“Executory Contracts Revisited: A Reply to Professor Westbrook”一文中予以了回应。下面笔者将对Andrew教授在该文中的主要观点予以简要介绍。

(1)待履行合同是否自动属于破产财团

关于Westbrook教授对被拒绝之合同能否构成破产财团的质疑,Andrew教授回应道:①待履行模式在这一问题上的观点源自判例法,早期的法院对拒绝之效果有明确的表述,此后这一判例法上的做法为立法所吸纳。上述事实在立法档案中亦有清晰的记录。②更重要的是,由是否自动移转至破产财团问题引起的差异,实际上是极其微小的。而且,Westbrook教授亦认可待履行模式的下述观点:若无明确的选择,破产财团不会对债务人在原合同中的债务承担责任。

至于Westbrook教授所担心的,若合同于破产财团之外继续存续,那么在破产申请之后债务人便可能主张相对人继续履行合同,进而使相对

---

[1] 即美国《破产法典》第506条,该条对破产程序中担保权的地位进行了规定。

人陷入不利境地。这一问题实际上等同于该合同是否因被破产财团拒绝而完全丧失对破产财团的拘束力（being excluded from the estate or abandoned）。对此，Andrew 教授认为，从公平的立场出发，破产债务人要求相对人继续履行的权利应被剥夺，但这更多的是一个立法论的问题，而非解释论的问题。

(2)拒绝与违约间的关系

在这个问题上，Andrew 教授对于 Westbrook 教授认为第 365 条确实创立了霍姆斯式违约权的观点批评道，这实质上是对第 365 条演变历史的忽视。从法制发展史上看，法院在创造"拒绝视为违约"这一概念时所关心的是，在债务人破产之前并不存在违约行为时非债务人应享有何种权利的难题。对此，法院通过将管理人未予承继的合同视为在破产之时已发生违约的方式来解决上述疑问。反倒是 Westbrook 教授所谓的"霍姆斯式违约权"缺乏历史基础。此外，Andrew 教授并未像 Westbrook 教授指责的那样，认为拒绝待履行合同不具有违约的效果。只不过，其更强调这一理念的主要功能在于解决并不存在真实违约行为时非债务人的权利来源的问题，且这一违约乃破产之前的违约，因此对这一理念的主张并非要赋予破产财团违约权。

此外，Andrew 教授认为上述一霍姆斯式违约权存在以下两点不足：其一，该违约权会导致仅仅因为合同属于待履行合同，管理人或经管债务人便得以免除自己的合同义务，或以其他的方式损害相对人的利益。其二，借助于违约权——更准确地说是有权违约并赔偿损失（power-to-breach-and-pay-damages）在破产程序中禁止强制继续履行（specific performance），极易导致法院将其误认为一种撤销权。与此相反，若延循拒绝的本意，对强制继续履行问题的处理将变得极为简单，根本无须另外创设新的规则。破产财团对于待履行合同的拒绝，仅仅意味着其将不会成为合同的当事人，并未增加破产财团对合同标的的任何权利诉求。破产财团若要取得合同标的，便仍需遵守破产债务人原本需遵守的条件。也即，在破产程序中之所以不得强制继续履行，是因为在未予承继时,破产财团将不再受合同的拘束,其不是合同的当事人。而且,破产财团也无须以管理费用的顺位清偿相应的损害。此外,第三人就合同标的享有的权利亦不会受到影响,其仍得继续向破产财团主张上述权利。

对于 Westbrook 教授关于新实体理论的质疑,Andrew 教授回应道:首先,《破产法典》明确规定破产财团具有独立主体地位,对此 Westbrook 教授亦认可。实际上,法院所困惑的并非破产财团是否具有独立主体地位,而是经管债务人(DIP)与破产债务人是否仍属同一主体。其次,Westbrook 教授在提及管理人仍需履行赔偿拒绝待履行合同导致的损失这一职责时,忽略了破产财团自身之债务与破产债务人之债务间的区别,前者具有管理费用(administrative expense)的优先顺位,后者虽然仍由破产财团予以清偿,却并不享有管理费用的优先顺位。最后,破产财团得无视非债务人之拒绝选择承继合同,并不与破产财团乃一不受合同拘束的独立主体的观点相冲突。破产财团的这一权利乃立法所明文规定的,不过在行使时需满足一定的旨在保护相对人的条件。该权利行使的后果是,破产财团将成为合同当事人。

至于 Westbrook 教授认为,拒绝的效果仅在于视破产债务人于破产时违约的观点建立在破产的发生并不能使合同权利加速到期的前提之上。Andrew 教授认为,Westbrook 教授提到的前提条件,实际上与《破产法典》第 101 条(4)款对破产债权(claim)做的广泛定义相冲突。

(3)是否继续进行待履行合同测试的问题

对于在选择承继待履行合同时,是否需要进行该合同属于待履行合同的测试,Westbrook 教授与 Andrew 教授同样存在分歧。Westbrook 教授认为无须此种测试,实际上任何类型的合同都可以被承继,只要此时对破产财团而言具有净收益(net value)。而 Andrew 教授则认为仍需要此种测试。不过,不同于 Countryman 教授的实质违约测试,其主张采取一种简化的方法。即在满足以下两种条件时,破产财团可以选择承继该合同:①破产债务人及相对人均尚有未履行完毕的合同义务;②若破产债务人停止己方之履行,则不得要求相对人之继续履行。采用这一方法,可以避免下述两种情况下的承继:①无法从相对人的继续履行中获取收益,②相关收益的获取无需破产债务人的继续履行。

对于上述测试,Westbrook 教授提出了两点质疑,第一,双方均未履行完毕的测试(mutual-remaining-performance test)在阻止承继非债务人业已履行完毕的合同时实属多余。因为此时的净收益业已固定,破产财团在承继此类合同时并不会有任何收益。第二,在基于净收益计算(Net Value Calculation)认为应予承继(即此时存在净收益)时,若基于此类测试认为应不予承继,那么这一测试只会带来反作用(counter-productive)。

对于上述第一点,Andrew 教授评价道,其与认为双方均未履行完毕的测试具有合理性的理由并无本质区别。这一测试将相对人业已履行完毕的合同排除在可承继的合同范围之外,主要立基于此时破产财团并不会因承继而有任何收益,相反徒使相对人取得管理费用优先顺位。

因此,问题的关键在于前述 Westbrook 教授的第二个观点能否产生实质影响。对此,Westbrook 教授主要通过一个假设的案例来阐释。即假设破产债务人为出卖人,而相对人为买受人,且在出卖人破产前业已支付了全部价款。且在出卖人未能完成交货时,买受人得主张巨额赔偿(远超货物价值)。此时,根据 Westbrook 教授主张的净收益计算,破产财团应选择继续履行该合同,否则将因支付巨额赔偿金而较交付货物付出更多,也即此时选择继续履行对普通破产债权人而言实际上是有益的。Westbrook 教授进一步指出,若进行双方均未履行完毕的测试,该合同将因买受人业已全部履行完毕自身之债务而不再属于待履行合同,进而破产财团无法再选择承继。

对于上述 Westbrook 教授假设的案例的结论,Andrew 教授同样赞同。不过,并不认同上述案例可以作为反对双方均未履行完毕的测试的理由。因为从根本上讲,上述案例并非一待履行合同问题,因破产财团并不能从对合同的承继中得到任何收益。

Andrew 教授进一步认为,与此类似的是:管理人得否为维持一有利的商业关系而对特定债权人(如合同之债、侵权之债或其他债权的债权人)全额支付？对于某一笔数额巨大的债权(合同之债、侵权之债或其他债权),在最终的破产分配确定前,管理人得否以对削减后债权进行全额清偿(赋予管理费用顺位)为条件对该笔债权进行削减？对于因破产债务人的产品而遭受损害的受害人,管理人得否设立一应急基金来支付当下业已发生的医疗费用,以便尽量减少此后可能产生的优先权？Andrew教授认为,上述情形乃前述 Westbrook 教授假设的案例的变形,它们均无法借助于待履行合同来处理:此时选择承继的主要目的在于,赋予某项债权一管理费用优先顺位,而非获取合同下的收益。诚然上述于特定场景提升某类债权清偿顺位的做法具有一定的公共政策基础,但是借助于“待履行合同”来处理只能弱化上述正当性基础。换言之,Westbrook 假设的案例所引发的问题应单独作为一类问题来处理,且对其的处理亦应建立一整套机制。借助于待履行合同中的承继机制,只会进一步增加待履行合同问题本身的混乱程度。而就待履行合同的承继,辅之以双方均未履行完毕的测试,仅在于获取待履行合同下的收益。

那么,应如何理解承继时进行的双方均未履行完毕的测试呢？承继仅在于,破产财团以承担债务人原本于待履行合同或未完成租约中负担的义务为代价获取合同或租约中的收益。所谓的测试应以此为原则。而 Countryman 教授的待履行合同概念在这一点上存有不足。其要求在双务合同中,双方当事人均尚有实质性义务(material performance)未履行完毕。换言之,这一概念借助于实质违约,要求相对人履行其尚未履行的义务需以破产债务人的履行为条件。对此,Andrew 教授质疑道,既然实质违约仍需借助于考察,基于非破产法相对人履行其尚未履行的义务是否以破产债务人的履行为条件,那么为何不索性直接以此为标准呢？借助于实质违约这一概念反倒在实践中引发了诸多困扰。为此,Andrew 教授提出的得否承继的替代方案是:①双方均有未履行完毕的义务;②若破产债务人中止继续履行,则不得要求相对人履行其合同义务。

对于 Andrew 教授提出的上述方案,Westbrook 教授认为其并未克服

Andrew 教授所指出的问题,并以 Andrew 教授自己所举的一个假设案例予以说明。该假设案例为,破产债务人在破产时拥有一有价值的期权(option),但于该合同下其在将来无须再履行任何义务。即使根据 Andrew 教授的方案,该期权合同仍为非待履行合同,进而无法被承继。

不过,Andrew 教授认为,Westbrook 教授此处对自己所举的期权案例存在误读。其之前所举的期权案件为:破产债务人于期权合同下有权于将来以特定价格购买某物。破产债务人业已支付了部分价款以获取上述期权。此后,破产债务人在行权之前陷入破产。对于上述假设案例,若采用 Countryman 教授关于待履行合同的定义,上述期权合同便不属于待履行合同,因为破产债务人于合同中仅享有一期权,在其不主张行权时,后续的以特定价格买卖标的物的事实便不会发生,但这不能说是一种对期权合同的实质违约。相反,若按自己的替代方案,上述问题便不会存在。首先,双方在该合同下均有尚未履行的义务,破产债务人需支付价款,而相对人则需交付标的物当然应以破产债务人行权为前提。[1]其次,破产债务人若在将来中止履行自己之义务,则无权要求相对人交换标的物。由此,该期权合同下仍存有收益,而且若要获取上述收益需以破产债务人之继续履行为前提,因此期权合同属于可予以承继的合同。

2. 功能主义模式与待履行模式的本质差异

首先需要予以明确的是,美国法上破产财团的法律地位问题。这主要在于 Andrew 教授所给出的待履行模式仍以破产财团具有独立地位为前提。[2]《破产法典》第 541 条(a)款规定,破产案件的开始会产生破产财团(bankruptcy estate),原则上其最初由破产案件启动之时债务人的所

---

〔1〕 在此,二人实际上对期权合同有不同理解。Westbrook 教授认为,由于期权人无须为其享有之期权再行支付对价,而且应将期权人行权之后的货物买卖合同与期权合同分别看待,即二者为两个相互独立的合同。而 Andrew 教授则认为,不应将期权合同与期权人行权之后的买卖合同看作两个相互独立的合同,而是应将二者看作一整体,进而在期权合同下,双方当事人均有尚未履行完毕的义务,只不过这些义务是否真实发生依赖于期权人的是否行权。

〔2〕 Andrew 教授所认为的破产财团具有独立法律主体地位,并非传统意义上的新实体理论,而是一种“新”新实体理论。相关讨论见下文。

有财产利益组成。[1] 不过,对于此处的破产财团是否是一独立的法律主体(legal entity),或者在采取经管债务人模式时,经管债务人与原债务人是否仍为同一主体,立法未予明确规定。由此导致理论界与实务界在这一问题上发生认知分歧,尤其是在涉及待履行合同问题,以及相对人向经管债务人主张行使抵销权时。

从历史上看,无论是支持破产财团或经管债务人为独立法律主体的观点,还是反对其为独立法律主体的观点,均能获得相应的支持。[2] 其中,支持其为独立法律主体的观点又被称为新实体理论。传统意义上的新实体理论认为,公司在破产之后,特别是在采用 DIP 模式时,将会被视为一个与破产之前的公司完全不同的主体,虽然其与破产之前的公司在办公人员及董事等的构成方面并无不同。破产之后的公司将不再继续对破产之前的债权债务承担责任,进而需要一个债权债务的移转过程,即通过管理人或 DIP 将公司在破产前的债权债务移转至破产后的公司。需注意的是,此处的新实体指的是破产之后的公司,而非破产财产。[3] 美国最高法院在 1984 年的 N. L. R. B. v. Bildisco and Bildisco 案[4]中对这一理论明确予以了否定。

在 N. L. R. B. v. Bildisco and Bildisco 案中美国联邦最高法院认为,若 DIP 为一全新的法律主体,那么《破产法典》便无须另行规定其有权拒绝待履行合同,因为此时其并非合同关系的当事人,不受此类合同的拘

---

[1] 其原文为"(a) The commencement of a case under section 301, 302, or 303 of this title creates an estate. Such estate is comprised of all the following property, wherever located and by whomever held..."。

[2] See Stephen McJohn, "Person or Property? On the Legal Nature of the Bankruptcy Estate", 10 *Bankr. Dev. J.* 465 (1994), note 59.

[3] See Stephen McJohn, "Person or Property? On the Legal Nature of the Bankruptcy Estate", 10 *Bankr. Dev. J.* 465(1994).

[4] See N. L. R. B. v. Bildisco and Bildisco, 465 U. S. 513 (1984). 不过,Donald P. Board 教授认为,美国联邦最高法院在本案中混淆了破产财团与经管债务人(DIP)间的关系。进而 Donald P. Board 教授认为破产财团仍为一独立的法律主体。See Donald P. Board, Retooling "A Bankruptcy Machine That Would Go of Itself", 72 *B. U. L. Rev.* 243 (1992), note 81.

束。因此,DIP 应与破产申请前的债务人为同一主体,只不过基于破产法的授权得处理此类合同。在 N. L. R. B. v. Bildisco and Bildisco 案之后,虽然有许多法院在处理类似问题时遵循了美国联邦最高法院的前述观点,[1]但仍有大量法院继续坚持新实体理论,例如在 Matter of Durham 案[2]中,法院认为美国联邦最高法院在 Bildisco 案中的观点仅适用于涉及第 365 条的案件,对于本案涉及的抵销问题仍可援用新实体理论。而在诸如 In re Gore 案、[3] In re Evatt 案[4]、In re Walat Farms, Inc. 案[5]等案件中,法官在说理时甚至都未提及美国联邦最高法院在 Bildisco 案中业已否定了新实体理论。此外,在 N. L. R. B. v. Bildisco and Bildisco 案之后,还产生了一种新的新实体理论,该理论认为破产发生后,破产债务人之财产将成为一独立的法律主体,而破产后的债务人与破产前的债务人仍为同一主体,在采 DIP 模式时,DIP 将被视为破产财团这一独立主体的代表。而 Andrew 教授所采纳的便是这一新的新实体理论。[6]

与上述法院间存有不同立场相类似,对于破产财团是否为一独立的

---

〔1〕 See Hansen, Jones & Leta, P. C. v. Segal, 220 B. R. 434 (1998)(该案中,法院认为破产财团只不过是破产债务人之各类财产的集合,而非一独立主体); In re Affiliated Food Stores, Inc., 123 B. R. 747 (1991)(该案中,法院通过援引 N. L. R. B. v. Bildisco and Bildisco 指出,破产财团并非不同于破产之前的债务人的全新主体); In re Ontario Locomotive & Indus. Ry. Supplies (U. S.) Inc., 126 B. R. 146 (1991)(该案中,法院认为 DIP 仍需继续履行原债务人于合同下的义务); In re Mohawk Industries, Inc., 82 B. R. 174 (1987)(该案中,法院通过援引 N. L. R. B. v. Bildisco and Bildisco 案认为,DIP 与原债务人仍属同一主体,因而不应影响抵销权的行使).

〔2〕 See Matter of Durham, 87 B. R. 300 (1988).

〔3〕 See In re Gore, 124 B. R. 75 (1990).

〔4〕 See In re Evatt, 112 B. R. 405 (1989).

〔5〕 See In re Walat Farms, Inc., 69 B. R. 529 (1987).

〔6〕 See Stephen McJohn, Person or Property? On the Legal Nature of the Bankruptcy Estate, 10 Bankr. Dev. J. 465(1994); Matter of Durham, 87 B. R. 300 (1988)[在该案中,法院仅指出本案与 N. L. R. B. v. Bildisco and Bildisco 不同(Bildisco is distinguishable),并指出根据第 541 条(a)款的规定,破产财团是一新实体,但未对具体原因予以分析]. 此外,在诸如 Katz v. C. I. R. 案[see 335 F. 3d 1121 (2003)]、U. S. v. Mitchell 案[see 476 F. 3d 539 (2007)]等案件中法院亦认为破产财团乃一独立的法律主体。

法律主体,或者说 DIP 与破产申请之前的破产债务人是否属于同一法律主体,在学者间亦存有分歧。如 Tabb 教授便认为,根据第 541 条(a)(1)款之规定,破产财产是一个明确独立的法律主体。[1] Warren 教授亦持有类似观点,其认为破产财团的创建一如新公司或新受托人(trust)的设立。[2] Stephen McJohn 教授则旗帜鲜明地反对新实体理论,无论是传统意义上的"新实体"理论,还是改进后的"新'新实体'"理论。[3] 与前述两种观点都不同的是,Thomas E. Plank 教授主张借助于历史上的受托人概念或商事受托人(business trust)的概念来理解破产管理人(bankruptcy trust),即将破产管理人视为一独立法律主体,其除在享有的权利范围上较商事受托人更为广泛外,在法律主体的独立性上并无本质区别。[4]

简而言之,对于破产财团是否为独立的法律主体这一问题,在美国法上仍存有争议。美国联邦最高法院虽然业已否定了破产财团或经管债务人的独立法律主体地位,但是实践中仍有大量法院坚持认为破产财团为独立的法律主体。而多数学者亦认为破产财团为独立的法律主体,甚至有学者认为前述联邦最高法院的观点建立在错误的基础之上,即混淆了破产财团与经管债务人间的关系。而这一观点也构成了 Andrew 教授提出的待履行模式的理论基础。Westbrook 教授虽不反对破产财团为

---

[1] 不过,Tabb 教授并未给出明确的理由,其似乎更多地依赖于第 541 条(a)款之文义,即"产生一'破产财团'"(creates an estate)。See Charles J. Tabb, *The Law of Bankruptcy*, Foundation Press, 2009, p. 373.

[2] See Elizabeth Warren & Jay Lawrence Westbrook, The Law of Debtors and Creditors 220 (3d ed. 1996); quoted from Thomas E. Plank, "The Bankruptcy Trust as a Legal Person", 35 *Wake Forest L. Rev.* 251 (2000), note 145. 此外持有类似观点的还有 Donald P. Board 教授、Jackson 教授、Baird 教授等人。See Donald P. Board, "Retooling A Bankruptcy Machine That Would Go Of Itself", 72 *B. U. L. Rev.* 243 (1992); Douglas G. Baird & Thomas H. Jackson, Barry E. Adler, *Cases, Problems, and Materials on Bankruptcy*, Foundation Press (2001), p. 171.

[3] See Stephen McJohn, "Person or Property On the Legal Nature of the Bankruptcy Estate", 10 *Bankr. Dev. J.* 465 (1994).

[4] See Thomas E. Plank, "The Bankruptcy Trust as a Legal Person", 35 *Wake Forest L. Rev.* 251 (2000).

一独立的法律主体,但认为应寻求美国破产法上的破产财产抛弃规则解决待履行合同问题。由此无需另外设置规则(即第365条),只需径直根据第541条之规定将破产债务人于待履行合同下享有的债权归入破产财产,根据第502条之规定将破产债务人于待履行合同下负有的义务归入破产债权即可。

基于《破产法典》第541条(a)款之规定,在破产申请时,破产债务人所有的财产均属于破产财团,但问题是,并非所有破产财产对普通债权人都是有价值的。因此1978年《破产法典》第554条(a)(b)款规定,对于这些财产管理人应予以抛弃。在此之前的判例中,法院便类比待履行合同之"拒绝"认为,对于那些无价值或处分成本远大于收益的财产管理人应予以抛弃。[1] 就其源头而言,最早可以追溯至英国判例法,如在1818年的英国判例 Copeland v. Stephens 案中,法院便认为破产管理人的职责在于分配破产人的财产,因此能够转移至管理人名下的只能是那些不影响其上述职责的财产,而不得接受(acceptance)那些会减少可供分配的财产的合同。抛弃的法律效果在于使得此类财产不再属于破产财产,管理人也无需继续进行管理,其实际上具有减少损失的作用。[2]

从表面上看,Westbrook 教授在进行分析时并未提及第554条规定的破产财产抛弃规则,但就其观点的核心内容看,Westbrook 教授仍旧采用了破产财产的抛弃规则。即对于那些能增加破产财产整体价值的待履行合同不得抛弃,应选择继续履行;对于那些不能增加破产财产整体价值的待履行合同则应予以抛弃,选择拒绝履行。其根源在于"破产管理人代表的是无担保普通债权人,根本职责在于最大化破产财团价值,同时也要最小化得向破产财团主张的各类权利,比如拒绝无效债权"。[3] 待履行合同较一般财产的不同之处仅在于,在判断破产债务人

---

〔1〕 See Midlantic Nat. Bank v. New Jersey Dept. of Environmental Protection, 474 U. S. 494 (1986).

〔2〕 对该案的详细讨论参见本书第二章第二节相关内容,此处不予赘述。

〔3〕 Jay Lawrence Westbrook, "A Functional Analysis of Executory Contracts", 74 *Minn. L. Rev.* 227 1989 – 1990.

于待履行合同下享有的债权价值时，需要将破产债务人所应承担的义务一并予以计算。

综上，我们可以说，Andrew 教授与 Westbrook 教授在处理待履行合同问题上的分歧，实质是底层逻辑上的差异。前者基于破产财团的独立地位认为待履行合同自动成为破产财产，而后者则认为应借助破产财产抛弃规则的理念处理待履行合同。

此外，值得注意的是，有美国学者曾指出，Countryman 教授将第 365 条的待履行合同规则追溯至英国司法实践中的抛弃规则（doctrine of abandonment），而 Andrew 教授则将其追溯至 Copeland v. Stephens 案。[1] 根据笔者对美国法上相关判例与文献的阅读及理解，对于上述论断，笔者并不认同。首先，Countryman 教授并未刻意去探究第 365 条的判例法源头，而是仅对美国在对待履行合同问题进行立法规范前，判例法在处理这一问题时所采取的基本规则，及其对英国判例法上管理人得抛弃对破产财团构成负担的财产这一规则[2]的继受做了一简单梳理，并以足以说明这一历史脉络为限，而未给出一个确定的判例源头。相反 Andrew 教授则为了考察第 365 条所采用的“承继”与“拒绝”这一组概念的历史本意，对相关判例法的演变历史进行了详尽的考察，而且其考察结果为美国多数学者及法官所认可。其次，二人赖以得出各自结论的判例，存在相互引用的关系，如被 Countryman 教授作为其观点论据的 South Staffordshire Railway Company v. Burnside 案[3]，便引用了为 Andrew 教授所看重的 Copeland v. Stephens 案。故，不能简单地因为二人在各自文章中所采用的表述存在差异便认为二人对待履行合同规则的源头存有实质性的不同。这段围绕第 365 条规定的待履行合同规则

---

〔1〕 See David G. Epstein & Steve H. Nickles, “The National Bankruptcy Review Commission's Section 365 Recommendations and the ‘Larger Conceptual Issues’”, 102 *Dick. L. Rev*. 679 1997 – 1998.

〔2〕 关于这一规则与管理人对合同得拒绝的关系亦可以参考 John J. Creedon & Robert M. Zinman, “Landlord's Bankruptcy: Laissez Les Lessees”, 26 *Bus. Law*. 1391 1970 – 1971.

〔3〕 See 155 E. R. 56 (1850).

在美国判例法史上起源的争议，亦足以说明美国法上的待履行合同规则与破产财产抛弃规则存在密切关系。

二、以功能主义模式重构待履行合同的理论基础

（一）我国当前处理待履行合同的模式及其现实困境

前述美国法上待履行模式与功能主义模式出现的背景在于，立基于 Countryman 教授提出的实质违约（material breach）的传统模式在司法实践中导致了诸多问题。如在处理诸如期权合同、优先购买协议、竞业禁止协议、经销协议，商标（使用）协议、保证合同、雇佣合同、离职协议等类型的合同时便会陷入无所适从的境地。从我国《企业破产法》第 18 条的立法体例来看，我国实质上采用了与美国法上的实质违约模式相类似的模式，即均应首先判断合同是否属于待履行合同。具体表现为：在美国法上需要判断是否构成实质违约，在我国法上则要判断双方是否均未履行完毕。至于履行完毕与否的标准，有学者认为仅限于主义务，[1] 亦有学者认为应限于主义务与从义务的未履行完毕。[2] 而近年来，在我国司法实践中不同法官对此亦有不同观点。

在温州佳通实业有限公司等诉温州博来登皮具有限公司租赁合同纠纷案中法院认为，“租赁合同……承租人不光要支付租金，还要按照约定的方法使用租赁物，仅仅支付租金并不是履行完毕合同的表现，本案租赁期限未满，出租人将房屋交付承租人使用、收益仍处于持续状态，故仍属于‘债务人和对方当事人均未履行完毕的合同’”。[3] 在文某华诉株洲千姿置业有限公司房屋租赁合同纠纷案中，法官亦持类似立场，认为，“由于租赁合同具有继续性的重要特点，交纳租金只是承租人的主要合同义务而非全部合同义务，承租人尚有保管租赁物、返还租赁物的义务以及通知等附随义务等，因此在租期届满承租人返还租赁物之前，承

---

〔1〕 参见齐树洁主编：《破产法研究》，厦门大学出版社 2005 年版，第 271 页。

〔2〕 参见兰晓为：《破产法上的待履行合同研究》，人民法院出版社 2012 年版，第 22 页。

〔3〕 参见浙江省温州市龙湾区人民法院，(2014) 温龙民初字第 767 号民事判决书。

租人始终处于履行租赁合同过程中……租赁合同只要在租赁期内，承租人与出租人的义务即均未履行完毕”。[1] 即，在此类案件中，法官倾向于认为附随义务的履行亦应作为判断合同是否履行完毕的要素。[2]

而在陈某玲、浙江正国房地产开发有限公司与破产有关的纠纷案中，法官认为，涉案买卖合同的主给付义务已履行完毕，管理人无权要求依照《企业破产法》第18条规定主张解除合同，买受人要求破产债务人履行协助办理转移登记义务，属于附随义务。[3] 即，在该案中，法官实际认为《企业破产法》第18条中的“双方均未履行完毕”应指主合同义务的未履行完毕，不包含附随义务。在大连机床集团有限责任公司、×××等一般取回权纠纷案中，法官亦持类似观点，认为“大连机床集团只是未将协助办理产权过户手续这一协议附随义务未履行完毕。对于以房抵债协议，李某某已经履行完毕自己消除债权的全部义务，大连机床集团也履行完毕移交抵债房产的主要义务，李某某已经取得抵债房产的物权期待权。只要大连机床集团履行完协助办理产权过户手续这一随附义务，李某某即可取得抵债房产的完全物权。本案不符合《企业破产法》第18条规定的‘双方均未履行完毕’的管理人有权解除的前提条件”。[4]

---

[1] 湖南省高级人民法院，(2017)湘民再461号民事判决书。持类似立场的还可参见福建省南安恒丰食品有限公司、福建名茶村茶业有限公司返还原物纠纷案[福建省高级人民法院(2021)闽民终569号民事判决书]、马某忠、河南省新乡县良种棉加工厂破产管理人破产债权确认纠纷案[河南省新乡市中级人民法院(2019)豫07民终3862号民事判决书]等。

[2] 截至2022年7月11日，笔者在北大法宝数据库中，以“全文”同时包含“企业破产法第十八条”“履行完毕”“租赁合同”3个关键词为条件进行检索，得到248件案例，其中前述3个关键词词频至少2个，大于2次的案例有96件，在这96件案例中涉及认定待履行合同判断标准的案例基本持类似立场。

[3] 参见浙江省温州市中级人民法院，(2021)浙03民再15号民事判决书。

[4] 辽宁省高级人民法院，(2021)辽民终499号民事判决书。此类案件亦可参见山东长江房地产开发有限公司、张某江确认合同效力纠纷案[该案中，法官认为，“原告已交付全部房款，履行了其合同义务，不属‘双方当事人均未履行完毕的合同’的情形”，参见山东省淄博市中级人民法院，(2019)鲁03民终3038号民事判决书]，浙江言信诚仓储物流服务有限公司、浙江格洛斯无缝钢管有限公司破产债权确认纠纷案[该案中，法官认为，“该规定(指《企业破产法》第18条——笔者注)适用的双方均未履行完毕的合同，系指双方互负对等主给付义务、且双方主给付义务均未履行完毕的合同”。参见浙江省绍兴市中级人民法院，(2019)浙06民终3980号民事判决书]等。

在王某平与怀化市大成置业有限责任公司商品房预售合同纠纷案中，法官甚至认为，因破产债务人自身原因致使原告无法办理按揭贷款支付剩余房款，应视为原告已履行完毕付款义务，故案涉房屋买卖合同不属于双方均未履行完毕的合同，破产管理人无权基于《企业破产法》第18条解除。[1]

虽然前述案例涉及的合同类型存在差异，但亦可清晰地呈现出，目前我国司法实践中，法官在认定“双方均未履行完毕”时存在观点上的分歧。换言之，前述美国法上实质违约模式存在的不足，在我国法下业已现实存在。

对某一特定合同是否属于待履行合同的不同认定无疑将在结果上产生巨大差异。若某一特定合同被认定为待履行合同，则管理人可以选择继续履行，相对人将因此而得要求管理人提供担保，其因继续履行待履行合同而取得的债权将会被视为共益债权；若未被认定为待履行合同，在事先未设定担保的情况下，相对人仅得作为普通债权人申报债权。

对于这一问题，虽然至少从理论上讲，存在借助于待履行合同认定标准的统一来克服的可能性。不过，对于当前我国学者主张的《企业破产法》第18条下的待履行合同仅限于主合同义务，或主合同义务与从合同义务未履行完毕的情形，笔者持有异议。崔建远教授认为，虽然原则上足以导致合同被解除的违约行为限于违反主合同义务的行为，对从义务及附随义务的违反一般不会导致合同的解除，但是若对从义务及附随义务的违反将导致合同目的落空时，相对人亦得解除合同。[2] 由此笔者认为，在前述因违反从义务及附随义务而得解除合同的情形下，双方对从义务甚至附随义务的未履行完毕亦可构成《企业破产法》第18条下的“双方均未履行完毕”。换言之，在判断某一特定合同是否属于待履行合

---

〔1〕 参见湖南省怀化市中级人民法院，(2019)湘12民初249号民事判决书。

〔2〕 参见崔建远：《合同法》，法律出版社2016年版，第193页。

同时,不应仅仅局限于判断主义务与从义务是否均未履行完毕,[1]在某些特定情形下,亦可基于附随义务的未履行完毕而判定该合同属于待履行合同。即无论是主义务的未履行完毕,还是从义务的未履行完毕,乃至附随义务的未履行完毕,都可导致《企业破产法》第 18 条下的“双方均未履行完毕”情形的发生。在判断是否属于待履行合同时,只能进行个案判断。判断的标准不妨采纳崔建远教授关于合同解除事由的判断规则,即相关义务之不履行是否会导致合同目的落空。[2] 这在实质上与 Countryman 教授的实质违约测试并无不同。但这一判断标准在清晰度或明确度上明显存有不足,在实践中难免会对适用结果的统一性产生负面影响,一如美国法上表现出来的那样——法官在个案适用时存有巨大的解释空间。

前文所列我国实践案例可在一定程度上支撑笔者上述论断,即在认定当事人是否履行完毕的标准较为原则或确定性不强时,法官倾向于在个案中进行利益平衡,即对应保护相对人还是破产债务人(及其背后的无担保破产债权人)的利益进行个案平衡。作为其逻辑推论,下述论断应无异议——合同当事人的利益是否被法官最终认可存在较大不确定性。进而给追求规则确定的商事活动带来不必要的负面冲击。

此外,我国立法采取的待履行合同认定—管理人挑拣履行架构对尊重非破产法规范原则的背离集中体现在破产管理人的解除权上。基于章节安排考量,本书在第二章讨论。

(二)我国引入美国法上功能主义模式的可行性分析

除上述由待履行合同认定标准带来的适用问题外,更为严重的问题

---

〔1〕 不过需注意的是,在德国法上,对于全部履行完毕的要求较为严格,例如瑕疵履行便不属于履行完毕。甚至有判例认为即使买方只负有收取购买物的义务时,也不算买方已经完成履行。有批评者认为这一要求过于严苛。(参见[德]乌尔里希·福尔斯特:《德国破产法》,张宇晖译,中国法制出版社 2020 年版,第 127 页)我国实践中在买房人已支付全部购房款而房屋产证尚未办理时认为买方已履行完毕进而对购房者提供保护的裁判思路明显更接近前述评判意见。

〔2〕 参见崔建远:《合同法》,法律出版社 2016 年版,第 193—197 页。

在于,一如美国法上的实践效果,我国现行立法采用的模式在处理诸如期权合同等特殊类型合同时将会面临极大挑战。那么,为解决这些困扰,我国是否有必要借鉴前述待履行模式或功能主义模式,特别是在上述理论即使在美国亦未被立法及司法完全接受的情况下?[1]笔者认为,为回答上述问题,有必要先对美国法上相关理论争论的实质做一整体性评述。

1. 我国引入功能主义模式的法制空间

对我国而言,由于《企业破产法》并未规定破产财团制度,[2]因此前述 Andrew 教授的待履行模式由于缺少立法依据而无太大借鉴意义。笔者认为 Westbrook 教授给出的功能主义模式在实际上依赖于美国破产法上的破产财产抛弃规则,故在探讨这一理论能否用来解释我国破产法上的待履行合同问题时,需要首先明确我国破产法上是否存在破产财产抛弃规则或者与之相类似的规则。

就我国《企业破产法》立法来看,显然未如美国《破产法典》那样明文规定管理人得抛弃于破产财团无益之财产。此外,在理解美国法上的破产财产抛弃规则时,需注意的是,其以破产财团乃独立法律主体为前

---

〔1〕 本节所介绍的待履行模式与功能主义模式,虽然在美国的司法实践中业已被众多法院所采纳,甚至被 1997 年的破产法审查委员会明确采纳(See National Bankruptcy Review Commission Final Report: Bankruptcy: The Next Twenty Years, Oct. 20, 1997, pp. 459 - 461),但前述破产法审查委员会的立法建议并未被此后的立法采纳。另外“美国破产协会”(American Bankruptcy Institute Commission)在其于 2014 年发布的《第 11 章改革报告》中,在待履行合同问题上仍坚持了 Countryman 教授的实质违约模式(See American Bankruptcy Institute Commission to Study the Reform of Chapter 11: 2012 ~ 2014 Final Report and Recommendations, 23 *Am. Bankr. Inst. L. Rev.* 1, pp. 112 - 129)。

〔2〕 关于破产财产的法律性质,曾有学者主张我国亦应建立破产财团制度,即采纳主体说(相关讨论参见:韩长印:《建立我国的破产财团制度刍议》,载《法学》1999 年第 5 期;刘冰、韩长印:《论破产清算组的法律地位——兼论建立我国的破产财团制度》,载《法学评论》1995 年第 3 期)。不过,也有学者持有不同意见,如有观点认为应采客体说,即认为破产财产只能作为权利义务的客体(参见王欣新:《破产法》,中国人民大学出版社 2011 年版,第 108 页);还有学者主张通过对信托理论的借用,将其视为信托财产(参见傅穹、王欣:《破产债务人财产制度的法律解释》,载《社会科学研究》2013 年第 5 期)。但于 2006 年颁布的《企业破产法》并未像美国《破产法典》第 541 条(a)款那样规定,破产财产以破产财团的形式取得独立的法律地位,即仍坚持了客体说,因此对于这一问题本书不再过多涉及。

提,即其实际上属于确定破产财团范围的问题。而在我国,由于立法并未承认破产财产的独立法律主体地位,加之《企业破产法》第 30 条明确规定“破产申请受理时属于债务人的全部财产,以及破产申请受理后至破产程序终结前债务人取得的财产,为债务人财产”,因此,这一美国法上的规则,在我国实难谓有直接的法制空间。

那么基于我国现行立法,是否存在认可这一规则的实质性空间呢?美国法上的破产财产抛弃规则,其功能一方面在于避免管理人支出不必要的管理费用,另一方面可以避免某些债权取得优先于普通债权的顺位。[1] 由此,在考察我国立法是否在实质上内涵了美国法上破产财产抛弃规则的立法精神时,重点在于考察我国现有立法的相关规定是否具有上述两方面的效用。

其中,对前者的理解应落脚于管理人对破产债务人之财产的管理与变现上。根据我国《企业破产法》第 25 条第 6 项之规定,管理人具有管理和处分债务人财产的职责。对此,全国人大法工委解释道,“管理人接收债务人的财产、账簿等资料后,要对债务人财产实施全面的管理,以保证财产的安全,防止破产财产遭受意外或人为的损失,使破产财产得到价值的最大化,最大限度地满足债权人的债权要求。管理人应当采取有效措施保护债务人的财产。处分债务人的财产,主要包括三个方面:一是决定债务人未履行的合同的解除或者继续履行;二是承认别除权、取回权、抵销权等;三是处理破产财产,即对破产财产中非货币性质的财产进行变现”。[2] 但未对具体的变现方式进行规定。

---

〔1〕 在美国法上,这一点在涉及环境侵权问题上体现得尤为明显,如在 Midlantic 案中,作为少数派的反方法官便曾指出,(在本案中)禁止管理人抛弃遭破产债务人污染之土地,并强制管理人承担清理义务,实际上是将此类具有公益属性的环境侵权之债置于优先于其他债权的地位。不过,国会在第 554 条中显然无此立法意图。See Midlantic Nat. Bank v. New Jersey Dept. of Environmental Protection, 474 U. S. 494 (1986); also see In re Chateaugay Corp., 944 F. 2d 997 (1991); In re Wall Tube & Metal Products Co., 831 F. 2d 118 (1987). 此外,美国法之所以会产生优先权的问题,主要在于若管理人不得抛弃则相应财产便会被归入破产财团,进而其上所负担的债务便由破产财团承担。

〔2〕 安建主编:《中华人民共和国企业破产法释义》,法律出版社 2006 年版,第 44 页。

另外,《企业破产法》第41条规定"人民法院受理破产申请后发生的下列费用,为破产费用:(一)破产案件的诉讼费用;(二)管理、变价和分配债务人财产的费用;(三)管理人执行职务的费用、报酬和聘用工作人员的费用"。该条中的"管理、变价和分配债务人财产的费用"具体指:"①财产保管费用。如雇佣看管人员的劳动报酬、租用存放场地的租金、仓储保管费用等。②财产保养、维修费用。如为保证机械设备、机动车辆适用性和变现价值而必须支出的保养、维修费用。③财产保险费。为避免盗窃、火灾等情况造成债务人财产毁损,根据实际情况需要支出的财产保险费用。④财产评估费用。债务人财产中价值较高的财产出售时应当事先经过中介机构的评估,为此必须支出必要的评估费用。⑤财产的拍卖费用。包括变价拍卖过程中所支出的公告费、佣金等费用。⑥财产变更权属过程应当支付的费用。如在变卖房地产过程中可能需要补交土地出让金、补交配套费、变更登记手续费等费用。⑦管理、变价和分配债务人财产的其他费用。"〔1〕

据此,对于那些业已设置了担保的财产,仍属破产财产,应由管理人进行管理、变现。〔2〕对此,许德风教授认为不妥,"《企业破产法》第43条虽然规定破产费用应从破产财产中清偿,但因为担保物权人实际上享有在破产外自行变现的权利,因而并不承担破产费用。实践中,因为企业大部分财产上附有担保权,破产程序中管理人的相当多工作是清理担

〔1〕 安建主编:《中华人民共和国企业破产法释义》,法律出版社2006年版,第68页。

〔2〕 许德风教授亦持类似观点。其认为虽然根据《企业破产法》第59条、第61条的规定,担保权人有权参与制定破产财产的变价方案,但根据《企业破产法》第64条规定的表决规则,担保权人在变现的事项上并没有真正的表决权,即实际上仍由破产管理人而不是担保权人主持变现。而《企业破产法》第109条指的应当是,破产宣告后担保物权人可以直接自己将担保物变价。至于具体的变价规则,需要参照《民法典》物权编的有关规定进行。参见许德风:《破产法论——解释与功能比较的视角》,北京大学出版社2015年版,第337—338页。王欣新教授则认为,"在管理人占有担保物的情况下,通常应由管理人依法定程序处置担保物,但在决定别除权的行使上则无须经人民法院或管理人同意"。不过,出于管理人之管理工作的现实需要,宜通过司法解释的形式为别除权人行使别除权规定适当的催告期限,只有管理人在此期限内未能协助实现担保物权时,别除权人方得有权自行处置担保物。参见王欣新:《破产法》,中国人民大学出版社2011年版,第296页。

保权,如核实担保物权的真实性、保管和维护担保物等,在结果上相当于是普通债权人替担保权人承担了这部分破产费用,从而会进一步降低普通债权人的受偿率"。[1] 即在实质上有违前述"使破产财产得到价值的最大化,最大限度地满足债权人的债权要求"立法指导精神。换言之,现行立法据此改变此前《企业破产法(试行)》第 28 条及《民事诉讼法》第 203 条之立法态度(已作为担保物的财产仅以其超过担保债务数额的财产部分作为破产财产)的做法过于绝对,[2] 进而会在极端情况下导致前述许德风教授所言"普通债权人替担保权人承担了这部分破产费用,从而会进一步降低普通债权人的受偿率"的情形。

此外,王欣新教授亦认为,在破产程序中对担保物的处置并非管理人的专属权利,在一定条件下可以由担保权人行使。[3] 由此,对于那些担保物自身之价值低于其所担保之债权数额(变现时)的财产,在破产清算,或在破产重整中该抵押标的物不会产生额外收益之时,不妨允许由担保权人处分。进而我们可以认为,前述美国法上破产财产抛弃规则的第一项功能,在我国法下同样存在需求空间,而且在实质上符合我国《企业破产法》在此一问题上的指导精神。

相较于美国法上破产财产抛弃规则所具有的第一方面的功能在我国法下尚能够找到一定的理论与法制空间,美国法上破产财产抛弃规则之避免某些债权取得优先于普通债权的顺位的功能,则难以融入我国的破产法制。这主要在于此一功能的内在机理——在美国法上需要由破产财团承担清偿责任的债权一概具有优先于普通无担保债权的顺位,即使是产生于破产申请之前的债权,如前述 Midlantic 案中的环境侵权之

---

[1] 许德风:《破产法论——解释与功能比较的视角》,北京大学出版社 2015 年版,第 338 页。

[2] 不过,笔者认为现行《企业破产法》这一变革仍有其合理之处:首先,从形式上增加了破产管理人可以处分的财产的范围;其次,即使是对于那些清算价值少于其所担保的债权数额的担保标的物,在重整语境下,可能因其对破产债务人之继续经营具有不可替代的价值(如抵押标的物为破产债务人的主要生产设备)而给破产债务人或无担保债权人带来额外收益——这似乎也是《企业破产法》第 37 条关于管理人得取回质物、留置物的立法旨趣所在。

[3] 参见王欣新:《破产法》,中国人民大学出版社 2011 年版,第 296 页。

债。而在我国法下,除于破产之前业已取得担保,或在破产之后根据《企业破产法》之规定得设定担保外,破产债权若要取得优先清偿的顺位仅限于破产债权属于共益债权的情形。[1] 根据《企业破产法》第 42 条、第 43 条之规定,由破产财产优先予以清偿的共益债务仅限于人民法院受理破产申请之后产生的债务,全国人大法工委在对第 42 条的释义中指出,"共益债务,是指破产程序开始后为了全体债权人的共同利益而负担的非程序性债务"。[2]

综上,我国《企业破产法》虽未明确创设美国法上的破产财产抛弃规则,但我国立法在破产财产问题上所设定的立法宗旨及与此相关的既有理论论述,为实质性引入这一规则提供了一定的空间。换言之,在处理破产财产问题上,我国立法所蕴含之立法旨趣与美国法并无本质区别,只不过由于彼此历史背景及现实基础的差异导致了具体制度构造上的不同。而这也便为我们借用 Westbrook 教授之功能主义模式理解待履行合同问题提供了相应的法制空间。

此外,如前文所述,随着我国破产法司法实践不断深入,美国法上实质违约模式所面临的困境,在我国业已显现。这为我们提供了引入 Westbrook 教授的功能主义模式的现实需求。

2. 我国引入功能主义模式的理论空间

我国在引入或借鉴 Westbrook 教授的功能主义模式时,还面临的一

〔1〕 当然,根据《企业破产法》第 137 条之规定,属于优先于普通破产债权的职工债权、税收债权另当别论。需注意的是,在美国法上,在破产财产抛弃规则下讨论的优先顺位问题主要涉及环境侵权问题,而在我国有学者主张,在破产程序中应赋予人身侵权之债一定的优先顺位,也有学者认为这一问题更多地具有理论意义,于实践中的制度化则缺乏合理空间。由于这一个话题与本书主题并无直接联系,此处不予讨论。相关讨论参见韩长印、韩永强:《债权受偿顺位省思——基于破产法的考量》,载《中国社会科学》2010 年第 4 期;林一:《侵权债权在破产程序中的优先受偿顺位建构——基于"给最少受惠者最大利益"的考量》,载《法学论坛》2012 年第 2 期;王欣新、方菲:《破产程序中大规模人身侵权债权清偿问题探究》,载《政治与法律》2013 年第 2 期;冯辉:《破产债权受偿顺序的整体主义解释》,载《法学家》2013 年第 2 期;袁文全、马晶:《大规模人身侵权之债在破产债权中的清偿顺位考量》,载《重庆大学学报(社会科学版)》2014 年第 2 期。

〔2〕 安建主编:《中华人民共和国企业破产法释义》,法律出版社 2006 年版,第 69 页。

个诘难便是如何回应 Andrew 教授对该理论的指责,即该理论在实质上借助于效率违约理论赋予了管理人或破产债务人一霍姆斯式的违约权,尤其是考虑我国学者在效率违约问题上尚未达成共识这一现实境况。[1] 笔者认为,对这一问题的回答,关键在于管理人在此是否享有一专属选择权?若果真存在这一专属选择权,那么其是否便是效率违约意义上的违约权?

我国有学者认为效率违约理论现已发展成为规则—原则—精神复合元素的制度体系。[2] 按此理解,本书主要涉及规则层面的效率违约,具体指“合同履行成本高于对方收益或违约成本低于履约成本时,负有履行义务的一方可以在赔偿受害人预期损害的前提下拒绝履行合同义务”。[3] 也即限制了相对人得主张的违约救济方式,尤其是要求强制履行这一方式。其构成条件为:“(1)在不存在替代者的双边垄断格局中,只有标的物为特定物时才能适用效率违约,只有因履行而遭受更大损害的一方才有权选择效率违约。(2)在有一个充分竞争和存在交易成本的市场且第三方介入是造成违约的主要因素,而标的物是否为特定物又已不是影响交易成功因素的条件下,当人会更注重产品本身的价值、交易成本和信息的充分性等因素在交易中的影响力。此时,违约的社会总益大于履约的社会总成本或违约的社会总成本小于履约的社会总成本——违约方在补偿受害方的损失仍有价值剩余。”[4] 而这与前述

---

〔1〕 我国学者对效率违约理论多有介绍、探讨,难谓业已取得共识,支持者、反对者均有之。2000 年之后的代表性文章主要有:霍政欣:《效率违约的比较法研究》,载《比较法研究》2011 年第 1 期;陈凌云:《效率违约遏制论——以完善违约损害赔偿责任为线索》,载《当代法学》2011 年第 1 期;孙良国、单平基:《效率违约理论批判》,载《当代法学》2010 年第 6 期;唐清利:《效率违约:从生活规则到精神理念的嬗变》,载《法商研究》2008 年第 2 期;孙良国:《效率违约理论研究》,载《法制与社会发展》2006 年第 5 期;滕骥:《效率违约研究》,西南财经大学 2011 年博士学位论文;陈路:《效率违约研究》,中国政法大学 2011 年博士学位论文。此外,根据唐清利文,叶林教授、王利明教授、梁慧星教授、张乃根教授、李永军教授等对此均有所涉及,且多持否定性态度,此处笔者不再罗列。

〔2〕 唐清利:《效率违约:从生活规则到精神理念的嬗变》,载《法商研究》2008 年第 2 期。

〔3〕 唐清利:《效率违约:从生活规则到精神理念的嬗变》,载《法商研究》2008 年第 2 期。

〔4〕 唐清利:《效率违约:从生活规则到精神理念的嬗变》,载《法商研究》2008 年第 2 期。

Westbrook 教授所谓的“霍姆斯式的违约权”显然存在本质区别。Westbrook 教授认为,管理人选择拒绝履行待履行合同之后,非破产方不得主张强制继续履行的原因在于破产法之平等清偿原则,因此与是否承认效率违约无关。[1]

此外,采用功能主义模式来解决待履行合同问题,也契合了破产法应尊重非破产法规范的基本理念。因为,在这一模式下,管理人享有的选择权仅是在是否继续履行之间进行选择,具体而言:(1)若经过利益考量认为继续履行对破产财团(即全体债权人)更为有利,便选择继续履行。此时,为避免破产债务人/管理人仅需比例给付而相对人却需全额清偿导致的利益失衡,破产法需为相对人提供必要的救济措施。换言之,在管理人选择继续履行时,为相对人提供担保以及将其因履行待履行合同而取得的债权作为共益债权,在于避免在破产程序中破产债务人得就自己之债务进行比例清偿的规定。因此,并未违反尊重非破产法规范原则,此时可谓恰恰存在破产法上的特殊目的考量。(2)若管理人经过利益衡量,认为不履行待履行合同对破产财团更为有利,按照功能主义模式的观点,此时管理人仅得选择拒绝履行,而非取得法定解除权,或者其他破产债务人在实体法上原本并不享有的权利。而这正是破产法应尊重非破产法规范原则的应有之意。相反,我国现行立法,却在此时直接赋予管理人一法定解除权,明显突破了该原则。对这一问题的具体分析,详见第二章内容,此处不赘言。

另外,值得注意的是,在日本法上,采取解除权模式处理待履行合同的主要考虑在于,“如果单纯地将合同相对方享有的债权全部作为破产

---

〔1〕 对于《企业破产法》第 18 条规定之“挑选履行选择权”,需要进一步予以说明的是:若未发生破产,在不承认效率违约的情况下,合同关系当事人只得严格按照合同约定履约,一方拒不履行合同,则应承担违约责任,而相对人有权主张违约救济,具体包括要求损害赔偿或请求继续履行等。换言之,任何一方当事人均无拒绝履行的权利。不过,这不等于否认合同当事人得拒绝履行合同的自由,只不过这一自由的践行以相应的违约责任为代价。而在发生破产时,为便利破产财产价值最大化或重整的有效开展等,破产法单方面地赋予了管理人一选择权,只不过这一选择权是以对相对人的利益提供充分保护为前提的。对相对人的利益保护,详见后文各章节之讨论。

债权，而将破产人享有的债权作为破产财团所属债权来行使，会有损实体法规定的同时履行抗辩权具有的担保功能……如果视为所有的合同应当履行……有可能给破产财团带来过重负担”。[1] 对此，笔者认为，在采取“功能主义”模式后，上述担心根本无必要。首先，对于同时履行抗辩权的担保功能，笔者认为只有管理人选择继续履行时才有讨论必要。很难想象在一方当事人已明确拒绝履行的情况下，同时履行抗辩权的担保功能对相对方的利益还具有实质意义。而在继续履行时，笔者认为同时履行抗辩权所提供的担保功能，破产法业已通过向相对人提供担保或将其债权作为共益债权的方式予以替代，故得在破产程序进行限制，相关讨论详见后文第三章、第四章。其次，对于日本法对破产企业可能遭受过重负担的担忧，笔者同样认为大可不必。一如前文所述，根据“功能主义”模式，管理人在选择继续履行与否时的基本标准便是是否对破产财团有益。最后，需要补充说明的是，《企业破产法》第 39 条规定的出卖人取回权，实际上为待履行合同问题创设了一个例外规则。出卖人的主合同义务便是将标的物的所有权转移给买受人，在构成出卖人取回权时，买受人极可能尚未取得标的物之所有权，[2] 故此时该买卖合同为履行合同应属无疑。按该条之规定，对于符合该条之规定的买卖合同应优先适用该条规定，而非作为一般情形的待履行合同处理规则。出卖人取回权的适用条件为：(1) 出卖人必须已经将买卖标的物发运，并且尚未收到全部买卖价款；(2) 买受人被裁定进入破产程序时，买卖标的物尚处于在运途中。[3] 出卖人“取回权”作为出卖人之价款债权的一种特殊保

---

[1] [日]山本和彦：《日本倒产处理法入门》，金春等译，法律出版社 2016 年版，第 68 页。

[2] 出卖人取回权也适用于那些标的物之所有权因交付第一承运人或提交提单而发生转移的情形，在这些情形下，出卖人之移转标的物所有权的义务业已履行完毕。但在上述特殊情形之外，出卖人之转移标的物所有权的义务则尚未履行完毕。

[3] 这里讲的“在运途中”，实际上是对买卖标的物脱离出卖人和买受人占有、控制之外的状态的客观描述，应作宽泛的理解，并不仅限于买卖标的物处于运输过程中这一种情况。即使，买卖标的物已经运输到买受人所在地，存放在港口或者车站的仓库中，但买受人尚未领取，该标的物仍然没有被买受人实际占有和控制，这时，仍然应认为该标的物处于“在运途中”。参见安建主编：《中华人民共和国企业破产法释义》，法律出版社 2006 年版，第 61—62 页。

护机制,不会导致买卖关系的终止,[1]其对《企业破产法》第18条直接影响主要体现在管理人选择继续履行之时,按第18条之规定,管理人在选择继续履行时相对人得要求提供担保,否则合同视为解除;而根据第39条之规定,在构成出卖人取回权时,管理人若想继续获得标的物则应支付全部价款。

---

〔1〕 参见许德风:《破产法论——解释与功能比较的视角》,北京大学出版社2015年版,第234页。

第二章　管理人涤除待履行合同规则再造

我国《企业破产法》第 18 条赋予了破产管理人待履行合同选择权，以期利于破产法立法目标的实现。然而该条之规定过于简化，面对纷繁复杂的司法实践，往往显得捉襟见肘。[1] 对此，我国

---

〔1〕 在我国司法实践中，涉及出租人破产后如何处理双方均未履行完毕的不动产租赁合同的案件已大量发生，破产管理人往往基于第 18 条的规定予以解除，并且能够获得法院的支持，如厦门兴汇源金属制品有限公司等诉杭州兆丰电池有限公司租赁合同纠纷案[杭州市中级人民法院(2013)浙杭民终字第 3086 号民事判决书]、郦某达等诉浙江枝来服饰有限公司房屋租赁合同纠纷案[绍兴市中级人民法院(2014)浙绍民终字第 550 号民事判决书]、吴某、桐柏县五交化公司破产清算组与梁某租赁合同纠纷案[南阳市中级人民法院(2013)南民一终字第 00585 号民事判决书]等案件无不如此。就其效果看，虽有利于破产财产的变现，却严重损害了承租人的利益，甚至其原有营业能否继续经营下去亦会受到影响。如在宏恩医疗健康产业有限公司诉嵊州市天宏制衣有限公司等纠纷案中，在承租人并无违约行为的前提下，法院虽已意识到“鉴于租赁合同中，承租方系医疗机构，确实需要妥善、谨慎的应对解除合同后所造成的影响”，但仍然认为“这并不能成为管理人行使解除权的障碍”。(参见宏恩医疗健康产业有限公司诉嵊州市天宏制衣有限公司等纠纷案，浙江省嵊州市人民法院(2016)浙 0683 民初 558 号民事判决书)近年来，我国也有法院从实质公平角度出发，认为因破产债务人自身原因致使原告无法办理按揭贷款支付剩余房款，应视为原告已履行完毕付款义务，进而将案涉房屋买卖合同排除在待履行合同范畴之外，以限制

学者业已提出了诸多批评，主要观点在于《企业破产法》第 18 条赋予管理人的权利过大应予必要限制。如参照域外立法对租赁合同、所有权保留买卖合同、知识产权许可合同、已完成预告登记之房屋买卖合同等予以特殊对待，不受破产管理人选择权的影响。[1]

有学者认为，我国《企业破产法》之所以选择采用解除权模式，主要在于在我国原《合同法》第 94 条业已设置了“因拒绝履行而发生的解除权”的前提下，若《企业破产法》采用拒绝履行模式，那么当管理人拒绝履行合同时，相对人便得主张前述“拒绝履行的法定解除权”。如此一来，将会导致只赋予管理人以合同选择权的立法本意落空。进而认为在坚持现有解除权模式的前提下，需要从以下几个方面予以细化：其一，在给付为可分时，对于管理人决定继续履行合同时的合同相对人未受领的对待给付的请求权，应当区分是否为其未履行给付的对价，分别作为破产债权或共益债权来处理；其二，应明确规定管理人解除合同发生恢复原状的法律效果，合同相对人由此产生的请求权为共益债权。[2] 此外，也有个别学者通过对比较法史的系统考察，指出管理人对待履行合同的“解除”实为对比较法的误读。[3]

相较于前述学者们的论述，笔者认为问题的根源在于我国《企业破产法》直接赋予破产管理人解除权这一立法构造本身。按此规定，在债

破产管理人的解除权［参见王某平与怀化市大成置业有限责任公司商品房预售合同纠纷案，湖南省怀化市中级人民法院(2019)湘 12 民初 249 号民事判决书］。此外，为保护购房人，最高人民法院在北京英嘉房地产开发有限公司、杨某与北京英嘉房地产开发有限公司、杨某物权确认纠纷案中认为，在房屋买卖合同中，可基于购房人的生存权限制管理人的解除权［参见最高人民法院(2015)民申字第 1158 号民事裁定书］。受此影响，有法官明确指出，若当事人不属于消费购房，便不属于破产程序中的优先债权范畴，无权以此对抗管理人的解除权［如杨某芳与重庆山湖房地产开发有限公司普通破产债权确认纠纷案，重庆市第五中级人民法院(2020)渝 05 民终 2097 号民事判决书；上海金山众达小额贷款有限公司、文登长吉置业有限公司破产债权确认纠纷案，山东省威海市中级人民法院(2019)鲁 10 民终 2362 号］。

〔1〕 参见许德风：《论破产中尚未履行完毕的合同》，载《法学家》2009 年第 6 期；李永军：《论破产管理人合同解除权的限制》，载《中国政法大学学报》2012 年第 6 期；吴春岐：《论预告登记之债权在破产程序中的法律地位和保障》，载《法学论坛》2012 年第 1 期；庄加园：《预告登记的破产保护效力》，载《南京大学学报(哲学 · 人文科学 · 社会科学)》2014 年第 6 期等。

〔2〕 参见刘颖：《反思〈破产法〉对合同的处理》，载《现代法学》2015 年第 3 期。

〔3〕 参见庄加园、段磊：《待履行合同解除权之反思》，载《清华法学》2019 年第 5 期。

务人于破产申请受理前便存在违约行为时，破产管理人仍可于破产程序中选择解除合同。而通常认为按照合同法关于法定解除的规定，在一方当事人拒绝履行合同时，仅非违约方享有解除权。[1] 尊重非破产法规范原则要求，除非存在足够的理由，否则不应突破非破产法的规定，[2]因此实有必要对《企业破产法》第 18 条突破合同法上法定解除权制度的根据作进一步的探究。[3]

此外，在《民法典》引入实质担保观后，所有权保留、融资租赁和有追索权的保理等合同均被认可为担保，司法实践还承认让与担保合同的效力，[4]给《企业破产法》为涤除待履行合同而创设的待履行合同解除规则带来了全新的挑战。如对于所有权保留买卖合同，《民法典》第 641 条第 2 款规定"出卖人对标的物保留的所有权，未经登记，不得对抗善意第三人"，这一规定明确了此处的"所有权"本质上是担保物权，只有登记后

---

[1] 参见隋彭生：《合同法要义》，北京：中国政法大学出版社 2003 年版，第 277 页以下；Fikentscher, et al., Schuldrecht, De Gruyter, 2006, Rn. 486. 转引自许德风：《论破产中尚未履行完毕的合同》，载《法学家》2009 年第 6 期。不过，在《民法典》制定前有学者提出了不同的观点，认为在特定情形下可以赋予违约法定解除权。如孙良国教授曾指出在实践中可能存在下述特殊情形：即在发生违约后，继续实际履行合同将导致非常高的履行成本和社会效率损失，却又难以借助《合同法》规定的履行费用过高予以避免。此时，若仍机械地恪守违约方不能行使法定解除权的教条，只会徒增交易僵局，造成严重的社会效率损失。因此应在坚守整体法秩序的前提下"法外续法"，即依据以效率为根据的诚实信用原则创设新规则——赋予违约方解除权。然而，违约方的解除权不能成为一般规则，只有在符合分割式或内在关联性商事经营、无过错以及导致不成比例效率损失等严格条件下，该权利才具有正当性（详细讨论参见孙良国：《违约方的合同解除权及其界限》，载《当代法学》2016 年第 5 期）。此类理论观点最终为《民法典》吸收，形成第 580 条第 2 款。不过其并不能直接证成破产管理人解除权。首先，基于"尊重非破产法规范"原则，若破产债务人在合同法上享有解除权，那么其在破产程序中便得继续行使该项权利。其次，本书欲探讨的是，破产债务人于合同法上原本不享有解除权时，其在破产法上同样不应享有解除权。

[2] 相关讨论参见本书第一章第一节相关内容，以及许德风：《破产法基本原则再认识》，载《法学》2009 年第 8 期；韩长印、何欢：《隐性破产规则的正当性分析——以公司法相关司法解释为分析对象》，载《法学》2013 年第 11 期。

[3] 许德风教授虽然业已认识到了这一问题，却未做进一步深入研究。参见许德风：《论破产中尚未履行完毕的合同》，载《法学家》2009 年第 6 期。

[4] 谢鸿飞：《民法典实质担保观的规则适用与冲突化解》，载《法学》2020 年第 9 期。

才有对抗效力。[1] 而颁布于2013年的《最高人民法院关于适用〈中华人民共和国企业破产法〉若干问题的规定(二)》(以下简称《企业破产法司法解释二》却基于"所有权"观念规定,所有权保留买卖合同直接适用于《企业破产法》第18条构建的待履行合同解除规则,在出卖人破产时管理人得解除合同取得标的物所有权。在比较法上,基于所有权保留买卖合同在本质上更接近于一种担保,[2]出卖人破产时德国《破产法》第107条第1款[3]限制管理人的选择权,此时买受人得在完全履约的前提下取得标的物。[4] 这种法规范间的不协调,实则源于《企业破产法》构建待履行合同解除制度时存在基础认知上的偏差,集中体现为对待履行合同涤除问题的本质认知不足。

区别于解除权模式,美国法、德国法均采拒绝履行模式处理待履行合同的不再继续履行问题。我国学者在讨论待履行合同解除权之例外时多主张借鉴德国法、美国法经验。但在具体规则层面上却缺乏对德国法与美国法的系统研究,进而此间是否具备借鉴之逻辑基础不无疑问。甚或拒绝履行与解除有何异同,何者更符合破产法的内在逻辑,均须进一步探究。值得进一步反思的是,破产法借此实际上为违约方创设了一项法定解除权,突破了非违约方享有解除权的合同法一般理论。其果真未违背尊重非破产法规范原则这一破产法基本原则?[5]

为此,本章将聚焦于待履行合同问题的本源、以解除权涤除待履行合同存在的内在逻辑缺陷、域外立法上的待履行合同拒绝履行规则,以

---

〔1〕 龙俊:《民法典中的动产和权利担保体系》,载《法学研究》2020年第6期。

〔2〕 See Dennis Faber, Niels Vermunt, Jason Kilborn, and Kathleen van der Linde, *Treatment of Contracts in Insolvency*, Oxford University Press, 2013, pp. 215 – 216.

〔3〕 债务人在破产程序开始前以所有权保留方式出卖一项动产并向买受人转移对该动产的占有的,买受人可以要求履行买卖合同。债务人对买受人还负有其他义务且此种义务尚未得到或尚未完全得到履行的,也适用本规定。李飞主编:《当代外国破产法》,中国法制出版社2006年版,第47页。

〔4〕 参见[德]莱因哈德·波克:《德国破产法导论》,王艳柯译,北京大学出版社2014年版,第89—90页。

〔5〕 许德风教授业已认识到了这一问题,参见许德风:《论破产中尚未履行完毕的合同》,载《法学家》2009年第6期。

及拒绝履行模式与解除权模式的内在差异等展开讨论，为我国待履行合同涤除制度的重构提出建议。

第一节　以解除权涤除待履行合同的证伪

一、以解除权涤除待履行合同悖于问题本源

破产法的基本功能定位在于就债务人之财产向债权人集体清偿。因此，其首义在于厘清债务人财产之多寡。在此，为达致理论上的逻辑自洽，美国法创设了“破产财团”这一概念。[1] 破产管理人仅得就破产财团向债权人进行分配。由此，破产管理人对破产财产的价值最大化可细分为如下两个紧密衔接的阶段：破产财团归集的最大化与破产财团价值实现的最大化。前者，主要涉及所有权之归属、债权之成立与否等问题，要求管理人尽可能多地收集破产财产，以确定最终用于向全体无担保债权人分配的财产范围，更多的体现为破产程序中的非破产法问题，主要借助于非破产法予以规范。后者主要解决如何处置破产财产，以实现价值的最大化，更多得体现破产法集体清偿这一特殊定位。如破产法借助自动冻结制度暂定一切指向破产财产的清偿行为，以便能够从整体上就破产财产处置形成方案，提高变现收益。

为提高集体清偿比例，最大化债权人利益，将债务人全部财产自动纳入破产财团似应为题中之意。但在实践中，破产债务人拥有之财产并不一定均能为破产财团带来净收益。为精细化控制，美国法与德国法均规定了破产财产抛弃规则。[2] 在美国，基于《破产法典》第 541 条(a)款

---

〔1〕 我国亦有学者主张引入破产财团概念，相关讨论参见韩长印：《建立我国的破产财团制度刍议》，载《法学》1999 年第 5 期；刘冰、韩长印：《论破产清算组的法律地位——兼论建立我国的破产财团制度》，载《法学评论》1995 年第 3 期等。

〔2〕 从形式逻辑上讲，破产财产的抛弃规则虽与确定物之归属、债权成立与否等依赖民商事规范的规则有不同，但就前文所述破产财产归集—价值实现视角观之，将其归入确定得分配之财产范围环节（即破产财产之归集）更自洽。

之规定,在破产申请时,破产债务人所有的财产均属于破产财团。针对并非所有破产财产对普通债权人均有价值的问题,1978 年《破产法典》第 554 条(a)款与(b)款规定,对于这些财产管理人应予以抛弃。抛弃的法律效果在于使得此类财产不再属于破产财产,破产管理人也无须继续进行管理,其实际上具有减少损失的作用。通常情况下,被抛弃之财产将由此前占有该财产的占有者继续占有,如破产债务人。若某特定财产因其所担保的债务超过财产自身价值而被抛弃,则破产管理人可以直接将财产抛弃给优先权人。例如,破产债务人以其价值 100 美元的设备为债权人设置了抵押权。若债权额低于 100 美元,则破产管理人不得抛弃该设备,因此时该设备变现后所得在清偿抵押债权后仍有剩余;反之,破产管理人应将该设备径行抛弃给债权人。破产管理人在计算是否存在净收益时,应以非破产法规范为基础。[1]

由此,破产管理人在以破产财团价值最大化为原则处置破产财产时应以该特定财产属于破产财团为前提。否则便会以"治病救人"之名为损害他人利益之实。就待履行合同而言,是否继续履行显然会引起破产财团的增加或减少。故,对待履行合同之处置,与判定物之所有权是否归属于破产债务人并无本质区别。若继续履行破产债务人享有更多收益,则破产管理人应选择继续履行;反之,则应选择不再继续履行,即抛弃。概言之,因破产债务人继续享有待履行合同中的权利须以自己的履行为对价,破产管理人不应当然决定继续保有这一财产,而是首先进行利益上的计算。其核心在于评判破产债务人在继续履行与不再继续履行间何者享有的收益更大。而评判的依据主要在于合同法,待履行合同的特殊性仅在于,管理人在计算破产债务人于待履行合同中的实际支出

---

〔1〕 对美国法上抛弃规则的进一步讨论参见 Midlantic Nat. Bank v. New Jersey Dept. of Environmental Protection, 474 U. S. 494 (1986); Charles J. Tabb, *The Law of Bankruptcy*, Foundation Press, 2009, pp. 422—425. 德国法上也存在类似制度,相关讨论参见许德风:《破产法论——解释与功能比较的视角》,北京大学出版社 2015 年版,第 326 页。

时须受破产法比例清偿的影响。〔1〕

如前文所述，对美国待履行合同理论具有里程碑式影响的Countryman教授便将美国法上的待履行合同制度追溯至英国司法实践中的抛弃规则（doctrine of abandonment）。〔2〕此外，美国学者Westbrook教授认为，破产管理人代表的是无担保的普通债权人，其根本职责在于最大化破产财团的价值，同时也要最小化得向破产财团主张的各类权利，比如拒绝无效债权。因此，其在处理待履行合同时便须以最小的代价实现其于合同中享有的权利，故待履行合同能否纳入破产财团与《破产法典》第365条无关，应属第502条与第541条的规制范畴。〔3〕其在本质上亦认为待履行合同问题是一个事关破产财团范围的问题，应借助抛弃规则的理念来处理。〔4〕

在待履行合同解除权规则下，以不动产租赁合同为例，为求得变现债务人不动产时的价值最大化而选举涤除掉其上所附之租约，即选择解除该待履行合同。这在实际上混淆了破产财团归集最大化与破产财团价值实现最大化。前者主要借助非破产法规范确定债务人破产时各利益相关的利益格局，而后者应以前述利益格局为基础。

二、以解除权涤除待履行合同缺乏破产法公共政策支持

我国《企业破产法》与待履行合同问题直接相关的第18条规定："人

---

〔1〕详细讨论参见 Jay Lawrence Westbrook, "A Functional Analysis of Executory Contracts", 74 *Minn. L. Rev.* 227 (1989－1990), pp. 252－255.

〔2〕See David G. Epstein, Steve H. Nickles, "The National Bankruptcy Review Commission's Section 365 Recommendations and the 'Larger Conceptual Issues'", 102 *Dick. L. Rev.* (1997－1998), p. 681.

〔3〕See Jay Lawrence Westbrook, "A Functional Analysis of Executory Contracts", 74 *Minn. L. Rev.* 227 1989－1990, pp. 247－248.

〔4〕当然，严格来说，二者在逻辑上存在些微差异：一般意义上的抛弃更关注特定资产的净值；而对于待履行合同的抛弃实为继续履行与不再继续履行的二选一，且在计算时还需考虑破产法下的比例清偿。不过，以担保标的物为例，在评估时，若基于破产法，能否认其上所附之担保，则在计算其剩余价值时，应将此种情况考虑在内。但在本质上均属于对破产财产的最大化归集。

民法院受理破产申请后，管理人对破产申请受理前成立而债务人和对方当事人均未履行完毕的合同有权决定解除或者继续履行，并通知对方当事人。管理人自破产申请受理之日起二个月内未通知对方当事人，或者自收到对方当事人催告之日起三十日内未答复的，视为解除合同。管理人决定继续履行合同的，对方当事人应当履行；但是，对方当事人有权要求管理人提供担保。管理人不提供担保的，视为解除合同。”此外，第53条规定“管理人或者债务人依照本法规定解除合同的，对方当事人以因合同解除所产生的损害赔偿请求权申报债权”。就上述条文之文义看，立法应认为破产管理人得解除待履行合同。由于我国《民法典》延续了原《合同法》的相关规定，并未对解除与终止进行严格区分，[1]因此在讨论《企业破产法》第18条使用的“解除”这一概念前有必要先对其内涵作一简单说明。

在我国，“终止”一词至少在三个不同的层面上被使用：有时作为解除的上位概念，与合同消灭同义；有时作为解除的一种类型；有时则是与解除并列的概念。但我国原《合同法》却将终止作为与合同消灭相同的概念使用，而将德国法所称的终止直接称为解除。[2] 由此，我国合同法语境下的终止与解除便与传统大陆法系国家尤其是德国法系国家之终止与解除存在重大差异。为了统一我国合同法下终止与解除的含义，同时也便于更好地进行比较法上的对比，崔建远教授认为，应把终止作为解除的一种类型，把这种意义上的终止直接称为解除，不再用“终止”字样；而在合同消灭的意义上使用终止，与法人终止、委托终止等保持一致。[3] 王利明教授则认为终止本身可以从广义和狭义上理解。从广义

[1] 鉴于《民法典》相关条文与原《合同法》相关条文的继承性，此前学者关于原《合同法》的相关批评在《民法典》时代应仍成立。

[2] 参见崔建远主编：《合同法》，法律出版社2010年版，第244页。

[3] 需注意的是，崔建远教授作出此种判断的基础在于其认为在溯及力方面，合同解除和合同终止已经趋同了。不过，杜景林认为，与解除不同，终止不具有溯及的效果，而仅是自表示之时起，向将来发生效力（参见杜景林：《德国债法总则新论》，法律出版社2011年版，第130页）。

上理解,终止包括解除等各种使合同关系消灭的形式,其效力在于使合同对当事人失去拘束力,而解除则仅为终止的一种原因。从狭义上理解,终止只是与解除相对应的、使合同不再对将来发生效力的导致合同消灭的事由。[1] 简言之,崔建远教授的思路在于扩大解除的外延;而王利明教授的思路则在于对终止作扩大解释。[2] 不过,无论采那种解释路径,在我国法下解除之外延无外乎大陆法系上的解除与终止。

在大陆法系,解除与终止的功能主要在于使得权利人得以从不利的合同中解脱出来。[3] 对此,有日本学者认为,解除乃针对合同违反的救济手段,不过其并非着眼于合同利益的实现,而是在于使自己从合同中解放出来,回复到交易自由中。在此层面上,解除作为一种防御性手段,是与同时履行抗辩权相连续的制度(后者只是将自己的债务履行暂时性地停止)。此外,解除还有剥夺对方当事人期待的合同利益(合同利益的剥夺)的作用。通过解除,受害当事人得以从债务中解放出来,但在违反合同的一方当事人看来,便意味着无法再取得合同下的期待履行。债务的解放与合同利益的剥夺是同一个解除的两个方面。这种作用在继续性合同当中体现的尤为明显。[4] 我国亦有学者持类似观点。[5]

换言之,我们也可以说合同在某种程度上为我们锁定了未来不确定性的风险,是身处不确定性社会中的我们寻求确定性的一种工具。即使事后发现自己事先对风险的预期出现了偏差,也不得违反自己先前的承诺,而只能接受合同的约束,承受相应的“不利益”。合同不过是实现上述目标的“法锁”,是一种保障机制。具体到解除权制度,作为一种防御性手段,其主要功能在于使非违约方得以摆脱原先于合同中对未来的承

---

[1] 参见王利明:《合同法新问题研究》,中国社会科学出版社 2011 年版,第 541 页。

[2] 笔者赞同一时性合同采解除权模式、继续性合同采终止权模式。

[3] 参见黄立:《民法债编总论》,中国政法大学出版社 2002 年版,第 517、538 页。

[4] 参见[日]能见善久:《履行障碍:日本法改正的课题与方向》,于敏、韩世远译,载韩世远、[日]下森定主编:《履行障碍法研究》,法律出版社 2006 年版,第 63—64 页。

[5] 参见韩世远:《履行障碍法的体系》,法律出版社 2006 年版,第 304—306 页;崔建远:《合同法学》,法律出版社 2015 年版,第 199、210 页。

诺,回复到交易自由中。从违约方的视角观之,解除权的行使将导致违约方丧失其于合同中享有的期待利益,即使此时合同若能得到履行对其更为有利。即合同法上的解除权把事后得以摆脱合同约束的权利赋予了非违约方,由其在事后进行利益的判断,决定合同是否需要继续维系。也正是基于上述考量,合同法上的基本共识是由非违约方享用解除权。

直接赋予管理人解除权,便会出现虽然破产人于破产前业已发生违约,管理人却仍得于破产程序中行使解除权的现象。而管理人之权利,理论上一般认为来源于破产人,即其享有的权利不应超出破产人于破产前所享有的权利的范围。[1] 为此便须为破产管理人的解除权寻找正当化依据。就美国判例法中持拒绝具有终止效果的判例来看,[2] 主要意在借此增加破产财团的价值,进而有利于全体无担保债权人。而我国学者对此往往缺乏明确论述,多停留在管理人应以破产财团价值最大化为标准来决定是否解除双方未履行完毕的双务合同这一层面上。[3] 在我国实践中,也有法官以此作为支持管理人解除权的依据。如在杨某芳与重庆山湖房地产开发有限公司普通破产债权确认纠纷案中,法官便认为"法律赋予管理人合同解除的特别权利,是为了扩充破产财产的范围,以最大限度地保护债权人的整体利益,限制个别债权人获得破产程序外的利益,即管理人选择解除合同应当遵循破产财产保值增值原则"。[4]

一如前文所述,借助破产财团价值最大化来正当化破产管理人的解除权,若不能有效区分管理人在实现破产财产价值最大化前存在一个财产"归集"阶段,便易陷入背离于问题本质的境地。由此,简单以破产财产价值最大化作为支撑破产管理人解除权理论基础,便违背了合同乃法

---

〔1〕 破产申请前的权利义务状况能在多大程度上移转至破产财团之上,应遵守移转后不得超越移转前的权利义务界限这一基本原则。美国最高法院早在 1905 年审理的 Thompson v. Fairbanks 一案中便进行了明确的阐述。See Thompson v. Fairbanks, 196 U. S. 516, 25 S. Ct. 306.

〔2〕 相关讨论详见后文。

〔3〕 参见王欣新:《破产法》,中国人民大学出版社 2011 年版,第 60—61 页;齐树洁主编:《破产法研究》,厦门大学出版社 2005 年版,第 270 页。

〔4〕 参见重庆市第五中级人民法院(2020)渝 05 民终 2097 号民事判决书。

锁的基本功能定位，有损于合同应信守之承诺这一合同法基石，突破了合同法解除权制度的基本法理，有悖于破产法内在的逻辑自洽，即有悖于破产法应尊重非破产法规范这一基本原则。[1] 实则是慷他人之慨，以牺牲非破产债务人的利益为代价增加破产财团价值。我国《企业破产法》仅在第53条规定，相对人得以合同解除产生的损害赔偿请求权申报债权，未向相对人提供足够的保护。例如，在双方均已部分履行的情况下，相对人需全额返还破产债务人的履行部分，却仅能按比例取得自己的履行部分。此时，即使采日本法模式，[2] 相对人的利益仍存在保护不足之虞，如破产财团不足以清偿全部破产费用或共益债务；又如对于其利益有赖于合同维系而非终止的继续性合同相对人。[3]

至于学者对我国之所以采取解除权模式的论述，[4] 笔者认为并不成立。首先，若管理人选择拒绝履行，那么便表明管理人并不希望继续维系该合同关系，否则何以要拒绝履行？进而，在相对人主张行使解除权时并不会带来实质性的负面影响。不能因仅仅形式上抢夺了管理人专享的选择权而否认拒绝履行模式。而且在采取拒绝履行模式下，管理人之选择权的内容为拒绝履行与继续履行，因此相对人行使解除权的行为，并不构成对管理人专享选择权的侵害。其次，在采用拒绝履行模式下，真正使破产法这一立法目标落空的是相对人主张强制继续履行，但这一主张如下文笔者所论述的那样，将因破产法之平等清偿原则而被限制继续行使，进而也确保了针对待履行合同的立法目标能够顺利实现。

三、解除权模式面临的实践困境

就域外立法例而言，同样采取解除权模式的典型代表当属日本法。

---

〔1〕 需特别注意，破产管理人对待履行合同的解除权，区别于《民法典》确立的违约方解除权。

〔2〕 即管理人解除待履行合同时，若相对人的给付仍存在于破产财团中，相对人得请求返还；若已不存在，得就其价额行使作为财团债权人的权利，优先受偿。相关论述详见后文。

〔3〕 在日本并非所有的继续性合同均如租赁合同那样被作为例外不得解除。

〔4〕 参见刘颖：《反思〈破产法〉对合同的处理》，载《现代法学》2015年第3期。

日本《破产法》第53条第1款规定“关于双务合同，破产人及其合同的对方在破产程序开始之时均未履行完毕的，破产财产管理人可以解除合同或者履行破产人的债务从而请求合同的对方履行债务”。[1] 由此，“破产管理人可以通过存续有利的合同，解除不利的合同，谋求财团价值的最大化；通过合同的解除，不仅可实现破产财团的尽早处理，也能合理地保护合同相对方的地位”。[2] 不过，合同相对人将因赋予破产管理人合同解除权而陷入法律地位不确定的状态。为此，法律提供了以下两种救济措施：其一，赋予相对人催告权，即其得要求破产管理人须在一定期间内对是否选择解除合同作出明确的答复，否则视为管理人选择了解除合同。[3] 其二，合同解除给相对人带来特别不公平的后果时，管理人不能解除合同。这一观点来源于一关于高尔夫球场会员权利的案件，在该案件中如果承认管理人的合同解除权，作为合同相对方的高尔夫球场须单方返还高额的入会押金。[4]

然而问题是，对于后者，在司法实务中应在什么样的范围内采取这一立场，在日本尚无定论。[5] 而且就日本的司法实践历史来看，作为日本《破产法》第53条适用例外的范围在不断增加。下面笔者将结合日本的司法实践情况对此予以简要说明。

---

[1] 李飞主编：《当代外国破产法》，中国法制出版社2006年版，第738页。

[2] [日]山本和彦：《日本倒产处理法入门》，金春等译，法律出版社2016年版，第69页。

[3] 日本《破产法》第53条第2款规定：“在前款中，合同的对方当事人可以向破产财产管理人提出催告要求其作出明确答复，即确定一定的期限、在该期限内解除合同或者提出履行债务的请求。在此情况下，破产财产管理人在该期限内未作明确答复的，则视为已解除合同。”李飞主编：《当代外国破产法》，中国法制出版社2006年版，第738页。我国《企业破产法》在第18条第1款第2句同样为相对人提供了催告权。不过，需注意的是，在日本，上述视为解除限于以清理合同关系为原则的破产案件，在重整型程序中则拟制其放弃了解除权（《民事再生法》第49条第2款、《公司更生法》第61条第2款）（参见[日]山本和彦：《日本倒产处理法入门》，金春等译，法律出版社2016年版，第69页）。

[4] 参见日本最高裁判所平成十二年（2000年）2月29日判决，民事判例集54卷2号，第553页。转引自[日]山本和彦：《日本倒产处理法入门》，金春等译，法律出版社2016年版，第69页。

[5] 参见[日]山本和彦：《日本倒产处理法入门》，金春等译，法律出版社2016年版，第69页。

在日本,立法主要针对以下几类合同在第 53 条规定的一般规则外又设置了特殊规则:以持续支付为目的的双务合同、租赁合同、委任合同、存在市场行情的商品交易所涉及的合同、交互计算。不过,立法仅在租赁合同及存在市场行情的商品交易所涉及的合同中明确限制了第 53 条所规定的解除权的适用。具体而言,日本《破产法》第 56 条第 1 款明确规定,对于设定租赁权以及其他以使用、收益为目的的权利的合同,[1] 在相对人具备就该权利进行登记、注册以及可以对抗第三人的要件的时,第 53 条第 1 款、第 2 款的规定便不再适用。第 58 条则对属于涉及存在交易所等市场行情的商品交易合同的解除进行了例外规定。即若此类合同由于交易上的原因必须在一定时间或期限内履行,否则便导致合同目的落空,那么在该日期处于破产程序开始日之后时,合同便视为业已被解除。[2]

不过,为平衡各方利益,除上述关于高尔夫球场会员权利的案件外,历史上判例还在涉及承包合同、融资租赁合同等类型合同的案例中限制第 53 条解除权的适用。对于承包合同,日本判例认为不应无限制地适用第 53 条的规定,而应按照“所承包的工作是否是只有破产人才能完成的工作而加以区分考虑,对非属于只有破产人才能完成的工作,才赋予管理人合同解除权”。[3] 而对于实践中大量存在的非典型合同,由于实体法并未对其进行明文规定,因此在此类合同的一方当事人发生破产时,此类合同关系应如何处理,破产法亦难以进行明文规定,进而只得借助于判例进行处理,典型如融资租赁合同。在日本,对于应如何处理破

---

〔1〕 在日本,据此规定,对于专利等知识产权的技术许可合同,许可方发生破产时,是否需要向被许可方提供保护以其是否取得对抗要件为前提。不过,随着日本专利法在 2011 年修订时对“当然对抗制度”的引入,专利许可合同取得了对破产管理人的普遍对抗力,即其不得成为破产管理人的解约对象。参见[日]山本和彦:《日本倒产处理法入门》,金春等译,法律出版社 2016 年版,第 71 页。

〔2〕 参见李飞主编:《当代外国破产法》,中国法制出版社 2006 年版,第 740 页。

〔3〕 日本最高裁判所昭和六十二年(1987 年)11 月 26 日判决,民事裁判集 41 卷 8 号 1585 页。转引自[日]山本和彦:《日本倒产处理法入门》,金春等译,法律出版社 2016 年版,第 72—73 页。

产语境下的融资租赁合同,存在两种观点。一种观点认为,融资租赁合同乃租赁合同的一种,得构成待履行合同。因此在承租人发生破产时,若想继续使用租赁标的物,管理人只得选择继续履行该融资租赁合同,进而租金债权成为财团债权,得优先清偿。另一种观点则认为,融资租赁合同在本质上是一种融资安排,因此可以将承租人负担的租金视为对借款的分期偿还,而将租赁标的物的使用权等视为一种担保权,由此租金债权构成破产债权,出租人同时享有别除权。虽然作为别除权的担保权在破产程序中仍可自由行使,但在再生程序、更生程序中却会受到限制,因此这一观点在后两种程序中具有重要意义。判例采纳了第二种观点,即认为融资租赁合同不属于待履行合同。〔1〕

若我国立法仍坚持解除权模式,那么上述日本司法实践经历的诘难在我国必会接踵而至。即使我国作为法治后发国家,可以事先借鉴日本法已有的经验,但正如前述日本学者所指出的那样,在实践中究竟哪些合同不应解除实无定论。而这种不确定性本身便会对法秩序的稳定性产生负面冲击,进而引发司法资源的空耗,徒增社会运行的成本。

需要特别指出的是,我国有学者在论述破产管理人之待履行合同解除权的限制问题时将德国法作为其比较法论据之一,〔2〕这实乃对德国法之误解。同为大陆法系典型代表的德国,其立法虽然同样采取了"一般加例外"的立法体例,但在具体内容上却与日本法存在本质性差异。德国《破产法》第 103 条对处理待履行合同问题的一般规则进行了规定。不同于日本法规定破产管理人得选择解除双方未履行完毕的双务合同,作为一般规则,在德国破产管理人仅得在继续履行与拒绝履行之间进行

〔1〕 日本最高裁判所平成七年(1995 年)4 月 14 日,民事判例集 49 卷 4 号 1063 页;日本最高裁判所平成二十年(2008 年)12 月 16 日判决,民事判例集 62 卷 10 号 2561 页。转引自[日]山本和彦:《日本倒产处理法入门》,金春等译,法律出版社 2016 年版,第 75 页。

〔2〕 参见王欣新、乔博娟:《论破产程序中未到期不动产租赁合同的处理方式》,载《法学杂志》2015 年第 3 期。该文认为包含德国在内的各国立法普遍限制破产管理人对租赁合同的解除权,并通过对比日本《破产法》第 56 条与德国《破产法》第 111 条的差异来说明各国对出租人解除权的限制程度并不完全相同。

选择。[1] 破产管理人选择拒绝履行后，相对人不得要求返还已经履行的部分的给付，[2] 仅得就此主张金钱损害赔偿，且这一损害赔偿请求权属一般破产债权，按比例清偿。此外，对于损害赔偿数额的计算，破产法无特殊规定，适用合同法的相关规定。[3] 对于此处的"拒绝履行"，就其法律含义而言，显然异于"解除"一词。许德风教授亦认为"德国与美国的相应规则并未强制赋予破产管理人以法定解除权，而是规定其有拒绝履行的权利"。[4] 因此，实难直接以德国法经验作为论证应对我国现行立法所采用之"解除权"模式进行例外规定的论据。关于德国法上管理人拒绝待履行合同的具体规则参见本章第二节。

第二节　以拒绝履行涤除待履行合同的域外法考察

一、美国法下拒绝待履行合同的法效果考察

上文主要对解除权模式下的困境进行了简要讨论，那么拒绝履行模式下的具体规则及法效果又是怎样的呢？考虑到美国法围绕管理人拒绝待履行合同是否产生终止合同的效果曾发生过激励争论，因此系统考察美国法上的相关争论，对于我国无疑具有重要的镜鉴意义。

根据美国学者的梳理，美国法上的待履行合同问题首先发端于判例

---

〔1〕 德国《破产法》第 103 条第 2 款第 1 句规定"破产管理人拒绝履行的，对方当事人只能作为破产债权人对因未履行所生的债权提出主张"。李飞主编：《当代外国破产法》，中国法制出版社 2006 年版，第 45—46 页。

〔2〕 不过，在债务人的现行给付超出债权人先行给付的范围内，管理人可以要求返还债务人一方作出的现行给付，否则，债权人就会以财团为代价而不当得利。此实为德国《民法典》第 812 条第 1 款第 2 句规定的第 1 种情况。参见[德]莱因哈德·波克：《德国破产法导论》，王艳柯译，北京大学出版社 2014 年版，第 85 页，注释 2。

〔3〕 参见[德]莱因哈德·波克：《德国破产法导论》，王艳柯译，北京大学出版社 2014 年版，第 85、90 页；Dennis Faber, Niels Vermunt, Jason Kilborn, and Kathleen van der Linde, *Treatment of Contracts in Insolvency*, Oxford University Press, 2013, p. 213.

〔4〕 许德风：《论破产中尚未履行完毕的合同》，载《法学家》2009 年第 6 期。

法，其后 1938 年的《钱德勒法典》（Chandler Act）首次对此问题作出规定，该法典对判例法中形成的规则基本未作任何修改。但在此后的司法实践中随着新问题的不断出现，不断涌现出突破原有立法框架的判例，而这些全新的判例又推动了立法规则的不断完善。故本书在对美国法上待履行合同问题的演变史进行介绍时大致将其划分为两大阶段，即通过立法予以规制前的阶段与成文化的阶段。

（一）法典化前阶段

在 1938 年的《钱德勒法典》通过前，对美国判例法上处理待履行合同问题的规则具有决定性影响的主要是 Copeland v. Stephens 案[1]与 Central Trust Co. v. Chicago Auditorium Association 案[2]。前者是法典中"承继与拒绝"这一组核心概念的直接来源，而后者则主要确认了拒绝在破产中的效果。本部分将主要对这个两个案例予以着重介绍。

1. Copeland v. Stephens 案

该案是发生于 1818 年的一起英国案例，在该案中原告 Sara Copeland 与 Robert Thompson 于 1813 年 6 月 9 日签订了一房屋租赁合同，约定承租人需按季度于约定日期支付租金。合同签订后房屋交由承租人占有，后 Robert Thompson 于 1814 年 5 月 3 日将自己名下的全部财产移转至被告名下，进而前述租赁合同下的房屋转由被告占有。在被告破产后，专门委员会于 1815 年 6 月 6 日成立，并于 1815 年 7 月 1 日与 William Tate 签订合同，指定由其作为受托人负责处理被告的全部财产。此后，原告提起诉讼要求被告支付一笔于 1815 年 9 月 29 日到期的租金。

法院指出本案的焦点在于：原告（出租人）与被告间的租赁关系是否会因债权人委员对被告财产的处分而受到破坏——不过，本案中仅债权人委员会采取了切实的行动，受托人尚未采取任何实际行动，如发布承认该租约存在的通知，或拒绝承认该租约，或实际占有租赁标的物等。

---

〔1〕 See Copeland v. Stephens, 106 E. R. 218.

〔2〕 See 240 U. S. 581, 36 S. Ct. 412, 60 L. Ed. 811.

这实际上涉及原破产人尚存的合同是否因管理人的指定而当然移转到管理人的名下。对此,法院认为对破产管理人的指定并不意味着原破产人的合同当然转移至管理人,除非他们采取了进一步的行动。这在于破产管理人之指定是基于特定的立法目的的,即偿付破产人的财产。因此能够转移至管理人名下的只能是那些不影响其履行上述职责的财产。而对原属于破产人的合同的接受只能减少可供分配的财产,显然超过了上述职责的范畴。

在对该案的点评中 Michael T. Anrew 教授指出,法院在该案中创设了一个全新的规则,即对于租约破产管理人有接受或拒绝的权利(the right to accept or refuse),而接受(accept)或拒绝(refuse)则意味着租约能否转移至管理人名下。此后,这一英国判例法上的规则不仅为美国法院在众多涉及租约的案例中遵循,[1]并且被进一步扩大到其他类型的案例中,如新罕布什尔州高级法院在 1855 年审理的 Streeter v. Sumner 一案。[2] 该案主要涉及一份签订于 1839 年的合同,基于该合同原告需负责清理被告所有的农场的土地,并在其上修建必要的建筑等,而被告则会向原告的妻子或原告指定的其他人转让一定面积的土地,或以其他方

〔1〕 See Hoyt v. Stoddard, 2 Allen 442 (1861)[该案法官认为,破产管理人单纯的对委任的接受,或对破产债务人财产的接管,并不会导致其需承担租约下的义务,除非其开始实质性的处分破产财产,或有其他足以暗示其已接受租约实际行动];Martin v. Black, 9 Paige Ch. 641 (1842)[在该案中,1841 年 10 月,被告的财产被指定了一为官方接管人(receiver),随后被告将其转移给该官方接管人。与此同时被告与上诉人间尚有一租约,且被告在其租赁自上诉人的房间内尚有部分家具。1841 年 11 月 1 日,一笔金额为 8929 美元的租金到期,其后,在 1842 年 2 月 1 日还有一笔金额为 5125 美元的租金将到期。1842 年 1 月 28 日,在官方接管人将上述家具搬离上诉人的房间的同时,上诉人申请对这部分财产进行扣押,用于清偿被告尚未支付的租金。上诉法院认为,该案中官方接管人所处的位置与破产中的管理人相类似,并借鉴 Copeland v. Stephens 案等案件中的观点认为,除非官方接管人有明确的接受租约的行为,否则其并不能当然成为租约的当事人,故原租约对其不具有效力,进而上诉人无权扣押业已转移至官方接管人名下的财产]; also see Michael T. Andrew, "Executory Contracts in Bankruptcy: Understanding 'Rejection'", 59 *U. Colo. L. Rev.* 845 1988, note 67.

〔2〕 See Streeter v. Sumner, 11 Fost. 542 (1855). 该案被 Andrew 教授称为,整个 19 世纪继承与展示 Copeland v. Stephens 案所创设的规则最为充分的一个案件。See Michael T. Andrew, "Executory Contracts in Bankruptcy: Understanding 'Rejection'", 59 *U. Colo. L. Rev.* 845 1988, note 68.

式向原告进行补偿。合同签订后原告按约定履行义务,清理了 50 英亩的土地,并修建了大片篱笆及一个谷仓等。此后,在合同到期前双方发生争议,原告则在 1842 年 6 月 22 日被宣告破产。对于该合同,法院认为仅被部分的履行了,且双方均清楚,其在原告破产后仍继续有效存在。法院认为该案的核心问题是原告的财产,即前述合同,基于破产法是否发生了转移的问题。对此,法院认为:1841 年《破产法》第 3 条规定,“破产人的所有财产及财产性权利,即各种形式的财产,无论是否是不动产……自破产之初便已移转至管理人,无须管理人另外采取任何的行动……被指定之管理人拥有全部财产及权利的所有权,并有权予以处分……”该条所定义的财产范围相当广,囊括了所有类型的财产及财产性权利。若本案中涉诉的合同可以被视为财产或财产性权利,那么基于破产法其便已自原告处移转至管理人,进而原告也便无权再对其进行处分。作为一般原则,尚未履行完毕的合同,当事人于合同下的权利应被视为一种财产,进而基于破产法,为了全体债权人的利益,上述权利自破产之初便已移转给了管理人。但是,应当承认,在此一般原则之外,尚有诸多例外,一些来自于合同之属性,一些则来源于合同所涉及的利益。有些合同,则因为对于一方当事人来说可能更多的是一种负担而非利益,不能被视为破产财产。若管理人选择承继,这些合同不但不能为债权人带来收益,相反还会使得破产财团进一步的减少。服务(personal service)合同便属于因为其自身所具有之人身属性而不得发生移转。对于那些因其在实质上对破产财团来讲属于负担而不得被视为破产财产的合同,在处理时应借鉴英国在 Copeland v. Stephens 及 Thomas v. Pemberton 等案件中确立的原则,即管理人需要评估该合同之继续履行对破产财团是否有利。本案所涉及之劳务合同则因其人身属性及对破产财团的不利益不得发生移转。

此后,对于这一规则,美国最高法院在不同时期的案例中一再予以确认。如在 1884 年的 American File Co. v. Garrett 案[1]中,美国最高法院为了解决管理人或由其持有的破产财产是否需要对 American File Company 的债务以股东的身份承担个人责任的问题,通过援引 Streeter v. Summer 案及 Rugely v. Robinson 案[2]等类似案例中一贯坚持的规则,即管理人无须接受一项对破产财团不利益的财产,认为本案中管理人既未接受 American File Company 的股票,亦未试图成为其股东,故无论是管理人还是由管理人持有的破产财产均无须以股东身份承担 American File Company 的债务。1893 年,美国最高法院在总结之前判例法上的观点的基础之上将其作为一般规则描述为:"受托人或接管人在认为其将不能获利时,可以不用接受合同(adopt the contracts)、承担租约(accept the leases)或采取其他取代破产人位置的行动;他有权在一合理期限内决定是接受(adopt)还是拒绝接受(repudiate)此类合同。如果其选择接受一租约,则接管人(receiver)将成为租赁物利益的所有者,进而其与出租人间便建立了一地产租赁关系,接管人也便有义务按照条款支付租金。"[3]

就上述判例进行充分分析后 Andrew 教授总结到,对于待履行合同问题,自 Copeland v. Stephens 案以来,美国判例法逐渐形成一共识,即承继一个租约或合同即意味着该租约或合同成为破产财团的组成部分,破产财团亦将因此而承担其上的责任;而拒绝一租约或合同仅意味着明示或默示地选择使其处于原有之状态,既未承认该租约或合同乃破产财

[1] See American File Co. v. Garrett, 110 U. S. 288 (1884).

[2] See Rugely v. Robinson, 19 Ala. 404 (1851).

[3] U. S. Trust Co. v. Wabash W. Ry. Co. , 150 U. S. 287 (1893). 此外,美国最高法院在不同时期的一系列案件中均涉及判断破产债务人之财产是否移转至破产管理人名下的问题,并一再坚持了源自 Copeland v. Stephens 案的,需要由管理人进行选择的规则,如 Quincy, M. & P. R. Co. et al. v. Humphreys et al. 案[see Quincy, Missouri & Pacific R. Co. v. Humphreys, 145 U. S. 82 (1892)]、Sunflower Oil Co. v. Wilson 案[see Sunflower Oil Co. v. Wilson, 142 U. S. 313 (1892)]、Dushane v. Beall 案[see Dushane v. Beall, 161 U. S. 513, 515 (1896)]、First National Bank of Jacksboro, Plff. in Err. , v. J. L. Lasater. 案[see First Nat. Bank v. Lasater, 196 U. S. 115 (1905)]、Brown v. O'Keefe. 案[see Brown v. O'Keefe, 300 U. S. 598 (1937)]等。对于这些案例,本书不再一一介绍。

团之组成部分,破产财团亦无须承担其上之责任。拒绝只不过是不予承继(not to assume)的一个标签而已。债务人原有之义务并未因管理人之拒绝而受影响。[1] 对于上述自19世纪以来法院在待履行合同问题上所取得之共识,第九巡回法院在1985年的一个破产案件中亦有过清晰描述:"因待履行合同与未完成租约同时包含有将来之义务与权利……须通过管理人之明确承继行为方能成为破产财团之组成部分,进而可以保证破产财团不必当然为合同义务负责。进而,待履行合同与租约,区别于其他各类财产,并非在破产申请日便归属于管理人。它们仅在管理人采取及时且明确的承继行为后方归属于管理人。因对待履行合同拒绝的效力溯及至破产申请日,故此类合同从未成为破产人之破产财团。"[2]

在对作为美国《破产法典》第365条中"拒绝"一词来源的判例法进行充分考证之后,就"拒绝"一词之内涵,Andrew教授进一步评价到,拒绝并非意味着债务人或DIP对合同责任的拒绝,而是对资产所有权移转的拒绝。然而,上述承继与拒绝间的历史关联及借此对破产财团给予保护的意图很快便被遗忘了。Countryman教授在提出其实质违约测试模式时对此的忽略无疑是一重要原因。立法将第365条从界定破产财产范围的第541条中分离出来亦是一个原因。[3] 此外,通过所有权(title)形式来解决合同责任问题日渐落伍的趋势也具有重要影响。虽然,近来对原先第365条之核心概念承继与拒绝进行了细化与现代化包装,但其

---

〔1〕 See Michael T. Andrew, "Executory Contracts in Bankruptcy: Understanding 'Rejection'", 59 *U. Colo. L. Rev*. 845 1988.

〔2〕 In re Lovitt, 757 F. 2d 1035, 1041 (9th Cir. 1985); also see Michael T. Andrew, "Executory Contracts in Bankruptcy: Understanding 'Rejection'", 59 *U. Colo. L. Rev*. 845 1988.

〔3〕 如Douglas W. Bordewieck便认为,在分析待履行合同与未完全租约时不应忽视第541条(a)款的作用,基于第541条(a)款的规定,其应属于破产财团的范畴,并且对管理人具有拘束力,只不过这种合同拘束力基于第365条的规定暂时不得向管理人行使(See Douglas W. Bordewieck, "The Postpetition, Pre-Rejection, Pre-Assumption: Status of An Executory Contract", 59 *Am. Bankr. L. J*. 197 1985)。而Westbrook教授亦主张应根据第541条的规定直接将待履行合同与未完成租约纳入破产财团,相关论述参见本书第1章第2节。

本身仍显陈旧。不过,除非对第365条进行彻底的现代化改造,否则在对上述概念进行理解时与之相关的历史因素仍将具有重要作用。

2. Central Trust Co. v. Chicago Auditorium Association 案

前述 Copeland v. Stephens 案所确立的规则并未能解决相对人在破产中所享有的权利问题。在破产发生时,因待履行合同与未完成租约尚独立于破产财团之外而独立存在,无论是破产人之不履行还是相对人之继续履行均处于不确定状态。为此在不同的判例中法院间发生了分歧,有的法院认为在特定的环境下可将破产的发生视为预期违约(anticipatory breach);[1]有的法院则持相反的观点,拒绝承认存在违约,进而否认相应权利的存在。[2] 最终美国联邦最高法院在 Central Trust Co. v. Chicago Auditorium Association 案[3]中确立了拒绝视同违约的规则,并被1938年的钱德勒法典所吸收。

1911年7月22日 Frank E. Scott Transfer Company 被债权人申请破产,法院于8月7日判决其破产。在破产程序开始时破产人与 Chicago Auditorium Association 尚有一未履行完毕的合同。该合同双方签订于1911年2月1日,期限5年。基于该合同 Chicago Auditorium Association 将其酒店的旅客及其行李、侍从等的接送业务独家授权给了破产人。另外,该合同还就破产人需支付的费用数额、方式及时间,Chicago Auditorium Association 得终止合同的条件,破产人的违约责任等进行了明确约定。不过,在破产人破产时,双方均无违约行为,合同仍有效存续。在破产程序中管理人并未选择履行合同,而 Chicago Auditorium Association 就原先授权给破产人的业务与第三人重新签订了合同。不过,Chicago Auditorium Association 于1912年2月28日要求破产财团支

[1] See In re Neff, 157 F. 57,(1907); In re Swift, 112 F. 315, (1901); In re Pettingill & Co., 137 F. 143, (1905).

[2] See Watson v. Merrill, 69 L. R. A. 719 (1905),In re Imperial Brewing Co., 143 F. 579 (1906)

[3] See Central Trust Co. of Illinois v. Chicago Auditorium Ass'n, L. R. A. 1917B,580 (1916).

付 6537.94 美元,其中 311.20 美元乃破产前业已到期的费用,其余为在破产程序中尚未明确的损失(un-liquidated damages)。

由于双方在破产前均无违约行为,因此美国联邦最高法院认为本案的关键在于能否将破产的发生视为预期违约。[1] 对此,美国联邦最高法院认为可以构成。其原因在于:正如在 Roehm v. Horst 案[2]中所认为的那样,对于尚未履行完毕的合同,当事人有权要求合同关系有效存续至履行期届至,并在到期后被履行。对于从事商业活动的债权人而言,其极大的依赖于有效合同到期必被履行这一合理预期;基于同样的原则,受约人也应善意的保持自己相应的履约能力。简而言之,任何合同当事人均不应借助于破产使自己丧失履约能力。基于这一视角,破产在本质上可以看作破产人采取的有违其在契约中信诺的行为的结果。并进一步解释到:破产法的目的在于允许全部债权人参与破产人财产的分配,进而使得诚实的债务人得以从先前的债务中摆脱出来。若对法典进行狭义解释,那么待履行合同将带来不幸的结果——相对人将因有权要求破产人继续履行合同而被排除在对破产财团的分配之中;而相应的破产人仍需承担其尚未履行的义务,虽然其已缺乏足够的财产或信用来履约。对于该案所认为的破产导致预期违约的观点,不少法官及学者并不认可。如在 Planters'Oil Company v. Gresham 一案[3]中,法院便认为若破产导致预期违约,那么管理人选择承继的权利将难以继续行使,因为预期违约实质上来自于破产债务人,即管理人从破产债务人那里承继来的是业已发生预期违约的合同。而且,此时管理人享有的选择权与普通法上预期违约制度赋予非违约方得选择是否立即承认该预期违约的救

---

〔1〕 实际上,我国已有法官注意到这一问题,在四川君羊建设集团有限公司与重庆西奥房地产开发有限公司普通破产债权确认纠纷案中法官指出,不能仅仅破产清算就直接推定债务人不能继续履行合同。参见重庆市沙坪坝区人民法院(2018)渝 0106 民初 8111 号民事判决书。

〔2〕 See 178 U. S. 19, 44 L. ed. 960, 20 Sup. Ct. Rep. 780.

〔3〕 See Planters' Oil Co. v. Gresham, 202 S. W. 145 (1918).

济机制难以协调。[1]

对于上述质疑,Andrew 教授回应到,在该案的判决中,法院业已注意到管理人选择承继的权利的行使问题,但是由于在本案中管理人未选择承继,故承继的问题不再存在。[2] 即该案通过将适用范围限定在管理人选择拒绝待履行合同,或未在法定期间内选择承继待履行合同的范围内,有效解决了前述破产导致预期违约对管理人选择承继的限制或排除的质疑。因此,该案并非如 Broude 教授及 Countryman 教授等人所认为的给选择承继或拒绝待履行合同与未完成租约带来了不便。相反,Chicago Auditorium 案起到了以下两个功能:其一,赋予非债务人基于原合同的权利,以便其能够参与破产财产的分配;其二,与此同时允许合同义务消灭,以便债务人得以获得解脱。

(二)法典化后阶段

1. 1938 年美国《破产法典》的初步成文化

前述 Copeland v. Stephens 案关于"接受或拒绝"的理解,为 1938 年《破产法典》于第 70 条 b 款所采纳,只不过条文采纳的是"承继与拒绝"这一组概念。James McLaughlin 教授作为第 70 条 b 款及第 63 条 c 款的主要起草人之一,在其草拟的条文中延循了 Copeland 案的路径,即授予管理人一选择权,使其有权选择接受未履行完毕的合同与租约,并建议

---

〔1〕 此外,Broude 教授还认为,本案根本无需借助于预期违约来处理。其理由主要在于以下两点:其一,本案的证据显示,在破产申请提起前,破产债务人业已发生了违约;其二,在早于本案不到 14 个月的一个案件中,最高法院业已在一个案件中指出未来的权利(contingent claim)在破产程序中可得主张。不过,对于第一点理由,Broude 教授主要是基于最高法院判决书中提到"部分债权在破产申请前便已到期"得出的。笔者认为这一论断难以成立,因为合同到期与债务人是否违约间显然不具有因果关系,在最高法院业已明确提及双方均无违约的情况下,仅根据部分债权于破产前业已到期便推论出存在违约行为,显然难谓严谨。对于第二点理由,Broude 教授也承认,难以就本案所涉及的未来权利与前述最高法院业已处理的未来权利进行比较,此种背景下进行类推适用,有失妥当。See Richard F. Broude, "Executory Contracts and Bankruptcy: The Case for A Federal Common Law", 17 *Kan. L. Rev.* 1, 3 &n. 14 (1968); Vern Countryman, "The Use of State Law in Bankruptcy Cases", 47 *N. Y. U. L. Rev.* 407 1972.

〔2〕 See 240 U. S. 581, 36 S. Ct. 412, 60 L. Ed. 811; Michael T. Andrew, "Executory Contracts in Bankruptcy: Understanding 'Rejection'", 59 *U. Colo. L. Rev.* 845 1988.

将上述条文加入规定了“财产所有权”(title of property)的第70条中。对此,McLaughlin教授解释到,哪些合同转移(pass)给了管理人的问题属于第70条所规制的范围,而且做此种安排在处理与之相关的其他问题时也最为便利。[1]

而Central Trust Co. v. Chicago Auditorium Association案所创立的规则则构成了1938年《破产法典》第63条c款的直接来源,其规定:“无论州法是否有相反规定,基于本法对未履行完毕的合同或未完成租约的拒绝,将构成于申请破产之日,或申请本法第Ⅹ章、第Ⅺ章、第Ⅻ章,及第Ⅲ章之日的违约。”条文中虽未明确指明是预期违约(anticipatory breach),但作为条文起草者的James McLaughlin教授解释到,对于各类合同,无论是全部未履行完毕还是仅部分履行完毕,破产裁判将构成在破产申请日的预期违约,相对人无须援引州法上的预期违约规定。管理人在其适格(qualified)后的合理期间内,及在判决作出后的4个月内(此时无论管理人是否适格)未接受待履行合同,将视为违约。并进一步通过援引Central Trust Co. v. Chicago Auditorium Association案的观点指出:仅在管理人未选择履行尚未履行完毕的合同时,破产才会导致违约。[2]

不过,相较于Central Trust Co. v. Chicago Auditorium Association案,Andrew教授认为《钱德勒法典》的第63条c款在以下几个方面有所突破:首先,第63条c款认为是管理人之拒绝导致预期违约,而非债务人破产本身导致预期违约。其次,第63条c款明确了违约规则的适用范围,即可以适用于各种场景下的合同,而非仅仅是那些债务人因破产而丧失了履约能力的情形。再次,第63条c款确立了违约规则的身份,即

---

[1] See James McLaughlin, “Amendment of the Bankruptcy Act”, 40 *Harv. L. Rev.* 583, 605 (1927); Michael T. Andrew, “Executory Contracts in Bankruptcy: Understanding ‘Rejection’”, 59 *U. Colo. L. Rev.* 845 1988, note 75.

[2] See James McLaughlin, “Amendment of the Bankruptcy Act”, 40 *Harv. L. Rev.* 583, 605 (1927); Michael T. Andrew, “Executory Contracts in Bankruptcy: Understanding ‘Rejection’”, 59 *U. Colo. L. Rev.* 845 1988, note 122, note 129.

其为破产法上的规则，而非州法上的规则。这便解决了 Central Trust Co. v. Chicago Auditorium Association 案中法院所面临的，非债务人在合同被拒绝后难以依据州法寻求救济的困惑。同时也回答了在破产财团拒绝合同后，即违约业已因拒绝而发生后，破产债务人与相对人能否继续履行合同的问题——这纯粹是一个州法上的问题。最后，自此之后，在承租人破产时，出租人将不会再面临难以寻求救济的局面。即使其基于州法无法寻求救济，亦可基于第 63 条 c 款及破产法上的相关规定而向管理人主张权利。

2. 1938 年美国《破产法典》后的进一步完善

美国破产法在 1938 年修法后的另一次重大修订当属 1978 年的破产法修改。为进行此次修法而成立于 1970 年的破产法委员会在其于 1973 年提出的草案中保留了 1938 年法典第 70 条 b 款中的"承继或拒绝""待履行合同与租约"的术语，且仍将其放置在破产财团构成范围的条款下。委员会还特意指出，在破产申请之日归属于债务人的待履行合同移转至破产财团的规定符合草案第 4 - 601 条的规定。而这似乎暗示了委员会对 Copeland v. Stephens 案的认可。最终生效的 1978 年美国《破产法典》保留了委员会提交的草案中所使用的"承继"或"拒绝"等术语，只不过将其从规制破产财产的第 541 条中分离出来，放在了专门规制待履行合同问题的第 365 条中。但并没有任何证据表明这一变动改变了上述术语的原本含义。[1]

此外，为应对 1938 年《破产法典》后的司法实践中出现的新情况，在 1978 年的《破产法典》中新增了两个拒绝时的特殊例外规则，即分别针对不动产出租人破产的第 365 条(h)款与不动产出卖人破产的第 365 条(i)款，进而分别对承租人、买受人提供了特殊保护。[2] 根据上述特殊规则，除非经非债务人同意，拒绝承继不得剥夺非债务人所享有的财产性权利。

---

〔1〕 See Michael T. Andrew, "Executory Contracts in Bankruptcy: Understanding 'Rejection'", 59 *U. Colo. L. Rev.* 845 1988, note 77.

〔2〕 See Charles J. Tabb, *The Law of Bankruptcy*, Foundation Press, 2009, p. 792.

具体而言,上述两个特殊规则针对的主要是诸如 In re New York Investors Mutual Group, Inc 案[1]所体现出来的不公结果。[2] 在该案中,Joaneff Realty Corporation 与 New York Investors Mutual Group, Inc. 于 1954 年 10 月 13 日签订不动产买卖合同。New York Investors Mutual Group, Inc. 将其位于纽约市第 3 大道(Third Avenue)与第 19 街(19th Street)交界处的一块土地连同其上的 5 栋房屋卖于 Joaneff Realty Corporation,合同价格为 105,000 美元,合同签订之日买受人先支付 15,000 美元,剩余的 90,000 美元于 18 个月后的 1956 年 4 月 30 日支付。后 New York Investors Mutual Group, Inc. 于 1955 年 10 月 5 日被申请破产。破产管理人主张取消(disaffirm)破产人与 Joaneff Realty Corporation 的上述买卖合同,并被破产法院批准。地区法院则推翻了破产法院的判决,进而该案被上诉至第四巡回法院。第四巡回法院认为本案的关键在于:不动产买卖合同,买受人已支付部分价款的情况下,在出卖人尚未交付不动产而陷入破产后,买受人基于衡平法享有的所有权是否优先于管理人基于第 70 条 b 款得拒绝的权利。对此第四巡回法院认为,买受人所有享有的衡平法的上的所有权不能对抗管理人得拒绝该待履行合同的权利。但正如 Charles Tabb 教授所言,法院虽注意到了债权人之间平等性,但却忽视了破产法也会基于债权人之间财产权利的不同而对他们进行区别对待。[3]

此后,除对上述两个规则不断进行完善之外,1988 年新增加了针对知识产权许可合同的第 365 条(n)款,该条对破产人作为许可人的情形进行了例外规定。该规则主要是为了应对第四巡回法院在 Lubrizol Enterprises, Inc. v. Richmond Metal Finishers, Inc. 案[4]中的观点而增加的。在该案中,1982 年 7 月 Richmond Metal Finishers 与 Lubrizol

[1] See In re New York Investors Mut. Group, Inc., 143 F. Supp. 51 (1956).

[2] See Charles J. Tabb, *The Law of Bankruptcy*, Foundation Press, 2009, pp. 785 – 786.

[3] See Charles J. Tabb, *The Law of Bankruptcy*, Foundation Press, 2009, pp. 785 – 786.

[4] See 756 F. 2d 1043 (4th Cir. 1985), cert. denied, 475 U. S. 1057 (1986).

Enterprises 签订了合同,授权后者非独占性使用其所拥有的金属镀膜技术。后 Richmond Metal Finishers 申请了《破产法典》第 11 章重整程序,并欲拒绝该许可合同,以便更便利地出售或再许可该技术。破产法院认为此问题的解决需要满足以下两个条件:其一,该合同是否为待履行合同;其二,拒绝该合同是否对破产人有利。破产法院认为上述两个条件均满足,并准许了管理人的拒绝请求。然而地区法院认为上述两个条件均不满足,予以撤销。后上诉至第四巡回法院,该院认可破产法院的观点,并就地区法院所提出的拒绝能否剥夺 Lubrizol 基于合同条款享有的要求破产人强制履行许可合同的问题分析道:就第 365 条(g)款的条文及立法文献看,拒绝后相对人仅得主张违约损害赔偿请求权,故 Lubrizol Enterprises 不得再基于合同继续使用被许可的金属镀膜技术。

虽然第 365 条(n) 款对第四巡回法在 Lubrizol Enterprises, Inc. v. Richmond Metal Finishers, Inc. 案中的观点予以了否定性回应,但是该案之观点在此后的部分案件中仍被坚持;[1]不过也有许多反对的声音,尤其是 Sunbeam Products Inc v. Chicago American Mfg LLC 案[2],第七巡回法院在该案中明确指出第四巡回法院在 Lubrizol Enterprises, Inc. v. Richmond Metal Finishers, Inc. 案中错误的认为拒绝将终止相对人原本享有的权利,进而认为基于第 365 条(g)款的拒绝虽带来违约的效果,但并不会终止相对人原本基于合同而享有的权利。在该案引发的学者们关于商标许可合同在许可人破产时拒绝之效果的诸多讨论中多赞同前述第七巡回法院的观点。[3]

---

〔1〕 如在 In re Antones Records Inc, 445 B. R. 758 (2011); In re City of Cent. Falls, R. I., 468 B. R. 36 (2012); In re Dehon, Inc., 352 B. R. 546 (2006)等案件中法院均坚持认为拒绝将导致合同终止,当事人于合同中的权利义务被终止,相对人仅得主张违约损害赔偿。

〔2〕 See Sunbeam Products, Inc. v. Chicago American Mfg., LLC, 686 F. 3d 372 (2012).

〔3〕 See Siddharth P. Sisodia, "Does Rejection of an Executory Trademark Licensing Agreement Under Bankruptcy Code Section 365(a) Terminate the Non-debtor Licensee's Right to Continue to Use the Trademark?", 24 No. 2 *J. Bankr. L. & Prac. NL Art.* 4 (2015); Gabrielle Palmer, "Making Trademark Licenses Matter after Rejection in Bankruptcy", 24 No. 4 *J. Bankr. L. & Prac. NL Art.* 6 (2015).

经过上文对美国破产法上管理人拒绝待履行合同制度的系统梳理，我们不难发现：就立法而言，态度一向是明确的，即拒绝仅具有违约的效果，后为应对司法实践中出现的不当结果分别对出租人破产时的不动产租约、出卖人破产时的不动产出卖合同及许可人破产时的知识产权许可合同进行了例外规定，以维护相对人于上述三类合同中拥有的财产利益。而在司法实践中，虽不时仍有法院持拒绝的效果不仅局限于违约，而且可以终止原合同关系，但大多数法院与立法保持了一致。此外，在学者们的论述中，虽然不同的学者在具体论述的进路上存有诸多不同，但在拒绝之效果上还是基本可以达成一致的，即拒绝仅具有违约的效果。

此外，针对"拒绝"这一并非严格意义上的合同法术语，1997 年的破产法审查委员会曾在名为《破产法：未来 20 年》的报告中明言：立法……在用词上使用了"拒绝"这一在合同法上并无对应法律术语的词汇，由此导致部分法院对该条之内涵的理解出现偏差，在判例中认为"拒绝"的效果在于终止合同，并认为解决的根本之道在于用"选择违约"（elect to breach）这一更明确的用语替代"拒绝"这一模糊用语。[1] 该报告之建议最后虽未被立法采纳，但其理念却为学者们所普遍认同，并在司法实践中得到了较为广泛的体现。

二、德国法下的待履行合同涤除规则考察

（一）待履行合同拒绝履行的基本规则

德国《破产法》第 103 条就处理待履行合同问题的一般规则进行了规定。不同于日本法赋予管理人一项法定解除权，在德国管理人仅得在

---

〔1〕 See National Bankruptcy Review Commission Final Report: Bankruptcy: The Next Twenty Years, Oct. 20, 1997, pp. 459 – 461.

继续履行与拒绝履行之间选择。[1] 管理人选择拒绝履行后,相对人不得要求返还已履行部分的给付,[2]仅得主张金钱损害赔偿,且这一损害赔偿请求权属一般破产债权,按比例清偿。对于损害赔偿数额的计算,破产法无特殊规定,适用合同法相关规定。[3] 对此,以买卖合同中买方破产为例具体解释如下:[4]

(1)若双方均未履行。此时,双方均不得再主张履行请求权。若管理人选择拒绝或什么都不做:那么买方(破产债务人)不得再要求卖方交付货物;卖方不得再主张买方(破产债务人)支付货款,卖方将因不履行而取得损害赔偿请求权,但只得作为普通债权参与比例清偿。此外,卖方仍得就这一损害赔偿请求权主张抵销,不过须符合特定条件。

(2)若双方均仅为部分履行。合同被分为已履行部分与未履行部分,分别适用不同规则:已履行部分,不受破产的影响;未履行部分适用前述双方均未履行时的规则。

(3)仅有一方当事人部分履行。作为基本原则,待履行合同分为已履行部分与未履行部分,具体规则分述如下:

情形一:卖方(非破产方)部分履行(如交付价值300万元的货物,剩

---

〔1〕 德国《破产法》第103条第2款第一句规定"管理人拒绝履行的,对方当事人只能作为破产债权人对因未履行所生的债权提出主张"。李飞主编:《当代外国破产法》,中国法制出版社2006年版,第45—46页。亦可参考[德]莱因哈德·波克:《德国破产法导论》,王艳柯译,北京大学出版社2014年版,第90—91页。此外,有德国学者认为选择拒绝本身,除向相对人进行明确管理人的态度外,并无任何法律上的特殊效果。See Dennis Faber & Niels Vermunt & Jason Kilborn & Kathleen Van Der Linder, *Treatment of Contracts in Insolvency*, Oxford University Press, 2013, p. 213.

〔2〕 不过,在债务人的先行给付超出债权人先行给付的范围内,管理人可以要求返还债务人一方作出的先行给付,否则,债权人就会以财团为代价而不当得利。此实为德国《民法典》第812条第1款第2句规定的第1种情况。[德]莱因哈德·波克:《德国破产法导论》,王艳柯译,北京大学出版社2014年版,第85页注释2。

〔3〕 参见[德]莱因哈德·波克:《德国破产法导论》,王艳柯译,北京大学出版社2014年版,第85、90页;Dennis Faber, Niels Vermunt, Jason Kilborn, and Kathleen van der Linde, *Treatment of Contracts in Insolvency*, Oxford University Press, 2013, p. 213.

〔4〕 See Dennis Faber, Niels Vermunt, Jason Kilborn, and Kathleen van der Linde, *Treatment of Contracts in Insolvency*, Oxford University Press, 2013, pp. 211 - 212. 亦可参考[德]乌尔里希·福尔斯特:《德国破产法》,张宇晖译,中国法制出版社2020年版,第132—134页。

余800万元)

对于买方(破产债务人)而言,在卖方已履行部分(即300万元部分),买方(破产债务人)的履行请求权已消灭;在卖方未履行部分(即800万元部分),买方(破产债务人)不得主张履行请求权,要求卖方交付剩余的800万元货物。

对于卖方而言,其仅得就已履行部分(即300万元部分)及未履行部分的损失(因未出售剩余800万元部分而产生的损失)主张债权,但仅为普通债权,参与比例分配。卖方不得就未履行部分(即800万元部分)主张继续履行或请求返还已履行部分(即300万元部分)。符合条件时,卖方仍得就前述债权主张抵销。

情形二:买方(破产债务人)部分履行(如支付300万元货款,剩余800万元货款)

对于买方(破产债务人)/管理人而言,管理人得在买方已履行部分(即300万元部分)的范围内主张履行请求权,这一部分不受管理人选择权的影响。但管理人不得要求卖方继续履行剩余部分(即800万元部分)对应的货物交付义务;也不得要求卖方返还买方(破产债务人)已交付的价金(即300万元货款)。

对于卖方而言,已履行部分(即300万元部分),其履行请求权消灭,仅得就未履行部分主张损害赔偿请求权,且为一普通债权,参与比例清偿。

不过,在德国法上,上述规则是以应付履行的可分割性为前提的。虽然,实践中相当多的履行都是可分割的,但毕竟并非全部履行均可分割。由此,上述规则(如在合同相对方为部分履行时)能否一概适用于不可分物合同,仍需进一步检讨。[1]

(二)待履行合同拒绝履行的例外规则

在德国,除上述一般规则外,针对部分特殊合同规定了复杂的例外

---

〔1〕 参见[德]乌尔里希·福尔斯特:《德国破产法》,张宇晖译,中国法制出版社2020年版,第130、132—133页。

规则。结合本书主旨,对德国法上的例外规则简述如下:[1]

(1)约定在破产程序启动后某一时间作出给付的定期交易和金融期货交易。对此,管理人只能就不履行行使请求权,即实际上排除了管理人的选择权,以便尽快澄清合同的法律状况。

(2)在已为受让人做了预告登记的不动产买卖中,管理人不得拒绝履行合同,以防预告登记所担保的权利受损害。

(3)针对破产财团的委托、事务处理合同、代理均归于消灭,即对此类合同管理人同样无选择权,其基本出发点是只允许管理人一人为破产财团做事,排除债务人之前委任的第三人。

(4)劳动关系。破产程序开始后雇员得要求管理人继续履行雇佣合同,并得要求管理人以破产财团支付工资和报酬。[2] 不过,在符合法定解约理由的前提下,双方均可按照法定或集体合同所规定的解约期限解除现有雇佣关系,即使雇佣合同订有期限或已约定排除常规解约。此外,为便于管理人就是否及如何进行破产企业的变动,德国破产法就此类变动涉及的雇佣合同变更或终结程序进行了规定,如协商不成后的调解程序等。

(5)租赁合同。立法区分为动产租赁合同与不动产租赁合同。对于动产租赁合同,以适用一般规则为原则。其例外规则主要体现在第 112

---

〔1〕 参见[德]莱因哈德·波克:《德国破产法导论》,王艳柯译,北京大学出版社 2014 年版,第 91—98 页;Dennis Faber, Niels Vermunt, Jason Kilborn, and Kathleen van der Linde, *Treatment of Contracts in Insolvency*, Oxford University Press, 2013, pp. 214 – 234.

〔2〕 此处实际上涉及德国法下的另外一个理论争论,即破产的发生对于待履行合同是否产生实质影响。早期主要持消灭理论,即认为破产程序的启动使得待履行合同下的履行请求权自动消灭,若管理人最终选择不履行则上述状态继续维系。德国联邦最高法院现在认为相互履行请求权仅随破产程序的启动而丧失其可实现性,如果管理人选择履行,这些请求权便具有了原始财团债务和财团债权的法律性质(即性质跳跃理论)。不过,理论上存在较多的反对观点,即认为破产程序的启动并不会对履行请求权产生任何影响。在管理人拒绝履行时,相对人的履行请求权仍存在,且得在以下两种方案中进行自由选择:其一,放弃履行请求权,以不履行损害赔偿请求权申报破产债权;其二,以履行请求权申报债权,参与比例清偿,此时己方需继续履行待履行合同下的义务。参见[德]莱因哈德·波克:《德国破产法导论》,王艳柯译,北京大学出版社 2014 年版,第 84—88 页;Dennis Faber, Niels Vermunt, Jason Kilborn, and Kathleen van der Linde, *Treatment of Contracts in Insolvency*, Oxford University Press, 2013, pp. 203 – 205.

条对相对人解除权的限制，即对于债务人以使用租赁或收益租赁承租人身份缔结的使用租赁或收益租赁关系，在提出开始破产程序申请之后，其不得因下列事由预告解除：a. 因迟延缴纳提出程序开始申请前的时间中发生的使用租赁或收益租赁租金；b. 因债务人财务状况恶化。[1] 就上述两项例外事由的实质而言，笔者认为：第 1 项例外在功能上与美国法限制相对人在管理人决定是否继续履行之前解除合同具有相似性，旨在避免管理人选择继续履行的权利因相对人提前解除合同而落空；[2] 第 2 项例外则与美国法上的破产约定条款具有异曲同工之妙。[3] 不过，在德国管理人选择拒绝后，相对人原本便不得再解除合同，因此上述两项例外并非对德国法上拒绝履行一般规则的突破。

对于不动产租赁合同，一方当事人要想退出合同关系，仍需遵循一般规则。德国《破产法》所设置的特殊规则主要有以下几方面：(1) 承租人破产的，管理人在解除租约时只需遵守相关的法定期间即可，而不必受合同约定期间的限制。不过，若标的物为承租人或其家人之住宅的，管理人不得解除该租约，仅得主张前述法定期限届满后到期的请求权不得在破产程序中行使（德国《破产法》第 109 条第 1 款）。若标的物在破产程序开始时尚未交付给破产债务人，则管理人与相对人均可解除合同（德国《破产法》第 109 条第 2 款第 1 句）。(2) 出租人破产时，破产债务人在破产前对破产程序开始后产生的租金债权进行处分的，此种处分仅对破产程序开始时正在进行的那个日历月的租金有效。若破产程序在

---

〔1〕 参见李飞主编：《当代外国破产法》，中国法制出版社 2006 年版，第 47—49 页；[德] 莱因哈德·波克：《德国破产法导论》，王艳柯译，北京大学出版社 2014 年版，第 92 页；Dennis Faber, Niels Vermunt, Jason Kilborn, and Kathleen van der Linde, *Treatment of Contracts in Insolvency*, Oxford University Press, 2013, pp. 217 – 218.

〔2〕 在美国法上，一般认为，相对人不得在管理人行使选择权前通过行使法定或约定解除权的方式解除该待履行合同，否则对于经管债务人或管理人而言，无异于对合同的事实执行。See Charles Jordan Tabb, *The Law of Bankruptcy*, Foundation Press, 2009, p. 808; Douglas W. Bordewieck, "The post-petition, pre-rejection, pre-assumption status of an executory contract", *Am. Bankr. L. J.*, 59 (1985), pp. 200 – 201.

〔3〕 关于美国法上的破产约定条款问题参见本书第 3 章第 3 节。

该日历月的第 15 日之后开始，那么上述处分对下一日历月产生的租金同样有效（德国《破产法》第 110 条第 1 款）。(3)出租人破产时，因管理人选择出让不动产标的或房屋而取得上述标的物，买受人可以依照法定期限预告解除使用租赁或收益租赁关系（德国《破产法》第 111 条）。(4)前述第 112 条对动产租赁合同下相对人的解除权的限制，对于不动产租赁合同同样适用。[1] 对于上述四项例外规则，第 2 项明显与是否构成一般规则的例外无关；第 3 项则是第三人的解除问题，同样难谓日本法意义上的一般规则之例外（即管理人对此类合同不得行使解除权）；而第 4 项，根据前文亦非一般规则的例外，故下文主要针对第 1 项进行分析。

根据德国法上的一般规则，管理人得拒绝履行而非解除待履行合同。由此我们可以说，前述第 1 项例外规则突破了一般规则，即允许承租人破产时管理人得解除合同。上述特殊规则的主要目的在于，避免作为破产债务人的承租人无法继续使用于己有利的财产，同时又深陷于己不利的合同。[2] 这显然不同于我国学者所主张的限制出租人破产时管理人的解除权，在德国出租人破产时管理人原本便没有超越非破产法的解除权。[3] 此外，在德国为实现上述让破产后承租人尽快从不利的租约中解脱出来的目的无须借助管理人解除权。首先，在德国，按照现在主流理论，解除合同并不消灭已履行的债务，仅使其转化为返还义务；其次，在拒绝履行模式下，管理人选择拒绝履行时，相对人无权要求管理人继续履行合同，仅得就不履行之损害请求赔偿。由此，在承租人破产时，突破一般规则直接赋予管理人解除权，并不必然为管理人提供更大的便

〔1〕 参见李飞主编：《当代外国破产法》，中国法制出版社 2006 年版，第 48—49 页；[德]莱因哈德·波克：《德国破产法导论》，王艳柯译，北京大学出版社 2014 年版，第 92—93 页；Dennis Faber, Niels Vermunt, Jason Kilborn, and Kathleen van der Linde, *Treatment of Contracts in Insolvency*, Oxford University Press, 2013, pp. 218 – 219.

〔2〕 See Dennis Faber, Niels Vermunt, Jason Kilborn, and Kathleen van der Linde, *Treatment of Contracts in Insolvency*, Oxford University Press, 2013, p. 218.

〔3〕 See Dennis Faber, Niels Vermunt, Jason Kilborn, and Kathleen van der Linde, *Treatment of Contracts in Insolvency*, Oxford University Press, 2013, p. 219.

利;而继续采用一般规则,未必不能实现相同的目的。

就德国法上的例外规则而言,其目的往往各异,但均异于我国对管理人解除权进行限制的目的,即立法在一般规则的构造上授予管理人的权利过大而有损相对人利益进而不得不借助于例外规则予以补救。加之德国法并未强制赋予管理人解除权,而采取拒绝履行模式,因此在论述我国应限制管理人的解除权时不宜直接将德国法作为借鉴的比较法对象,尤其是对于当下我国实践中争议较大的不动产租赁合同。

第三节 拒绝履行模式与解除权模式的差异比较

诚如前文所述,我国立法采取的解除权模式,无论是理论层面还是实践层面均面临无法回避的困境。那么,我国立法应采取何种方式改进呢?笔者认为,在明晰了美国法上的拒绝的基本意涵后,不妨参考前述美国法经验,将我国《企业破产法》采用的“解除”修改为“拒绝履行”,即管理人所选择的是对尚未履行义务的拒绝履行。若此,则能与我国《民法典》形成有效对接,即在实质上回归到我国《民法典》所构造的违约制度,尤其是第563条、第578条所规定的预期违约制度上。[1] 双方尚未履行之义务,既可能是因其履行期尚未届至而未履行,也可能是履行期虽已届至却未来得及履行。对于前者可诉诸于预期违约制度,而后者则可借助于一般违约制度。不过,需注意的是,在英国与美国,债务人单纯地陷入支付不能并不导致预期违约的立即发生。[2] 对此,笔者认为在我

---

〔1〕 学者们虽在对相关条文的具体理解与解读上存在诸多分歧,但是期前之履行拒绝构成违约却是最典型、最没有争议的一种类型。参见葛云松:《期前违约规则研究——兼论不安抗辩权》,中国政法大学出版社2003年版,第196页。鉴于《民法典》第563条、第578条直接沿袭了原《合同法》第94条、第108条的相关规定,前述评述仍成立。

〔2〕 葛云松:《期前违约规则研究——兼论不安抗辩权》,中国政法大学出版社2003年版,第239—242页;[美]E.艾伦·范斯沃思:《美国合同法》,葛云松、丁春燕译,中国政法大学出版社2004年版,第602—604、609页。

国亦应采取相同态度。

按上述观点,在处理待履行合同问题时应以尊重非破产法规范为基本原则,破产管理人不应享有法定解除权,而仅得选择拒绝履行。那么,对于这一改革方案,除上文论述的可以避免破产法理论内部的逻辑冲突(即对尊重非破产法规范原则的突破,且无充分的破产法政策之需)外,较之现行立法采取的解除权模式有何优越性呢?下文将结合德国法与日本法经验予以进一步探讨。

一、拒绝履行规则对相对人的保护更为周延

在日本,其《破产法》第54条第2款规定,在管理人解除待履行合同时"在破产财团之中现存破产人取得的对待给付的,合同的对方当事人可以请求将其返还。其不存在的,就其价额可以行使作为财团债权人的权利"。[1] 其理由似乎主要在于尽量平衡破产财团(即全体债权人)与相对人间的利益,"通过合同的解除,不仅可实现破产财团的尽早处理,也能合理地保护合同相对方的地位"。[2] 对此,许德风教授持赞同态度,并认为我国法亦应持类似立场,即在管理人解除待履行合同时,对于相对人已履行部分的返还请求权应尽量给予充分保护。[3]

对于上述观点,笔者认为值得进一步探讨。我们不妨先假设一小案例(见图2-1):甲乙签订一买卖合同,由甲向乙出卖一批货物,合同于 t_3 日到期,后乙在 t_2 日进入破产程序,而甲于 t_1 日已向乙交付了部分货物。

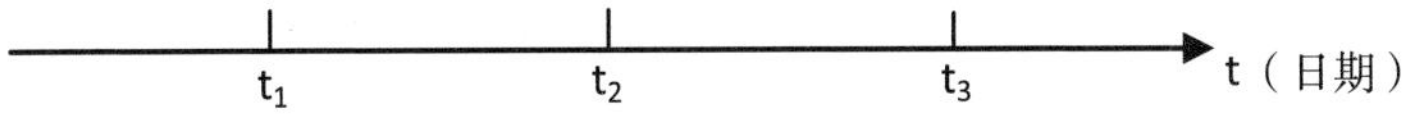

图2-1　案例日期示意

---

〔1〕 李飞主编:《当代外国破产法》,中国法制出版社2006年版,第739页。

〔2〕 [日]山本和彦:《日本倒产处理法入门》,金春等译,法律出版社2016年版,第69页。

〔3〕 参见许德风:《破产法论——解释与功能比较的视角》,北京大学出版社2015年版,第143页。

按照日本法之规定，在破产管理人选择解除该买卖合同时，对于甲业已交付的货物 P_{t1} 部分：若在 t_2 日后仍存在于破产财团中，则甲得取回；若已不在，则甲得就此主张共益债权。

而按照德国法之规定，在破产管理人选择拒绝履行该买卖合同时，则因乙在 t_2 日之前是否支付过相应对价而略有不同。具体而言，若乙在 t_2 日之前支付过相应对价，则该合同会被分为已履行部分与未履行部分进行区别对待。[1] 对于已履行的部分，破产的发生不会对其发生任何影响。对于尚未履行的部分，在管理人选择拒绝时，双方均不得要求对方继续履行（即卖方不得要求买方继续支付价款，买方也不得要求卖方继续交付货物），但甲得就其因管理人拒绝履行而遭受的损害主张损害赔偿，不过这一请求权仅为普通债权。当然甲的这一损害赔偿请求权，在符合规定的情况下仍然得向乙主张抵销，如乙对甲之债权须于破产前成就。

若乙在 t_2 日之前并未进行任何支付，那么在管理人选择拒绝履行后，甲不得要求乙继续支付 P_{t1} 部分对应的对价，而乙也无权再要求甲继续交付尚未交付的部分。此时，甲仅得就 P_{t1} 部分对应的货款，以及因管理人拒绝履行所遭受的损失（无法交付剩余部分所遭受的利润损失）以普通债权人的身份申报债权，参与最后的比例的清偿。其既无权要求乙返还已交付的 P_{t1} 部分，也无权要求乙继续履行支付剩余货物所对应的货款的义务。不过，在特定情况下，甲仍得就 P_{t1} 部分的债权向管理人主

[1] 根据主要在于德国《破产法》第 105 条第 1 句，“所负担的给付可以分割并且对方当事人在破产程序开始时已部分履行其所应为之给付的，该对方当事人即以其已给付部分数额所享有的对待给付请求权而为破产债权人，即使破产管理人为尚未履行的那部分给付仍要求履行亦如此”。李飞主编：《当代外国破产法》，中国法制出版社 2006 年版，第 47 页。

张抵销。[1]

由上述分析，不难发现，虽然在双方均于破产前进行部分履行时，德国法与日本法在最终结果并无太大区别。[2] 但在仅一方（如相对人）部分履行时，在结果上却有本质性差异。在德国，相对人仅就其已履行部分主张破产债权，且为普通债权，参与比例清偿，即此时相对人存在净利益的减损；而在日本，相对人的利益却基本能够得到全额保护，其得直接取回自己已履行部分，或主张共益债权，虽然在共益债权的情形下仍存在比例清偿的风险。[3] 然而，我们不能否认，在特定情形下，继续保有已履行利益对相对人而言更为有利。

此外，若将相对人因合同未继续履行而遭受的损失纳入考察视野，二者的差异会更为明显。以出卖人破产为例，若出卖人已单方履行己方大部分义务，市场价格又明显增长，此时不再继续履行该合同显然有利于最大化破产财团的价值。对相对人而言，德国法所提供的保护显然更为周延：在德国，因合同未被解除，买受人（即相对人）仍得继续保有出卖人已履行部分，并按合同约定支付相应价款，并得就未履行部分的差价主张损害赔偿参与比例清偿；在日本，合同被解除，买受人（即相对人）应

[1] 另外，在德国，在部分履行的情况下，还存在一种可能，即仅作为破产人的买方（假设案例中的乙）部分履行。对此，根据德国法，在管理人选择拒绝履行后，一般按如下规则进行处理：首先，对于已履行部分，不受破产的影响，管理人仍得在乙已支付的范围内要求出卖人甲继续履行。不过，管理人既不得要求甲继续履行尚未履行部分的交付货物义务，也不得要求甲返还乙已支付的货款。其次，对于买受人甲而言，在乙已支付的货款范围内，其对乙的债权已消灭。另外，甲同样不得要求乙继续支付其尚未给付的货款，而仅得就剩余部分的不履行主张损害赔偿，且该损害赔偿请求权为一普通债权。See Dennis Faber, Niels Vermunt, Jason Kilborn, and Kathleen van der Linde, *Treatment of Contracts in Insolvency*, Oxford University Press, 2013, pp. 211 – 212.

[2] 需注意的是，笔者认为，这种结果上的相似性，应以破产前双方的部分履行，在价值上具有等值性为前提。以假设案例为例，若甲交付的货物，在价值上超过已支付的货款，那么甲多交付的部分，若按德国法似应按仅甲进行部分履行的情形进行处理。

[3] 值得指出的是，许德风教授在此问题上的认知存在一定的偏差，其认为中日模式并不必然比德美模式更有利于保护相对人利益。但这种论断，根据本书的分析，仅限于双方均在破产前进行等值部分履行的场景；而在一方，尤其是相对人一方为部分履行时并不能成立。许德风教授的相关讨论参见《破产法论——解释与功能比较的视角》，北京大学出版社 2015 年版，第 144 页。

返还已收到之货物,并仅得就遭受的损害赔偿申报债权参与比例清偿。即,就已履行部分而言,在德国相对人得保有全部利益并不存在损害赔偿问题。

由于美国《统一商法典》及大多数州法不承认先履行的出卖人在对方违约后请求返还原物的权利,[1]因此同样采取拒绝履行模式的美国法与采取解除权模式的日本法在上述问题上的差异更为明显。

二、待履行合同拒绝履行规则更符合破产法平等清偿原则

结合前述拒绝履行与解除权两种模式在结果上的差异,需要进一步检讨的是,究竟哪一种模式更符合破产法的本意,即对于相对人于破产人破产前业已履行的部分,是否需要像日本法那样给予特别保护?笔者认为无需此种特别安排,相反,这种安排破坏了破产法对债权人平等对待的基本原则,即提升了相对人的清偿顺位。为便于下文讨论,此处先对管理人如何以破产财团利益最大化为原则行使选择权做一解释。管理人在衡量是否有利于破产财团时,具有实质性影响的因素是,管理人在拒绝履行后仅得就其需赔付的损害赔偿进行比例清偿。[2] 这里实际上存在一个关于管理人以破产财团利益最大化为原则行使选择权的重大误解。如本书第一章所展示的,按功能主义模式,管理人在衡量是否有利于破产财团时,具有实质性影响的因素是,管理人在拒绝履行后仅得就其需赔付的损害赔偿进行比例清偿。换言之,管理人在行使选择权时,基于破产财团价值最大化原则进行的利益衡量,并非对相对人原本享有的利益的额外忽视甚或是剥夺,[3]而仅仅是因在破产语境下破产债务人仅得就其违约责任向债权人为比例

---

〔1〕 许德风:《破产法论——解释与功能比较的视角》,北京大学出版社 2015 年版,第 144 页。

〔2〕 See, Jay Lawrence Westbrook, "A Functional Analysis of Executory Contracts", 74 *Minn. L. Rev.* 227 1989 - 1990, pp. 252 - 255.

〔3〕 如对合同法上解除权理论的肆意突破而赋予管理人破产债务人原本并不享有的法定解除权。

清偿。

相较于选择继续履行时，为避免破产程序中的比例清偿原则带来的利益失衡局面：相对人向管理人或破产财团进行全额履行，而管理人或破产财团仅得按比例履行己方义务，故需为相对人提供保护机制。在拒绝履行时，相对人亦无须继续履行自己于待履行合同下的义务。[1] 此时，相对人在破产程序中需要处理的利益无非以下两个方面：其一，已履行的部分，若有；其二，因合同不再被履行而遭受的损失。对于后者，无论相对人是否业已全部履行自己于双务合同下的义务，均会存在，只不过在绝对数额上会有所差异，且各国均对其进行比例清偿。对于前者，则不一定存在。若按照日本法的规则，仅因相对人履行程度的不同，便会存在本质差异。比如若相对人业已全额履行完毕己方于双务合同下的义务，且又不存在其他得将该双务合同认定为待履行合同的理由时，相对人便无法基于日本《破产法》第 54 条的规定全额取回自己已履行部分。相反，若相对人仅为部分履行时，却得以基于日本《破产法》第 54 条之规定基本保全其已履行部分的利益。此举实质上提升了原本与全部履行己方义务之债权人处于同一清偿地位的部分履行己方义务的债权人的清偿地位。这在于，对于已履行部分，无论是否属于全额履行，在破产人陷入破产时，债权人就已履行部分的债权业已固定。这种固定不仅意味着债权额的固定，也意味着在最后的破产分配中的清偿顺位的固定。换言之，在无其他本质差异的前提下，仅因自己积极履行合同义务便要较未积极履行义务者在破产程序中遭受不利益，实在是难以找到破产法上的充足理由。故德国法采取的拒绝履行模式较日本法采取的解除权模式更切合破产法平等清偿原则的精神内涵。

---

〔1〕 在德国，管理人选择拒绝履行后便不得在要求相对人继续履行。当然，若认为在管理人选择拒绝履行后，当事人的履行请求权并未消灭，则在相对人选择以履行请求权申报债权时，相对人仍得履行自己在待履行合同下的义务。但由于其并非必须作出此种选择，即还可以选择直接以不履行损害赔偿请求权申报债权。故此时仍非相对人必须继续履行。

此外,日本法所采取之规则还会形成负面激励作用。即在双务合同下,当事人消极或怠于履行己方义务,尤其是一方债务人陷入经营困难而又未完全具备破产原因时。此时,原本基于相对人的积极履行而得以摆脱困局的当事人,极可能因上述负面激励机制的存在而得不到相对人的救援,其最终陷入破产的局势被进一步恶化。进而,对社会的整体效率产生负面影响。相反,在德国法下,上述不利益局面可极大缓解,无论相对人是否全额履行自己于双务合同下的义务,其在破产程序均仅就已履行部分申报普通债权,参与最后的比例清偿。[1]

三、拒绝履行模式更具解释力

诚如笔者前文所述,在采取解除权模式下,即使立法对管理人不得行使解除权的情形进行了规定,但由于实践的复杂性,尤其是非典型合同的大量存在,必然会引发对于某一特定类型的合同是否应予以例外对待的争论,徒增司法成本。那么,在采拒绝履行模式后,是否仍会面临此类问题,特别是考虑到同样采拒绝履行模式的德国,其立法在一般规则外仍设置了诸多例外规则的比较法经验?下文笔者将以租赁合同、知识产权许可合同、所有权保留买卖合同等几类常被我国学者提及的合同为例,进行简要说明。

1. 租赁合同与知识产权许可合同

对于我国学者在讨论对破产管理人的解除权进行限制时提及的出租人破产时的租赁合同、许可人破产时的知识产权许可合同,在采拒绝履行模式后是否仍需对其在一般规则外设置特殊规则的问题。笔者认为,从同样采取拒绝履行模式的美国法与德国法在这一问题上所采取的不同态度的对比中可以得到不少有益的启示。

---

〔1〕 以前述假设的买卖合同为例,若甲在乙破产前已全部交付货物,那么在破产程序中,甲无权主张取回已交付的货物(除非甲享有担保物权),仅得就已交付之货物以普通债权人身份申报债权,参与比例分配。See Dennis Faber, Niels Vermunt, Jason Kilborn, and Kathleen van der Linde, *Treatment of Contracts in Insolvency*, Oxford University Press, 2013, p. 211.

在美国，分析此类问题的逻辑一般在于：拒绝仅具有违约的效果，并不终止合同，故相对人当然可以基于合同继续保有其在合同中的利益。若严格遵循立法之初所采取的管理人拒绝的效果仅在于发生预期违约的立场，前述逻辑便会显得更为清晰，因非违约方基于非破产法原本便得选择静待履行期的到来。以出租人破产时的租赁合同为例，在破产管理人选择拒绝后，合同仍继续存在，只要承租人不主动选择终止租约，其当然可以继续保留其于破产前基于租约已经占有的租赁物。〔1〕由此，也就不存在是否需要进行例外规定的问题，正如 Tabb 教授所言，如果所有法院均能正确理解拒绝承继的性质，那么美国《破产法典》第 365 条下的特殊规则也就没有存在的必要了。〔2〕由此观之，虽然司法实践中存在不同的观点，学者们一般认为在此一问题上应严格尊重非破产法规范，进而在实质上保护了此类特定债权人的利益，维护了破产前的既有利益格局。而现有立法所做出的 3 种例外规定，也多少能够体现这一逻辑，除前面业已分析的出租人破产时的租赁合同外，美国《破产法典》第 365 条还规定对于许可人破产时的知识产权许可合同，出卖人破产且买受人业已占有标的物的不动产买卖合同，相对人均可继续保有其在破产前业已取得的财产权益。此外，学者们在论述许可人破产时的商标许可合同时也采取了类似的论述逻辑。〔3〕

在德国，1999 年通过的《破产法》并未对知识产权许可合同设置特殊规则，因此应认为对其适用一般规则，司法实践中的争论多围绕如何

---

〔1〕美国《破产法典》在 1994 年修法后，承租人即使进行了转租或分组，其仍然可以选择保有成立或附着于不动产的所有权益。

〔2〕See Charles J. Tabb, *The Law of Bankruptcy*, Foundation Press, 2009, p. 792.

〔3〕See Siddharth P. Sisodia, "Does Rejection of an Executory Trademark Licensing Agreement Under Bankruptcy Code Section 365(a) Terminate the Non-debtor Licenseeicenseensee Licensee to Use the Trademark?", 24 No. 2 *J. Bankr. L. & Prac. NL Art.* 4 (2015); Gabrielle Palmer, "Making Trademark Licenses Matter after Rejection in Bankruptcy", 24 No. 4 *J. Bankr. L. & Prac. NL Art.* 6 (2015).

判断知识产权许可合同构成待履行合同展开。[1] 故本书不再对知识产权许可合同的拒绝履行规则进行详细讨论。与知识产权许可合同形成鲜明对比的是,德国《破产法》通过第 108 条、第 109 条、第 110 条、第 111 条、第 112 条等条文为租赁合同构建起了较为复杂的规则体系。根据上述条文,德国法对动产租赁合同与不动产租赁合同进行了区别对待,相关分析参见本章第二节对德国待履行合同拒绝履行的例外规则部分,此处不再赘述。

由上文对同采拒绝履行模式的美国法与德国法关于租赁合同、知识产权许可合同的简单分析,我们不难发现,二者在是否需要在作为一般规则的拒绝履行之外设置特殊规则的问题上,整体上保持了高度的一致性,即除德国在承租人破产时赋予管理人解除权外,均未实质性的突破作为一般规则的拒绝履行。即使对于上述德国法的例外,笔者亦认为即使不借助于该例外规则,径直采用一般规则同样可以实现相同的目的。进而,笔者认为,我国在采拒绝履行模式后,对于租赁合同与知识产权许可合同同样无须再设置例外规则。

具体而言,由于笔者在前文中主张,在我国管理人拒绝履行后既可能产生一般违约,也可能产生预期违约,由此需要就这两种情形分别予以讨论。在发生一般违约时,即合同的履行期已届至,破产管理人选择拒绝履行,在不考虑约定解除或协议解除等特殊情形的情况下,原合同关系并不会因之消灭,且管理人或破产债务人亦无权解除该合同。由此一来,只要破产债权人基于其自身利益考量,不主动选择解除合同,原合同关系便会继续存续,对双方当事人继续发生效力。破产债权人也便可以继续保有其基于合同业已取得的利益,不过需要以继续履行原合同义务为对价,并承受管理人拒绝履行后产生的不利益——对此,仅得在破产程序中主张损害赔偿。在发生预期违约时,就民法学者关于发生预期

---

[1] See Dennis Faber, Niels Vermunt, Jason Kilborn, and Kathleen van der Linde, *Treatment of Contracts in Insolvency*, Oxford University Press, 2013, pp. 231 - 234.

违约后非违约方得主张的救济措施的论述来看,对前述美国法上的“债权人置对方的履行拒绝于不顾,等待履行期到来”这一救济方式应是持肯定态度的。[1] 故笔者认为美国学者关于拒绝后是否进行例外规定的论述,在我国同样可以成立。进而是否需要进行例外规定的问题转化为,破产债权人在管理人选择拒绝履行后自由选择其可得主张的救济措施的问题,立法上无须进行特殊规定。其既可以立即选择解除合同,主张损害赔偿;也可以不解除合同,静待合同履行期的到来,并承担在此期间的各种不利益。在选择前者时,对于租赁合同、知识产权许可合同等类型的合同,债权人因合同被解除而不得再继续占有使用租赁物,或相关的知识产权。而在选择后者时,因合同继续有效存在,故其仍可以继续占有使用租赁物或相关的知识产权。总之,在拒绝履行模式下,现有立法模式下债权人利益保护不足的局面将得到根本性改变,即现有解除权模式下学者们认为需要予以例外规制的情形,将转化为一个破产债权人如何实现自我利益最大化的问题。对此,法律显然应尊重当事人的自由选择。

2. 所有权保留买卖合同

下面笔者结合德国法上的所有权保留买卖合同作进一步说明。在德国,对于所有权保留买卖合同,立法区分买受人破产与出卖人破产进行了区分对待。在买受人破产时,适用《破产法》第 103 条的基本规则,即管理人可以选择拒绝履行或继续履行。在拒绝履行时,出卖人可以基于《民法典》第 323 条的规定解除合同,进而取回标的物。[2] 与上文中笔者所主张的拒绝履行模式下的处理方式并无本质区别。而在出卖人

---

〔1〕 参见葛云松:《期前违约规则研究——兼论不安抗辩权》,中国政法大学出版社 2003 年版,第 226—228 页。另外,王利明教授明确提及的救济措施有:损害赔偿、解除、违约金及待合同到期后的强制履行[参见王利明:《合同法研究》(第二卷),中国人民大学出版社 2011 年版,第 513—515、521—523 页]。既然非违约方可以在发生预期违约后选择等待合同履行期届至后主张强制履行,那么对于合同履行期届至后的损害赔偿等救济方式亦不应予以禁止。

〔2〕 参见[德]莱因哈德·波克:《德国破产法导论》,王艳柯译,北京大学出版社 2014 年版,第 89 页。

破产时,《破产法》第107条第1款限制管理人的选择权,此时买受人得在完全履约的前提下取得标的物。[1] 对此许德风教授解释到,上述制度安排恰是对所有权保留制度本质意涵的尊重——这一制度被创立的目的便是确保出卖人价款请求权的实现。相反,若允许出卖人拒绝履行,收回标的物,则会导致破产债务人取得其在破产程序之外原本并不享有的利益。[2]

德国《破产法》第107条第1款的内容为,"债务人在破产程序开始前以所有权保留方式出卖一项动产并向买受人转移对该动产的占有的,买受人可以要求履行买卖合同。债务人对买受人还负有其他义务且此种义务尚未得到或尚未完全得到履行的,也适用本规定"。[3] 就上述规定观之,出卖人破产时,不但管理人的选择权被限制行使,而且相对人还得主张履行请求权,显然突破了德国法处理待履行合同问题的一般规则。那么,上述制度安排确有必要吗?

对这一问题的回答,笔者认为仍需回归到具体的场景中。不过,在展开讨论前有必要对德国《破产法》第107条的立法本意做进一步的探究。在第107条的框架下,管理人无选择权,相对人得通过继续支付价款而最终取得标的物所有权。在本质上,德国《破产法》将是否继续维系该所有权保留合同的选择自由赋予给了相对人。其出发点应在于,在所有权保留买卖合同下,对于破产债务人(出卖人)而言,其核心利益在于出卖价款的全额获得,能不能保留所有权并非其核心利益所在。相反,对于相对人而言,其能不能继续占有、使用标的物却影响甚巨。从相对人的视角观察,由于其并未陷入破产,故即使在其因商业环境的变化而认为继续维系该所有权保留合同于己不利时,其亦无法解除该合同。因此,对买受人而言,更为关键的是能否在其认为维系该所有权保留

---

〔1〕 参见[德]莱因哈德·波克:《德国破产法导论》,王艳柯译,北京大学出版社2014年版,第89—90页。

〔2〕 参见许德风:《破产法论——解释与功能比较的视角》,北京大学出版社2015年版,第147页。

〔3〕 李飞主编:《当代外国破产法》,中国法制出版社2006年版,第47页。

合同于己有利时，不因出卖人的原因而丧失该合同下的利益。由此，德国《破产法》第 107 条第 1 款才规定，在出卖人破产时，相对人得请求继续履行合同，并在其交付完全部货款后取得标的物所有权。进而实现对一般规则的突破，回复适用一般规则时的利益失衡——相对人之履行请求权因管理人拒绝履行而消灭，只得就不履行损害请求比例赔偿。

不过，按笔者对拒绝履行的基本理解，在管理人选择拒绝履行后，买受人既得放弃履行请求权，解除合同，以不履行损害赔偿权申报破产债权；也可以不解除合同，继续维系该所有权保留合同的效力。相对人选择前者时，可以认为其主动放弃自己在所有权保留买卖合同下的利益，对此应予尊重。若相对人选择后一种方案，则因该所有权保留买卖合同继续有效存续，则买受人仍需继续履行支付价款及其他合同义务，同时以履行请求权（即买受人在支付完全部价款后取得的所有权移转请求权）及不履行损害赔偿请求权（若有）申报债权，参与比例清偿。对于所有权移转请求权，笔者认为，在德国《民法典》采实质担保观后，所有权保留买卖合同的担保属性已被立法明确承认，由此在买受人已全额支付价款的情况下，虽于破产程序中完全移转标的物的所有权，亦不会产生实质性影响。一如许德风教授所言，这恰是对尊重非破产法规范原则的回归。由此，基于笔者所理解的拒绝履行规则，前述德国法限制出卖人破产时管理人行使选择权的立法目的同样可以实现。

本书无意，也无法逐一对所有合同类型进行分析，[1] 但上述分析足

---

〔1〕 对于委托合同、代理合同等，德国破产法直接就其在破产程序中的效力进行了规定，而美国破产法则借助于“安全港”制度为金融合同创设了特殊规则。就上述合同而言，可以说已被整体上排除在待履行合同规则的适用范畴之外，本书不再讨论。在我国司法实践中围绕委托合同在一方破产后应如何处理已产生争议。如在德阳华林仪表有限公司等与四川公达信律师事务所委托合同纠纷案［四川省高级人民法院（2017）川民终 876 号民事判决书］中，法官认为，“华林公司进入重整程序后是否继续履行其与公达信律所之间的《委托代理合同》及《补充协议》问题，华林公司管理人未通知公达信律所，公达信律所也一直未向华林公司管理人进行催告。依照我国企业破产法的前述规定，《委托代理合同》及《补充协议》已经在 2015 年 12 月被解除”。即在现行立法框架下，法官借助于破产管理人的解除权进行处理。

以说明,拒绝履行模式在处理特殊合同类型时,较解除权模式更具解释力,可以更为灵活地适应司法实践的需求。在对具体合同进行使用时,应严格把握破产法应尊重非破产法规范这一原则,即除非存在特别的破产法政策需求,否则不轻易突破非破产法的既有法律构造。在具体规则的适用上,应尽可能的回到合同法既有规范上。

第四节　我国立法应采取的改进模式:拒绝履行模式

一、我国法下拒绝履行模式的具体规则构建

既然拒绝履行模式较解除权模式具有上述诸多优势,那么我国立法应如何构建自己的拒绝履规制呢?就域外立法而言,采拒绝履行模式的主要有美国与德国。在美国,由于其《统一商法典》及大多数州法未合同解除后的原物返还制度,因此其拒绝履行制度的构建较为简单:破产法仅对管理人得选择拒绝履行及其后果进行了规定,既未限制相对人在合同被管理人拒绝履行后的解除权,亦未涉及合同解除后的原物返还问题。

德国法上的拒绝履行规则明显较美国法为复杂。其规制待履行合同问题的基础条款是第 103 条,[1] 根据该条管理人得选择拒绝履行。就此,从法理上讲,在管理人选择拒绝履行时,相对人本得解除合同,并要求返还其已履行的部分。但基于德国《破产法》第 105 条的规定,[2] 在可分

---

〔1〕 该条第 2 款规定"破产管理人拒绝履行的,对方当事人只能作为破产债权人对因未履行所生的债权提出主张。对方当事人催告破产管理人行使其选择权的,破产管理人应当毫不迟延地对其是否要求履行作出意思表示。破产管理人不作出表示的,不得坚持要求履行"。李飞主编:《当代外国破产法》,中国法制出版社 2006 年版,第 45—46 页。

〔2〕 该条第 2 句的内容为"对方当事人无权因其对待给付请求权未受履行而要求从破产财产中返还在破产程序开始前已转移至债务人财产的那部分给付"。李飞主编:《当代外国破产法》,中国法制出版社 2006 年版,第 47 页。

履行中,若债权人在破产前已为部分履行,债权人无权解除合同并要求原物返还,即德国法在相对人解除权的问题上改变了民法的传统法理,强制剥夺了合同中非违约方(债权人)在对方拒绝履行时解除合同的权利。[1]

问题是,我国是否需要像德国那样,为达到防止相对人要求管理人返还其已履行部分的目的而突破传统的民法理论?首先需要予以说明的是,这一讨论应主要集中在仅相对人于破产前为部分履行的场合。如前文所述,按照德国主流观点,在双方均部分履行时,对于已履行的部分,破产的发生并不会带来影响。笔者认为,即使不限制相对人的解除权,同样可以达到类似的结果。这主要在于破产法的平等清偿与比例清偿原则——若允许相对人就已履行部分主张全额返还,无疑将提升其受偿顺位。因此,即使允许相对人主张返还,亦仅得比例返还(此时属可分履行)。不过,考虑到破产清偿以货币清偿为原则,因此笔者倾向于主要以货币形式进行返还,进而在实质上与德国法现行做法(申报债权,参与比例清偿),并无本质区别。

承接前文,对于拒绝履行的效果,笔者主张借鉴的美国法实际上与德国法上的反对观点极为类似。该理论认为,破产程序的开始就待履行合同的效力不会产生任何影响。在管理人拒绝履行时,相对人的履行请求权仍存在,且得在以下两种方案中进行自由选择:其一,放弃履行请求权,以不履行损害赔偿请求权申报破产债权;其二,以履行请求权申报债权,参与比例清偿,此时己方需继续履行待履行合同下的义务。[2]

---

〔1〕 许德风:《破产法论——解释与功能比较的视角》,北京大学出版社2015年版,第144页。

〔2〕 在德国法,关于待履行合同问题,先后存在过以下两种主流观点,消灭理论与性质跳跃理论。二者的论述均是立基于履行请求权,前者认为破产程序的启动使得待履行合同下的履行请求权自动消灭,若管理人最终选择不履行则上述状态继续维系;后者认为破产程序的开始仅使得待履行合同下的履行请求权丧失了实现的可能性;若管理人选择继续履行,则履行请求权便上升为破产财团的履行请求权,即性质上得到提升。德国法上的相关理论争论,参见[德]莱因哈德·波克:《德国破产法导论》,王艳柯译,北京大学出版社2014年版,第85—87页;Dennis Faber, Niels Vermunt, Jason Kilborn, and Kathleen van der Linde, *Treatment of Contracts in Insolvency*, Oxford University Press, 2013, pp. 203 - 203, pp. 207 - 210.

此外,在管理人选择拒绝履行后,不同于德国法限制相对人为解除的见解,笔者认为相对人仍得选择解除,进而彻底回归尊重非破产法规范原则。至于解除的后果,可效仿德国立法,区分可分履行与不可分履行。前者又可进一步区分为仅一方当事人为部分履行与双方当事人均为部分履行两种类型。由于对不可分履行而言,一般不会发生双方均为部分履行的情形,因此在考虑相对人解除合同后的返还问题时,仅需考察一方为部分履行的场景。综上所述,在考察相对人解除后的返还问题时,仅存在仅一方当事人为部分履行与双方均为部分履行这两种类型。

在仅一方当事人履行为部分履行时,相对人在管理人拒绝履行后仍得解除。不过,对于相对人的返还请求权,应以金钱返还为主,且仅得作为普通债权进行比例清偿。即使进行实物返还也需尊守破产法比例清偿的原则,若已履行部分无法分割,或分割将带来不利益时应转化为金钱返还。在双方均为部分履行时,为避免机械适用尊重非破产法规范原则带来的利益失衡(即相对人需全额返还已方收到的给付,而管理人仅按比例返还即可),可参照管理人选择继续履行时需向相对人提供保护的理念,采纳德国法的做法,即认为此时破产的发生对双方均已履行的部分不产生影响。需予以特别说明的是,上述不受影响的部分,以双方之部分履行具有同等价值的范围为限。例如若破产债务人已履行部分的价值为400 元,而相对人已履行部分的价值为300 元,则不受破产发生影响的部分以300 元为限。

二、管理人选择拒绝履行后的强制履行问题

发生预期违约后,非违约方得主张的救济措施有哪些,尤其是能否主张强制履行?从比较法上看,英美法系并无在发生预期违约后非违约方得主张强制履行(specific performance)的规定。不过,英国、美国、德国都允许债权人在期前起诉,请求法院判令债务人在债务到期的时候履行,若债务人届时不履行,债权人不必另行起诉,可请求直接执行判决。对此,葛云松教授从便利纠纷解决的角度认为,虽然我国民事诉讼法上

没有规定类似制度，但完全可以从原《合同法》第108条（即《民法典》第578条）的规定中解释出这一救济方式。[1] 王利明教授亦持类似观点，认为非违约方可以寻求各种违约救济，当然包括在履行期限到来之后，请求违约方实际履行。如果违约方不实际履行，非违约方可以请求法院强制其实际履行。不过，对于强制履行须以符合强制实际履行的要件为前提。[2] 对此，笔者赞同。

在明晰了发生预期违约后非违约方得主张强制履行这一救济措施后，那么非违约方的这一救济措施在破产程序中能否继续主张呢？若允许，应如何强制履行，即债务人是就原合同额全额履行，还是仅得按破产分配时所确定的清偿比例进行比例履行？若为比例履行，在标的物无法分割时，或分割将致使标的物价值遭受巨大贬损时（如破产债务人需交付的为一台大型机器设备），破产债务人又如何按比例履行？若不按比例履行，则该待履行合同下的债权人将得到全额清偿，此时是否有违破产法的公平清偿原则？故实有必要对在破产程序中权利人得否继续主张强制履行予以讨论。[3]

（一）美国破产法对强制履行问题的规制

在美国，这实质上涉及在破产程序中如何处理衡平法上的救济权的问题。对此，美国《破产法典》主要通过第101条（5）（B）款[4]与第502条（c）（2）款予以调整。后者要求对全部破产债权，包括源自衡平法上的救济权进行评估，以便确定在破产中的最终权利数额，即便此类评估有时并不准确。这一立法表明全部的破产债权，包括衡平法上的救济措施

〔1〕 参见葛云松：《期前违约规则研究——兼论不安抗辩权》，中国政法大学出版社2003年版，第219—220页。

〔2〕 参见王利明：《合同法研究》（第二卷），中国人民大学出版社2011年版，第513—515、521—523页。

〔3〕 至于预期违约后非违约方得主张的诸如损害赔偿、解除合同、请求支付违约金等，笔者认为相关权利人完全可以就其得主张的损害赔偿及违约金于破产程序中申报债权，并参与最后的比例清偿，不存在于破产程序中权利人得否主张的问题。

〔4〕 需注意的是，该条的内容在不同的时期被规定在不同的条文下，如在1978年立法时便被规定在第101条(4)(B)款中，后经立法上的修正，现行法在第101条(5)(B)款中予以规定。

如强制履行均需转为金钱债权。[1] 而前者,美国国会在立法档案中解释到:该条将那些适用于违约的衡平法上的救济权纳入破产债权的范畴,若基于该违约行为得主张金钱给付(payment)。并以强制履行为例进一步说明,如在某些州,借助于替代性的金钱给付,基于违约的强制履行判令可被视为已得到履行;此时,持有强制履行请求权的债权人便会被认为拥有符合第11章程序的债权(claim)。其目的在于通过对这些衡平法上的救济权的替代性权利的清偿或估值,使得这些衡平法上的救济权能够在破产中得到豁免。[2]

司法实践中,法院多采纳美国最高法院在Ohio v. Kovacs案中确立的规则,即需要首先对这一衡平法上的救济措施能否构成《破产法典》第101条(5)(B)款规定的债权进行判断:若符合,权利人便可基于替代性的金钱损害赔偿参与最后的比例清偿,未获清偿的部分将得到豁免;若不符合,该衡平法上的救济措施便不受破产的影响。[3]

不过,对于最高法院在Ohio v. Kovacs案中采用的思路,即通过探究俄亥俄州政府是否享有破产法上的债权,来回答Kovacs负担的义务能否被豁免,Bird教授与Jackson教授并不认同。[4] 二人认为,债务人基于州法所承担的清理其过去倾倒的有毒废弃物的义务,在某种意义上可以说总是可以被豁免的。这一结果不但并非来源于破产法的规定,而且与债务人是否寻求破产完全不相关,因为债务人基于州法原本便享有豁免权(the privilege of dissolving)。州法允许个人设立有限责任公司。当公司所负有的责任超出其承担能力时,超出部分便会难以被履行。作为推论,一旦债务人的自有财产消耗殆尽,且已被解散,此时若债务人

---

[1] See Siddharth P. Sisodia, "Does Rejection of an Executory Trademark Licensing Agreement Under Bankruptcy Code Section 365(a) Terminate the Non-debtor Licenseeicenseensee Licensee to Use the Trademark?", 24 No. 2 *J. Bankr. L. &Prac. NL Art.* 4 (2015).

[2] SeeH. R. Rep. No. 595, 95TH Cong., 1ST Sess. 1977, p. 389.

[3] See Ohio v. Kovacs, 469 U. S. 274 (1985).

[4] See Douglas G. Baird, Thomas H. Jackson, "Kovacs and Toxic Wastes in Bankruptcy", 36 *Stan. L. Rev.* 1199 (1984).

因为缺乏足够的财产而未能清偿其全部债务,那么诸如州政府等权利人便可谓欲行使权利而无门。因此,导致这一结果的是有限责任制度,而非破产。此外,《破产法典》的起草者对“债权”进行界定的目的在于,实现对以下两种情况的区别对待:那些因债务人于破产申请前的行为而产生的,且在债务人于破产申请之时发生停业或消亡仍继续存续的义务;及那些因债务人之持续存续而存在,随债务人停业或消亡而灭失的义务。清理业已排放的有毒废物的义务构成破产法上的债权,因为这一衡平法上的救济措施源于发生在破产申请之前的债务人的行为,且其存续与否与债务人是否持续存续无关。与此相反,基于禁止继续污染的禁令(injunction)(的请求权),便不属于《破产法典》所规定的债权,因其直接依存于债务人的后续营业。若债务人停止存续,该禁令便也失去存在的意义,此时债务人将不再会发生污染行为。基于同样的原因,要求债务人按月报告其经营情况的命令(order),也不构成破产法上的债权。即使该禁令产生自债务人先前的行为,并且具有财产价值(可以就执行费用进行评估)。

回到 Ohio v. Kovacs 案,二人认为,按照前述最高法院的观点,在污染人为公司的案件中将会导致不公的结果。若 Kovacs 所负担的清除污染物的义务并不能构成破产法意义上的债权,在破产债务人为公司时便不属于其义务范围。进而在债务人的破产分配程序中,州政府将无法就债务人的财产求偿。而这对州法上的结果造成了不利的影响。若债务人选择基于州法解散(dissolve)而非寻求破产,州政府便会基于债务人清理有毒废弃物的义务而获得部分清偿。更为关键的是,Ohio v. Kovacs 案通过聚焦于(破产法上)“债权”一词的内涵掩盖掉了问题的实质,即债务人需向州政府承担的清理有毒废弃物的义务所具有的地位(status)。其认为必须首先审视,相较于其他债权人以债务人的财产来实现自身权利,非破产法将如何对待州政府借助于债务人的财产来执行上述义务。而基于非破产法,权利人并非总是平等的;而破产法,更多的是一部程序性的法律,在破产程序的目标未受到不利影响的前提下,一般会尊重不同的权利在州法上所具有的不同属性。具体来讲,若基于俄亥俄州的法律,俄亥俄州政府拥有的仅是无担保的普通债权,那么其便需与 Kovacs 的其他普通债权人一起就破产财团进行比例受偿。但是,若基于俄亥俄州的法律,俄亥俄州政府要求清理废弃物的权利,可以被认为就 Kovacs 的财产享有担保权,那么俄亥俄州政府便得优先在破产分配中被清偿。若在担保范围内未获清偿,基于担保的穿透规则(doctrine of lien pass-through),那么上述州政府的权利仍得追及至担保财产,无论该财产是业已被管理人出售给了第三人,还是仍由 Kovacs 所有。

尽管法院层面对 Baird 教授与 Jackson 教授的观点有过广泛的探讨,但尚无任何法院予以全盘接受。总体而言,各地法院更倾向于遵循更为严格的 In re Chateaugay Corp 案[1]的观点。在该案中,第二巡回法院认定:要求债务人清除破产前污染的强制命令并不构成债务,因此不能免责——除非命令的唯一内容就是清除已经排放的污染。换言之,根据 In re Chateaugay Corp 案判决,如果污染清除命令除了要求清除已排放的污染外,同时要求确保污染不再发生,那么该命令就不构成破产债务。[2]

笔者认为,Bird 教授与 Jackson 教授立论的基础之一便是其对公司法上有限责任制度的解读,但是二人对有限责任公司制度的解读有失妥当。因为,一般而言,公司法上的有限责任制度是从股东的角度展开的,股东以其出资额为限承担投资失败的责任。不同于合伙人对于合伙企业的债务,不仅其当初的出资会被作为合伙企业的责任财产用

---

〔1〕 See 944 F. 2d 997 (2d Cir. 1991).

〔2〕 由于上述对环保禁令的讨论,更多的涉及破产法与环境保护法的协调问题,与本书所直接讨论的衡平法上的救济措施——强制履行(specific performance)并无直接关联,故本书不再对美国理论与司法实践中的相关争论进行详细介绍,相关讨论参见:Charles J. Tabb, *The Law of Bankruptcy*, Foundation Press, 2009, pp. 620 - 622; Linda Johannsen, "United States v. Whizco, Inc.: A Further Refinement of The Conflict Between Bankruptcy Discharge and Environmental Cleanup Obligations", 20 *Envtl. L.* 207 (1990); Kathryn R. Heidt, "Environmental Obligations in Bankruptcy: A Fundamental Framework", 44 *Fla. L. Rev.* 153 (1992); U. S. v. Whizco, Inc., 841 F. 2d 147 (1988); In re Chateaugay Corp., 112 B. R. 513 (1990); U. S. v. Apex Oil Co., Inc., 579 F. 3d 734 (2009) etc.

于偿还合伙企业的债务,而且合伙人还需以自己的其他财产来清偿合伙企业自有财产未能清偿的债务。上述股东与合伙人在其投资失败后的责任承担上的差异,可以说是有限责任公司制度区别于合伙制度的最主要特征。此外,对于有限责任公司,其仍是以全部自有财产为限承担公司的债务,即在实质上公司作为一个独立的责任主体,其承担的可以说还是一种无限责任。由此,对于 Bird 教授与 Jackson 教授的前述观点,笔者认为难以成立。此处的实质应是,公司在破产清算后,剩余债务将因责任承担主体的消灭而归于消灭,而非一般意义上的豁免问题。对于公司债务人而言,豁免仅存在于成功的破产重整程序中,即经过破产重整程序后,债务人未予清偿的债权,债权人不得再向债务人主张;在破产清算语境下,不存在豁免的问题。对于破产法上的"豁免"诠释的最为明显的当属自然人破产制度。传统上,自然人债务人应以自己的全部财产,包括将来取得的财产,对自己所负担的债务承担无限责任。自然人债务人虽一时难以足额清偿其负担的某笔债务,但只要该笔债权继续有效,那么债权人便可持续向债务人追偿,直至得到全额清偿。上述机制显然不利于自然人债务人的"东山再起",随着现代破产法上"重新开始"(fresh-start)理念的兴起,为给自然人债务人提供喘息的机会,经过破产法上的自然人重整程序后,未清偿的债务被豁免。即该笔原本仍可继续要求债务人以不断取得的新财产进行清偿的债务,因现代重生理念的兴起而被阻止继续向债务主张。从自然人债务人的角度观之,该笔债务被豁免了。然而,若发生自然人债务人去世的情况,那么对于该自然人所负担的债务,只能以其遗产予以清偿,不能清偿的部分,因债务人承担主体——债务人的去世而归于消灭。[1] 由此观之,前述 Bird 教授与 Jackson 所持有的,有限责任制

---

〔1〕 需注意的是,在我国遗产债务的清偿顺序为:(1)在遗产上享有抵押权、质权、留置权等担保权的债权,(2)无担保之普通债权,(3)交付遗赠。如果清偿完第一顺位的优先债权后剩余的遗产不足以清偿全部普通债权,基于公平原则,应根据各普通债权之数额进行比例清偿。参见王洪主编:《婚姻家庭继承法精要与依据指引》,北京大学出版社 2011 年版,第 400 页。

度而非破产,使得公司债务人在解散后,其原本承担的清理废弃物的义务得以豁免(discharged)的观点存在以下两大明显谬误:其一,对公司法上的有限责任制度进行了误读;其二,混淆了责任主体之灭失导致的债务消灭与破产法对债务的豁免。

前述规则对强制履行这一衡平法上的救济措施同样适用。[1] 而且一如前述,立法档案便是以强制履行问题为例来对《破产法典》第 101 条(5)(B)款进行说明的。In re Moses N. ASLAN, Debtor 案[2]可谓对这一规则进行了完美展示,下文笔者将结合该案予以说明。

在该案中,1982 年 4 月 13 日,Moses Aslan 与 Sycamore Investment Company(以下简称 Sycamore)签订了一不动产买卖合同,Sycamore 购买名为 Broadway Spring Arcade Buildings 的不动产。此后不久,双方对合同进行了修订,将合同价格提高至 4,500,000.00 美元。基于上述买卖合同,Aslan 需要在契约正式生效之日起 10 日内向 Sycamore 交付相关的租约复印件等文件。该契约应自 1982 年 4 月 27 日或此之前生效,并于 Sycamore 审核(review)过其收到的文件后终止。后契约如期生效,但因 Aslan 仅交付了部分文件,该契约一直未终止。

1983 年 9 月 19 日,Sycamore 向加利福尼亚州高级法院提起违约之诉,要求继续履行(specific performance)合同。为获得法院对其继续履行合同诉求的支持,Sycamore 通过向县登记官(the County Recorder)进行未决诉讼(Notice of Action Pending)登记,就该不动产取得了优先权。Aslan 曾在前述诉讼中进行抗辩,以便能够从买卖合同中解脱出来。在申请破产前,前述州法院尚未作出判决。后本案由经管债务人于 1986 年 3 月 3 日向破产法院提起。Aslan 寻求拒绝该买卖合同。此后,管理

---

〔1〕 在美国合同法上,发生预期违约(anticipatory breach)后,债权人可以不必等到履行期届满而提起请求强制履行的诉讼,当然强制履行的裁决确定的履行期仍然是原定履行期(参见葛云松:《期前违约规则研究——兼论不安抗辩权》,中国政法大学出版社 2003 年版,第 67—68 页)。进而在发生破产管理人拒绝待履行合同后,同样面临是否允许强制履行这一就此措施在破产程序中继续有效的问题。

〔2〕 See In re Aslan, 65 B. R. 826 (1986).

人也选择拒绝该待履行合同。管理人认为,若该建筑物现在被出售,将会获得更多的售价,且基于商业判断测试(business judgment test)管理人对合同的拒绝无须法院进一步审查。

破产法院则认为,首先应确认拒绝待履行合同对继续履行的效力。若拒绝可以将强制履行这一衡平救济措施转化为金钱损害赔偿,进而才需要考虑商业判断测试是否允许拒绝。因此,问题的核心是,在州法允许当事人主张强制履行时,就待履行合同的拒绝,能否使破产债务人或管理人摆脱继续履行合同的义务。换言之,若法院允许拒绝待履行合同,Sycamore 是仅得主张一破产申请前的普通无担保损害赔偿权,还是仍得主张州法上的强制履行,并得不受自动冻结的影响向破产财团主张该权利?对此,破产法院指出,其实际上涉及探究立法者在此一问题上的态度。最后,基于《破产法典》的立法史及其条文间的内在逻辑关系,法院采取了如下模式:

《破产法典》第 365 条(g)款规定就待履行合同之拒绝构成一破产申请前的违约。该条并未涉及得主张的救济措施问题,却确定了违约被推定发生的时间。

《破产法典》第 1141 条(d)款规定,在第 11 章程序中,对于那些产生于破产债务确认日(date of confirmation)前的债务,以及第 502 条(g)(h)(i)款所界定的债务得被豁免。因此,若第 365 条(g)款下的违约之债属于第 1141 条(d)款所界定的范围,那么在确认(confirmation)之时便得被豁免。

《破产法典》第 502 条(g)款规定,基于拒绝待履行合同产生的权利,一如于破产申请前产生的其他债权,可以基于第 502 条(a)款、第 502 条(b)款或者第 502 条(c)款被认可,也可以基于第 502 条(d)款或第 502 条(e)款被拒绝。因此,若对于待履行合同的拒绝可以产生某种债权,那么基于第 1141 条(d)款之规定,其便可以被豁免。

至此,如何理解第 1141 条(d)款中得被豁免的债务,以及第 502 条(g)款中的债权便成为两大关键之处。《破产法典》第 101 条(11)款将

“债务”界定为对某一债权所负有的责任。《破产法典》第 101 条(4)(B)款则规定,仅那些可以转化为金钱赔偿的衡平法上的违约救济措施方构成“(破产)债权”(claim)。即这一“破产债权”的定义并不包括那些无法以金钱赔偿权(a right of payment)进行替代的衡平救济措施。更进一步来说,法院在对第 101 条(4)(B)款进行解读时,是采取狭义的立场,还是广义的立场,便显得至关重要。

在本案中,破产债务人及管理人认为第 101 条(4)(B)款实际上采取了狭义的立场,即将存在金钱赔偿权(a right to payment)的衡平法上的继续履行请求权排除在破产债权的范围之内。为支持其主张,破产债务人援引 Lubrizol Enterprises, Inc. v. Richmond Metal Finishers 案[1]作为论据。虽然该案的案件事实与本案存在较大不同,但是涉及的法律问题具有相似性,即均需要法院对衡平法上的救济措施是否构成破产债权进行解释。

破产法院虽然认可 Lubrizol 案的结论,即衡平救济措施转化为了金钱损害赔偿请求权,却不认可其立论的理由。Lubrizol 案主要建立在 H. R. Rep. No. 95 – 595 版立法档案的观点之上。但是,此后其又经过了几次修订,最后颁布的版本[2]是 Congressional Record. 124 Cong. Rec. H11090 (daily ed. Sept. 28, 1978),在该版的立法档案中,对第 101 条(4)(B)款的说明如下:

> 第 101 条(4)(B)款对众议院通过的法案予以了必要的修订,以便使“(破产)债权”可以包含哪些可以转化为金钱赔偿权(a right of payment)的衡平法上的违约救济措施。这将导致作为衡平救济措施替代机制的将来求偿权进行估值,并使得该衡平救济措施得以被豁免。例如,在某些州,发生违约时,强制履行可以由金钱损害赔偿予以替代;此

[1] See Inc., 756 F. 2d 1043 (4th Cir. 1985).
[2] 截至本案审理时。——笔者注

时，主张强制履行的债权人便会被认为在第 11 章重整程序中享有一破产债权。

另一方面，若违约无法借助于金钱损害赔偿予以补救，而只能寻求衡平救济，那么该衡平救济措施便不得被视为“（破产）债权”（claim），进而在破产中也便无法被豁免。

因此，本案中破产法院认为，若违约后的衡平救济措施存在金钱损害赔偿，那么最终生效的立法显然会将其包含在破产债权的范围之内。若州法所允许的违约救济仅是非金钱性的，如得主张行使选举董事会成员的权利，那么该衡平救济便不属于破产债权，且不受拒绝待履行合同的影响。进而判断相对人基于州法在得主张衡平救济时得否主张金钱损害赔偿便成了问题的关键。回到本案，在加利福尼亚州，不动产买卖合同可以被拒绝，强制履行这一衡平救济措施可以转化为破产前的损害赔偿权，进而得在破产程序中被豁免。

一如法院在本案中提及的，对第 101 条(4)(B)款进行解读时，采取狭义的立场，还是广义的立场，是适用该规则的关键之处。立场上的不同，将会直接导致结果上的巨大差异。但是，破产法在立法时对此并无明文规定，实践中更多地依赖于破产法院对州法的解读。由于统一标准的缺失，在司法实践中引起了极大争议，尤其是在涉及环保禁制令(Environmental Injunctions)的破产案件与竞业禁止协议(covenant not to compete)执行令的自然人破产案件〔1〕中，目前法院的意见尚未达成统一。但法院倾向于避免破产债务人通过破产免责的手段来逃避上述禁制令，只有当上述禁令基于非破产法本就存在替代性的金钱损害赔偿时，债务人才可以借助破产免责制度来避免禁制令的执行。〔2〕

在判断强制履行是否存在替代性的金钱赔偿时，同样存在这个问

---

〔1〕 See In re Udell, 18 F. 3d 403 (7th Cir. 1994); Rederford v. US Airways, Inc., 589 F. 3d 30 (1st Cir. 2009).

〔2〕 See Charles J. Tabb, *The Law of Bankruptcy*, Foundation Press, 2009, pp. 618 – 619.

题。如在 Crafts v. Pitts 案[1]中,虽然同样涉及不动产的买卖,[2]但是法院却认为,债权人主张的强制履行并不存在具有同等价值的、替代性的金钱损害赔偿权。法院认为,这不仅在于土地因其位置所具有的唯一性;还在于,基于同样的理由,无法对土地所具有的价值进行准确估值。此外,对于 In re Moses N. ASLAN, Debtor 案中的观点——因债权人可以在金钱损害赔偿与强制履行间进行选择,故强制履行请求权可以在破产程序中被豁免,法院亦不赞同,并指出:"虽然在涉及土地的纠纷中,非违约方总是拥有在强制履行与金钱损害赔偿间进行选择的权利。但是,这并不意味着破产法需要将其业已选择的强制履行转化为可得豁免的权利。若此,在破产程序中,所有要求强制履行的请求权都将可以被豁免,进而使得《破产法典》第 101 条(5)(B)款失去存在的意义。破产法允许在某些情况下债务人免于继续履行,这不应影响法院在另外一些情形下允许当事人的强制履行请求权。若要豁免强制履行,必须提供完全的(plain)、充分的(adequate)、完整的(complete)且效率的(efficient)补救。"[3]

不过,有学者认为,前述借助于对破产中的"债权"(claim)进行解释的路径,仍未直面拒绝待履行合同时能否主张强制履行问题的核心。其认为问题的核心在于:对非债务人于州法上所享有的权利的尊重与破产法平等清偿原则间的冲突。强制履行乃州法为(非债务人)在无法获得充分救济时提供的一种衡平法上的救济措施,意在解决合同当事人间的法律关系,而非为非债务人提供一种优先地位。并采用 Westbrook 教授

---

[1] See Crafts v. Pitts, 161 Wash. 2d 16 (2007); also see In re Ben Franklin Hotel Associates, 186 F. 3d 301 (1999)(在该案中法院亦采取了狭义解释的立场,法院认为,债权人就其所遭受的合伙利益损失而享有的衡平法救济措施并不存在替代性的金钱损害赔偿,因为基于 Pennsylvania 州法的规定,合伙的身份给其拥有者带来了独一无二的商业机会。)

[2] 与 In re Moses N. ASLAN, Debtor 案略微不同的是,本案涉及的是土地。

[3] Crafts v. Pitts, 161 Wash. 2d 16 (2007).

在这一问题上的观点[1]来论述在破产程序中不应允许债权人主张强制履行。进而认为应采取法院在 In re The Ground Round, Inc. 案[2]中所采取的路径。[3]

在 In re The Ground Round, Inc. 案中,1977 年 Joseph Abboud 及其合伙人将其所有的房屋出租给 Howard Johnson 公司,由其用于经营餐厅。租期为 10 年,且承租人拥有一续租的选择权。后 Ground Round 接替 Howard Johnson 公司继续承租该房屋。基于该租约,出租人将其在 1978 年取得的售酒许可的所有权 1 美元的象征性价格转让给了 Ground Round。租约同时约定,在租期结束后该售酒许可同样应以 1 美元的价格转让给出租人。在 2004 年初,Ground Round 申请第 11 章的重整程序,并选择拒绝已被延期的租约。此后出租人提起诉讼,要求继续履行(specific performance)租约中有关返还售酒许可的条款,以便承租人(破产债务人)在租约终止后归还售酒许可。负责初审的破产法院认为破产债务人应从这一义务中解放出来,而上诉委员会(Bankruptcy Appellate Panel)维持了破产法院的观点。该案后被上诉至第一巡回法院。

在上诉中,为抗辩出租人要求强制履行租约中的返还(re-transfer)条款,Ground Round 主要诉诸于两点理由:其一,返还许可的义务在其拒绝租约之时便已不复存在,若允许强制履行则会破坏其享有的拒绝权;其二,强制履行属于《破产法典》第 101 条(5)款规定的债权(claim),进而得在破产程序中被豁免。对于前者,第一巡回法院认为,基于宾夕法尼亚州的法律,出租人仍然对该许可享有财产权,且该财产权仍得继续主张,其地位类似于出租人之于租赁物。这在于州法不允许租赁许可,当

---

[1] 即强制履行(specific performance)乃全部履行,是 100% 的清偿。承认某一债权人的此类权利……将会严重破坏对全体无担保债权人的公平清偿原则。See Jay Lawrence Westbrook, "A Functional Analysis of Executory Contracts", 74 *Minn. L. Rev.* 227 (1989 - 1990), p. 256.

[2] See 482 F. 3d 15 (2007).

[3] See Christopher W. Frost, "Executory Contracts, Rejection and Specific Performance: The First Circuit Provides Some Clarity", 27 No. 7 *Bankruptcy Law Letter* 1 (2007).

事人不得不采取这种“转让—返还”(transfer and re-transfer)的形式。对于后者,第一巡回法院认为,基于宾夕法尼亚的州法,在未能返还许可时可以以金钱损害赔偿作为强制履行的替代机制,因此可以将这一衡平法上的救济措施视为破产法上的债权(claim)。不过,第一巡回法院认为本案的焦点并不在于此。其进一步指出:持有破产法上的权利目的在于参与破产财产的最终分配,进而在破产终结时该权利将被免除。但是出租人却并非需求对破产财产的分配,而是对特定财产的返还;且其他人也不会就此再向 Ground Round 寻求履行义务。第一巡回法院在此似乎借助于破产法上的取回权,即出租人就售酒许可的取回,而非就其参与分配。而第一巡回法院之所以会得出此结论,应与其认为出租人就该售酒许可,享有与出租人之于租赁物相类似的地位,即仍对该许可享有某种财产权有关。但是其所依赖的 O'Neill v. Keegan 案〔1〕,只能够说明本案中对售酒许可的转让仅是一暂时性的转让(temporary transfer),而非一真正出售(absolute transfer)。故第一巡回法院并未对出租人为何享有一类似于大陆法上的物权性权利予以充分说明。加之本案的特殊性在于,当事人为规避宾夕法尼亚州法禁止租赁售酒许可,而采取了“假卖真租”的变通性交易架构,第一巡回法院的结论也是建立在对这一变通性交易结构的解读之上。显然,由于上述特殊性及第一巡回法院说理上的不足,本案对于一方违约后相对人得主张的衡平法上的强制履行在破产程序中的处理问题,不具有普适性。

最后需要注意的是,即使对于那些获得破产法认可的强制履行请求权,债权人在破产程序中所主张的实质上是强制履行转化后的金钱给付而非强制履行本身。〔2〕 至于不得强制履行的理由,除前文提及的立法规

〔1〕 在该案中,当事人间同样存在一要求承租人在租约终止时将其自出租人处以 1 美元的象征性价格买的的售酒许可,再以 1 美元的象征性价格卖给出租人。而法院明确指出,本案唯一所要解决的问题是该售酒许可是一暂时性的出售(temporary transfer),还是一真正的出售(absolute transfer)。最终法院认定该交易为暂行性的出售(temporary transfer)。See O'Neill v. Keegan, 376 Pa. 606 (1954).

〔2〕 See In re Young, 214 B. R. 905 (1997).

定外，有的法院认为国会应不会在允许债务人基于第365条(a)款拒绝待履行合同后又允许买受人要求强制履行刚刚被拒绝的合同，否则第365条(a)款的立法目的将落空；[1]有的法院则基于前文提及的Westbrook-Andrew模式认为，若允许某一债权人主张强制履行将有违破产法的平等清偿原则。[2]

(二)我国法下的强制履行问题

从上述介绍来看，我们不难发现，现行美国《破产法典》，主要通过判断债权人得主张的衡平法上的强制履行权，是否属于《破产法典》第101条(5)(B)款定义的"债权"(claim)来限制其在破产中的行使。即对于强制履行请求权，只要可以用金钱损害赔偿予以替代，那么其便可被视为破产法上的"债权"(claim)，进而需受破产法的限制，如得被豁免(discharge)。这也意味着，在待履行合同被拒绝时，只要非债务人能够证明其享有的强制履行请求权并非《破产法典》第101条(5)(B)款定义的债权(claim)便可不受破产法的影响。其背后的逻辑在于，只要破产法上没有相反的明文规定，那么当事人基于合同享有的权利便不会因破产的发生而受影响，而拒绝(reject)又不具有终止合同的效果，故在待履行合同被拒绝后非债务人仍得要求强制履行。[3]而Westbrook教授则基于其提出的处理待履行合同问题的"功能主义"模式，认为基于破产法平等清偿的目的，不应允许债权人在破产程序中主张强制履行。这一理论，在实践中为部分法院采纳。此外，Jackson教授则认为，此时问题的关键不在于得否主张强制履行，而是得主张强制履行的数额。并进一步提出，相对人当然得要求破产人强制履行，不过其主张的数额

---

〔1〕 See In re Nickels Midway Pier, LLC, 332 B.R. 262 (2005).

〔2〕 See In re Drexel Burnham Lambert Group, Inc., 138 B.R. 687 (1992); In re Bergt, 241 B.R. 17 (1999).

〔3〕 See Siddharth P. Sisodia, "Does Rejection of an Executory Trademark Licensing Agreement Under Bankruptcy Code Section 365(a) Terminate the Non-debtor Licensee's Right to Continue to Use the Trademark?", 24 No. 2 *J. Bankr. L. &Prac. NL Art.* 4 (2015). 不过，有法院认为拒绝待履行合同仅对那些金钱性的权利产生影响，而对强制履行(specific performance)等非金钱性权利无影响。See In re Carrere, 64 B.R. 156 (1986).

非全部数额,而是仅得就其他普通债权人的清偿比例要求破产人强制履行。[1]

结合美国法上的经验,笔者认为,在我国采取破产管理人得“拒绝履行”而非“解除”的立法构造后,对于债权人得主张的“强制履行”,在破产程序中亦应以限制为主,以便利于破产法立法目的实现。[2] 一如前文提到的,在破产债务人需交付的乃一机器设备时,若按 Jackson 教授的观点,进行比例履行,标的物(机器设备)的价值将发生极大贬损,故不具有经济性;若进行全额清偿,在该待履行合同未设置担保的情况下,该债权人将较其他无担保债权人在事实上享有优先地位,有违破产法平等清偿的原则。具体而言,笔者认为在二者可以相互替代的情形下,应不再允许权利人在破产程序中主张强制履行这一违约救济方式,即只允许其主张损害赔偿。问题主要在于,对于我国民法学者所主张的下述两种得主张强制履行的类型,在破产程序中应如何对待:(1)合同的标的物涉及个人品味或情感,不可能用金钱来计算守约方的期待利益时;(2)违约导致的损害无法被足够确定地估算出来,损害赔偿就不能够充分保护守约方的期待利益。[3] 此时,是基于对个别债权人利益的保护,而允许其继续主张强制履行;还是侧重于破产程序的有效开展,由法院对其损害赔偿额予以估值,进而以此估值申报破产债权?关键在于如何在破产法立法目的的实现与个别债权人之利益维护间进行立法政策的权衡。笔者倾向采取一种功利主义的立场,限制债权人在破产程序中主张强制履行,并由法院就债权

---

〔1〕 对此,Jackson 教授解释道:强制履行(specific performance)赖以存在的基础是避免债权人在债务人违约时难以获得充足的保障,但这处理的仅仅是债权人与债务人二者间的关系,并不得因此而影响对债权人间关系的评价。在破产发生之前强制履行的价值便已同步发生贬损,不再 100% 的继续维系其原本的价值。即强制履行在本质上仅是财产性权利,而不是优先权(priority right)。See Thomas H. Jackson, “Translating Assets and Liabilities to the Bankruptcy Forum”, *The Journal of Legal Studies*, Vol. 14, No. 1 (Jan., 1985), pp. 73 – 114.

〔2〕 须注意,美国《破产法典》对强制履行的限制,并非局限于待履行合同被拒绝后债权人得主张的强制履行,而是指向针对各类违约,非违约方得主张的衡平法上的这一救济措施。在我国,笔者认为对强制履行的限制,亦不应局限于待履行合同被拒绝的范围之内,即对于《民法典》提供的强制履行这一违约救济措施,在破产程序中整体上应持限制权利人主张的态度。

〔3〕 参见崔建远:《合同法学》,法律出版社 2015 年版,第 274 页。

人之损害进行估值。[1] 这样一方面有利于破产程序的尽快开展,另一方面又可借助于价值中立的法院对债权人的利益进行最大限度的维护。此外,在立法作出此种价值选择后,基于理性人的基本假设,当事人应可以在合同订立前将此一风险纳入考量的范围内,即可以进行事先的风险规划。

此外,在美国,借助于《破产法典》第 101 条(5)(B)款所处理的是全部的衡平法上的救济权问题,并不局限于作为违约救济方式的强制履行(specific performance),还涉及与环境保护相关的禁令及竞业禁止令等。前述美国法上的环保禁令,在我国往往以行政处罚的形式出现,进而涉及相关行政处罚在破产程序的中效力问题,与本书的主题关联度不大,在此笔者不予分析。

而对于竞业禁止问题,在我国主要体现为如何在破产程序中处理雇佣合同中的竞业禁止条款或竞业禁止协议。[2] 对此,需要视发生破产的是否为自然人债务人而予以分别讨论。在非自然人债务人破产即原用人单位破产时,只要竞业禁止协议未被解除,相关竞业禁止条款便当然继续有效,相关义务亦须继续履行。该雇员之竞业禁止义务的存续期限,若原用人单位成功进行了破产重整,则应继续与竞业禁止协议约定

---

〔1〕 即使在德国,其虽强调以强制履行为不履行合同的基本救济方式,但在实效论的层面上,仍然是损害赔偿适用得广泛(参见崔建远:《合同法学》,法律出版社 2015 年版,第 273—274 页)。由此在破产这一特殊场景下,由损害赔偿替代履行应无太大原则性障碍。

〔2〕 在我国,对于雇员离职后竞业禁止义务的性质存有争议,有观点认为其为一种后契约义务,甚至有学者更进一步认为这是一种法定义务。但是就域外立法看,相关规定主要涉及的是限制此类协议的适用范围,以便在不违反公共政策的前提下得到合理的使用。就实践来看,离职后的竞业禁止义务更多地还是由雇主与雇员通过协议方式加以确定,即其更多的表现为一种合同义务,而非法定义务。此类协议在形式上亦表现为当事人双方合意的结果。更有学者明确提出,“竞业限制义务只有约定的,而没有法定的,因而就只有离职竞业限制义务,而没有在职竞业限制义务”。相关讨论参见张弛、鲍治:《附随义务论》,载《华东政法大学学报》1999 年第 6 期;单海玲:《离职雇员的商业秘密管制:竞业禁止与保密义务》,载《知识产权》2007 年第 4 期;单海玲:《雇员离职后的竞业禁止》,载《法学研究》2007 年第 3 期;叶静漪、任学敏:《我国竞业限制制度的构建》,载《法学杂志》2006 年第 4 期;朱军:《未约定经济补偿对离职竞业禁止协议效力的影响——基于离职竞业禁止案例的整理与研究》,载《华东政法大学学报》2012 年第 1 期。

的期限保持一致;若原用人单位被破产清算或重整未获成功,则应以原竞业禁止协议约定的到期日与相关破产程序的终结日在前者为限。若原用人单位尚未支付补偿金,则雇员得以补偿金请求权作为破产债权参与破产分配。[1] 若竞业禁止协议被解除,根据我国《民法典》第566条前半句的规定"合同解除后,尚未履行的,终止履行",自然人便无须再履行相关竞业禁止义务。

在作为雇员的自然人发生破产时,[2]作为义务人的破产自然人是否仍需继续履行该义务,特别是在该义务将限制自然人主要的谋生技能时?若需要继续遵守该义务,势必不利于自然人重新开始。如同Tabb教授所言,此时问题变为:不执行禁制令给雇主带来的损失与对债务人"全新开始"机会的限制,哪个更为严重?与之相关的另外一个难题是,如何对原雇主的"债权"进行准确估值。[3] 对此,笔者倾向于为了自然人的重新开始,允许其不再遵守该竞业禁止义务。不过,对于用人单位业已支付的竞业禁止补偿金,该自然人应负有返还的义务,用人单位就此获得债权。至于具体的清偿方案,则受限于我国今后自然人破产立法

---

〔1〕 在我国,学者就雇员履行竞业禁止与用人单位支付补偿金间的关系存在争论。其核心在于当事人享有何种抗辩权,即竞业禁止协议"作为一种双务合同,双方当事人承担的到底是一种同时履行义务,还是先后履行义务的问题"。(相关争论参见董保华:《由竞业限制经济补偿争鸣引发的思考——兼与叶静漪教授商榷》,载《法学》2010年第10期;叶静漪:《"竞业限制条款的劳动合同立法建议"全国部分城市劳动争议审判实务参会论文汇编》,载《劳动法理论与审判实务》第170页,2005年6月)对于合同法上的抗辩权在破产程序中的行使问题,参见第三章第一节,此处不再予以讨论。

〔2〕 当下,我国虽尚无自然人破产制度,致使此一问题的急迫性似显不足。但是,据笔者所知,最高人民法院业已委托深圳市试点自然人破产制度,深圳市中级人民法院等业已在牵头制定相关试行条例,故此问题仍具有相当的讨论价值。

〔3〕 See Charles J. Tabb, *The Law of Bankruptcy*, Foundation Press, 2009, p.623.

在自然人豁免制度上的选择，此处不过多讨论。[1]

此外，需要注意的是，若用人单位尚未支付补偿金，此时应作何种处理？基于该合同，用人单位支付补偿金的义务尚未履行完毕，而自然人亦负有竞业禁止的义务，该合同应可以归入双方未履行完毕的双务合同。但问题是，因出于便利自然人重新开始的目的而对自然人负有的竞业禁止义务予以豁免，故对该待履行合同的处理应区别于一般的待履行合同，相对人（原用人单位）得免于补偿金的支付，以避免在相对人不再给付对价的情况下用人单位仍须继续履行己方之给付义务这一不公结果的出现。

第五节　破产程序中集体合同的解除与变更

一、我国现行立法的缺陷

由于集体合同所具有的显著不同于一般合同的准法规效力，[2]加之

---

〔1〕 2004年6月提交全国人大常委会审议的“破产法草案”中曾提出过一种自然人获得免责的方案，即“破产案件终结后，具备下列情形之一的，对于普通破产债权的未受清偿部分，除故意侵犯人身权的损害赔偿外，免除破产人的清偿责任：（一）在破产案件终结时，全部破产债权的百分之四十以上已经获得清偿的，自破产案件终结之日起满三年；（二）在破产案件终结时，全部破产债权中已获得清偿的部分达到百分之三十以上，但不足百分之四十的，自破产案件终结之日起满四年；（三）在破产案件终结时，全部破产债权中已获得清偿的部分达到百分之二十以上，但不足百分之三十的，自破产案件终结之日起满五年；（四）在破产案件终结时，全部破产债权中已获得清偿的部分达到百分之十以上，但不足百分之二十的，自破产案件终结之日起满七年；（五）在破产案件终结时，全部破产债权中已获得清偿的部分不足百分之十的，自破产案件终结之日起满十年”。参见韩长印主编：《商法教程》，高等教育出版社2007年版，第437页。

〔2〕 这一效力使其具有高于劳动合同的效力，具体表现为：（1）劳动合同关于劳动者利益的规定不得低于集体合同规定的标准，低于集体合同规定标准的无效。（2）集体合同可以补充劳动合同的内容。即集体合同有规定而劳动合同未就相关部分内容作规定或虽作规定却被认定无效的情况下，或者集体合同有明确、具体规定而劳动合同规定不明确、不具体的情况下，集体合同的相关内容可自动成为劳动合同的组成部分。即集体合同约定的劳动条件对劳动合同的内容有“保底”的效力，在一定条件下还可转化为劳动合同的内容。参见王全兴：《劳动法》，法律出版社2008年版，第222—223、225—226页。

单个的用人单位亦可成为集体合同的主体，进而使得管理人能否在破产程序（主要是公司破产重整程序）中基于《企业破产法》第18条的规定，像拒绝其他待履行合同那样选择拒绝或单方变更集体合同不无疑问。对此，由劳动和社会保障部（现人力资源和社会保障部）颁布，并于2004年5月1日起施行的《集体合同规定》（以下简称《规定》）第40条规定："有下列情形之一的，可以变更或解除集体合同或专项集体合同：（一）用人单位因被兼并、解散、破产等原因，致使集体合同或专项集体合同无法履行的；（二）因不可抗力等原因致使集体合同或专项集体合同无法履行或部分无法履行的；（三）集体合同或专项集体合同约定的变更或解除条件出现的；（四）法律、法规、规章规定的其他情形。"即在我国，破产致使集体合同或专项集体合同无法履行的，用人单位享有法定的变更或解除权。对于变更或解除集体合同的程序，仍适用集体协商程序。此外，集体合同在变更后仍需报送劳动行政部门进行审查，该《规定》第42条规定"集体合同或专项集体合同签订或变更后，应当自双方首席代表签字之日起10日内，由用人单位一方将文本一式三份报送劳动保障行政部门审查"。至于审查的内容，按照该《规定》第44条的规定，劳动保障行政部门应当对下列事项进行合法性审查：（1）集体协商双方的主体资格是否符合法律、法规和规章规定；（2）集体协商程序是否违反法律、法规、规章规定；（3）集体合同或专项集体合同内容是否与国家规定相抵触。

就上述规定而言，我国现有立法采取了明显倾向于破产企业的立场，且相关规定略显笼统。如对至关重要的解除标准，仅规定为"致使集体合同或专项集体合同无法履行"，但对于何为"无法履行"却未作进一步解释。就其字面意义观之，应与合同法理论上的"履行不能"最为接近，那么可否将其作此种理解呢？经笔者在北大法宝"中央法规司法解释"数据库以"无法履行"为关键词，就"全文"进行检索的结果来看，与"规定"就"无法履行"采用同一用法的只有《劳动合同法》第40条第3项，其规定"（三）劳动合同订立时所依据的客观情况发生重大变化，致使劳动合同无法履行，经用人单位与劳动者协商，未能就变更劳动合同内容达成协议的”。而全国人大法工委在对该项的释义中指出，“本项规定是情势变更原则在劳动合同中的体现。这里的‘客观情况’是指履行原劳动合同所必要的客观条件，因不可抗力或出现致使劳动合同全部或部分条款无法履行的其他情况，如自然条件、企业迁移、被兼并、企业资产转移等，使原劳动合同不能履行或不必要履行的情况。发生上述情况时，为了使劳动合同能够得到继续履行，必须根据变化后的客观情况，由双方当事人对合同进行变更的协商，直到达成一致意见，如果劳动者不同意变更劳动合同，原劳动合同所确立的劳动关系也没有存续的必要，在这种情况下，用人单位也只有解除劳动合同”。[1] 从体系解释的角度来看，应可以将前述“规定”中的“无法履行”解读为履行不能。

一般认为，一完整的集体合同主要由以下内容构成：(1)标准性条款，(2)目标性条款，(3)劳动关系运行规则条款。第一种条款所涉及的主要是劳动报酬、工作时间、劳动定额、休息休假、保险福利、劳动安全卫生等方面的标准；第二种条款所规定的是在集体合同有效期内应当达到的具体目标和实现该目标的主要措施，其既可能是用人单位的义务，也可能是工会或全体职工的义务，或者是双方的共同义务；第三种条款则是关于单个劳动关系和集体合同如何运行的规则，如职工录用规则、劳动合同续订和变更规则、辞退辞职规则等。[2] 因此，集体合同的“无法履行”更可能是对劳动报酬之支付，或目标性条款所规定的用人单位的义务等的履行不能。

笔者认为，上述规定对于破产重整的开展并无太多的实益。破产重整的有效开展，可能更多地依赖于对集体合同中规定的诸如劳动报酬、工作时间、劳动定额及职工录用规则等事项予以适当的降低标准执行。换句话说，就破产重整之需求来看，触发变更集体合同的事件可能无须达到对集体合同履行不能的程度。虽然破产原因的构成要素之一便是

---

〔1〕 信春鹰、阚珂主编：《中华人民共和国劳动合同法释义》，法律出版社 2013 年版，第 143 页。

〔2〕 参见王全兴：《劳动法》，法律出版社 2008 年版，第 212—213 页。

债务人无法清偿到期债务,但是破产原因乃一整体性概念,更看重债务人的总资产难以偿付全部负债,即破产原因之发生并不必然导致对某一特定债务的履行不能——即使是对标准性条款的执行,在破产重整中未必不具可行性。

此外,根据上述《规定》的内容,用人单位若要变更集体合同,仍需遵循集体协商程序,那么此种集体协商程序是否需要进行必要改进,以便满足破产程序对效率的追求?与之相类似的是,劳动行政部门在对变更后的集体合同进行审查时的标准是否需要对破产这一要素予以必要的体现呢,若需,又应如何体现?对于这些问题,从现行法中都无法得到明确的答案。可以说《规定》的现行内容并未对破产(尤其是破产重整)这一要素予以充分地考量。

二、基于比较法经验的立法完善

美国《破产法典》主要是通过第 1113 条来规制破产管理人在破产程序中拒绝承继集体合同(collective-bargaining agreements)的问题。须注意的是,该条之规定仅适用于第 11 章的破产重整程序。就美国的司法及立法看,其对破产程序中管理人得基于第 365 条拒绝承继集体合同并无争议,所争议者主要在于法院批准管理人之拒绝的标准问题。[1]

不同于我国立法倾向于破产债务人(即用人单位)的立场,美国《破产法典》第 1113 条(f)明确规定:“本法下的任何规定均不得解释为允许管理人在符合本条的规定之前,单方面终止(terminate)或修改集体合同

[1] See N. L. R. B. v. Bildisco and Bildisco, 465 U. S. 513 (1984); Shopmen's Local Union No. 455 v. Kevin Steel Products, Inc., 519 F. 2d 698, 707 (CA2 1975). 另外,在美国司法及立法史中对这一问题的讨论可以参见 Christopher Capuano, "Rejection of Collective Bargaining Agreements in Bankruptcy: NLRB v. Bildisco & Bildisco and The Legislative Response", 33 *Cath. U. L. Rev*. 943 1983 - 1984; Gregory A. Nave, "Collective Bargaining Agreements in Bankruptcy Proceedings: Congressional Response to Bildisco", 1985 *U. Ill. L. Rev*. 997 1985.

的任何条款。”[1]据此，管理人若要对集体合同进行修改，需经法院的批准。相关的协商程序及法院批准拒绝承继的标准主要规定在第1113条(b)款与第1113条(c)款中，实践中一些法院将其编制成了一套可分为九步的审查标准，[2]即(1)经管债务人必须向工会“提出[修改集体合同的]提议”[第1113条(b)(1)(A)款]；(2)该提议须以“(提出)之时所能获得的最全面且最可靠的信息为基础”[第1113条(b)(1)(A)款]；(3)该提议须规定“为债务人成功重整所必要的”的“那些必要修改”[第1113条(b)(1)(A)款]；(4)那些建议的修改还须确保“全体债权人、债务人以及一切受影响的当事人获得公允平等的对待”[第1113条(b)(1)(A)款]；(5)债务人必须向工会提供“评估该提议所必需的相关信息”[第1113条(b)(1)(B)款]，但此要件须受限于法院下达命令以保护机密信息的权力[第1113条(d)(3)款]；(6)在提出上述提议与对拒绝动议进行听审之间，债务人与工会的会谈应达到合理次数[第1113条(b)(2)款]；(7)在上述会谈中，债务人必须“以达成令双方满意之修改为目的而进行善意的交涉”[第1113条(b)(2)款]；(8)工会“无正当理由”而拒绝接受该提议[第1113条(c)(2)款]；(9)“利益平衡明显支持拒绝承继”集体合同[第1113条(c)(3)款]。

此外，第1113条(d)款还对听审的时间安排进行了规定。具体而言主要有以下几点内容：(1)听证会的举行时间。相关的听证会应在自提起拒绝承继之日起14日之内举行，并且至少在听证会举行之日10日前向全体利害关系人提供充分的信息。此外，根据个案的需要，法院可以延长一次听证会举行的日期，但不得超过7天。自听证会开始(commence)之日后的30天内，法院应就拒绝承继的申请作出裁决。(2)法院作出裁定的时间。若案情需要，在征得管理人及雇员代表的同

[1] 该条原文为：No provision of this title shall be construed to permit a trustee to unilaterally terminate or alter any provisions of a collective bargaining agreement prior to compliance with the provisions of this section。

[2] See In re American Provision Co., 44 B.R. 907 (Bankr. D. Minn. 1984).

意后,法院可以延长上述作出裁定的时间。若法院未能在上述期间内作出裁定,则管理人有权终止或变更集体合同的任何条款。

就美国《破产法典》的上述规定看,与我国现行法主要存在以下几点明显的不同:(1)在美国,管理人仅得选择拒绝承继集体合同,而非解除或终止集体合同;相反,我国现行法则明文规定用人单位得解除集体合同。(2)在美国,管理人选择拒绝承继集体合同的目的在于减少破产财团的负担,以便利于破产重整的开展,且对集体合同的修改以"为债务人成功重整所必要的"的"那些必要修改";而在我国,则以集体合同的履行不能作为解除或变更的理由。(3)在美国,立法明确要求拒绝或变更集体合同时需要进行利益平衡,即对雇员利益的保障提出了明确的要求;而在我国,在立场选择上更倾向于用人单位。(4)在美国,由法院对管理人拒绝承继的决定进行批准;而在我国仍然由劳动行政部门进行审核。如前文所述,我国破产法并未对集体合同在破产程序中的处理进行明文规定,基于尊重非破产法规范这一原则,目前在我国的破产法司法实践中应主要援引《规定》的相关规定处理破产程序中的集体合同问题。而现行《规定》尚存在诸多不足,未能有效回应破产程序,尤其是破产重整的需求,今后在进行立法完善时,不妨适当借鉴美国破产法上的有益之处。

就其要者言之,主要有以下几点:(1)限制管理人对集体合同的解除权,特别是考虑到集体合同对劳动者利益维护所具有的保底功能。(2)进一步明确管理人得变更集体合同的事由,且应以确为破产重整所必需为前提。一如前述,我国现行立法以破产致使对集体合同无法履行作为管理人变更集体合同的主要事由。而这里的无法履行缺乏明确的法律内涵,实践中需借助于释义学的方法进行个案判断,不利于司法实践地有效、有序开展。即使将其解释为合同法上的履行不能,对于破产重整而言,究竟具有多大实益仍不无疑问。毕竟企业陷入破产与企业对集体合同,特别是其中目的性条款的履行并不具有直接的相关性。(3)就变更的程序规则而言,我国虽与美国立法存在较大差异,但考虑到其具有较强的技术性，在评价时应更多地依赖于其在实现立法目标时是否具有效率优势，笔者在此不再纸上谈兵。不过，变更集体合同的程序须兼顾劳动利益保护与破产程序对效率的追求。

此外，笔者注意到美国《破产法典》通过第 1114 条与第 1129 条(a)(13)款对破产重整中退休雇员的福利问题进行了规定。第 1114 条意在于防止第 11 章经管债务人(或管理人)单方面终止或修改退休雇员的保险金，其核心内容主要有以下两点：(1)除非经过听证并由法院批准，或者经相关利益主体之代表的同意，否则经管债务人或管理人应当及时支付退休福利，且不得进行任何修改；(2)前述退休福利债权具有管理费用优先顺位。而第 1129 条(a)(13)款则对第 1114 条(e)款进行了进一步补充，其规定重整计划须承诺继续支付退休福利，法院才可能予以批准。不过，近年来我国在养老保险制度的改革过程中力推退休待遇的社会化，以使企业甩掉社会和历史包袱、降低经营风险，企业员工不再从本单位领取退休金。[1] 由此，上述美国法经验对我国并无太大借鉴价值，本书不再赘述。

---

[1] 作为改革成果的《中华人民共和国社会保险法》，已由中华人民共和国第十一届全国人民代表大会常务委员会第十七次会议于 2010 年 10 月 28 日通过，并于 2011 年 7 月 1 日起施行。其第 8 条明确规定，社会保险经办机构提供社会保险服务，负责社会保险登记、个人权益记录、社会保险待遇支付等工作。另外可以参见郑尚元：《企业员工退休金请求权及权利塑造》，载《清华法学》2009 年第 6 期。

第三章　待履行合同继续履行规则的完善

基于债权在近代法中的优越地位，破产程序可视为债务人合同的处置程序。其中以对双方均未履行完毕的双务合同（待履行合同）的处置最为棘手。概因一方破产时，此类合同的权利义务状态尚未最终固化。若继续履行，相对人将因债务人履约能力不足而面临风险。故，破产法应向相对人提供保护措施，[1]并以此作为管理人选择继续履行的前提。对此，我国《企业破产法》规定如下：其一，相对人得要求管理人提供担保，管理人不提供的视为解除合同（第 18 条）；其二，因管理人或债务人请求相对人履行待履行合同所产生的债务为共益债务，优先清偿（第 42 条）。

然而，上述规定对相对人利益保护仍显不足，如相对人得否以破产债务人存在根本违约为由主张解除合同，进而对抗管理人的继续履行请求权？其又可进一步区分为：破产程序启动后管理人行

[1] 安建主编：《中华人民共和国企业破产法释义》，法律出版社 2006 版，第 35 页。

使选择权前相对人可否解除合同[1]与管理人选择继续履行后相对人可否解除合同。若此允许，管理人的继续履行请求权便面临被解构之虞。若予以限制，其正当性依据又何在？此类争议，在我国司法实践中逐渐显现。如在夏某华、金华市华源置业有限公司挂靠经营合同纠纷、委托合同纠纷案中，法院在认定管理人业已实际选择继续履行的前提下认为，相对人不得再以债务人破产不具备继续履行合同能力、合同目的不能实现为由解除合同。[2] 而在安庆中船柴油机有限公司与南通明德重工有限公司加工合同纠纷案中，法院则在实质上承认了相对人在破产程序中对待履行合同的解除权。[3]

这实际上反映了，在待履行合同继续履行情形下，尤其是破产债务人于破产程序启动前存在违约时，《企业破产法》与《民法典》间仍存在诸多空白地带，亟待澄清。申言之，当破产管理人选择继续履行待履行

---

〔1〕 在展开讨论前，首先需明确的是，管理人选择继续履行应以待履行合同的存续为前提。就此，可引申出以下两个问题：其一，管理人选择继续履行前，待履行合同因自身原因（如租赁合同约定的租期届满，合同所附的解除条件成就等）终止时，应如何处理？其二，相对人能否在管理人行使选择权前通过行使法定或约定解除权的方式解除该待履行合同？若合同在破产申请受理日前因一方当事人行使解除权而终止，或在管理人选择继续履行前因自然原因终止，则不再引发待履行合同问题，这一点应无疑义。美国法亦持类似立场，只不过在美国法破产程序的启动始自破产申请之日[See Charles Jordan Tabb, *The Law of Bankruptcy*, Foundation Press, 2009, p. 808; Douglas W. Bordewieck, "The post-petition, pre-rejection, pre-assumption status of an executory contract", *Am. Bankr. L. J.*, 1985(59), pp. 200 – 201]。唯破产申理受理后至管理人选择继续履行前，相对人能否继续主张民法上的解除权才涉及相对人利益保护问题，属本书所欲解决之问题。不过，对于前者，还会存在合同基于"破产约定条款"而被解除或终止的情形，此时破产法若不予干预则会激励避法行为，后文一并予以讨论。

〔2〕 参见浙江省金华市中级人民法院(2018)浙07民终5344号民事判决书。此外，在丹阳市江南工业炉有限公司破产清算案中，债权人银海公司就曾因破产债务人丹阳市江南工业炉有限公司提供的产品不符合质量约定而主张解除待履行合同，管理人却要求继续履行。该案最后以调解的方式结案。虽就该个案而言，以调解结案难谓不妥，但若上升到法律制度构建的层面，我国立法显然未能有效回应这一问题。关于丹阳市江南工业炉有限公司破产清算案的介绍及主审法官的评论，参见李辉：《破产程序中待履行合同应当如何处理》，载微信公众号"审判研究"，最后访问日期2021年7月10日。

〔3〕 不过该案的特殊之处在于，同时存在基于《企业破产法》第18条之规定视为解除的情节。参见南通市通州区人民法院安庆中船柴油机有限公司与南通明德重工有限公司加工合同纠纷一审民事判决书，(2015)通潮商初字第00024号。

合同时，相对人是否仅得基于《企业破产法》之规定要求管理人提供担保，或申报共益债权？其可否继续基于《民法典》之规定主张违约救济？若可以，在多大程度上可以主张？如在深圳市湘钢实业有限公司等诉深圳市科盛达实业有限公司普通破产债权确认纠纷案中，最高人民法院认为“在没有证据证明管理人决定继续履行合同的情况下，单方主张继续履行合同没有法律依据”。[1] 据此，最高人民法院似认为相对人基于《民法典》第179条第7项享有的继续履行请求权不得在破产程序中主张。

即使对于《企业破产法》自身而言，其在制度构建时对相对人之保护亦存在不够周密之处。如《企业破产法》第42条第1项规定“因管理人或者债务人请求对方当事人履行双方均未履行完毕的合同所产生的债务”。此处共益债务的范围，从文义出发似宜解读为不包含破产前已产生的债务，同时亦难以包括破产债务人破产前违约导致的损害赔偿。在我国司法实践中，有的法院从立法之文义出发，认为仅法院受理破产申请后发生的债务属共益债务；[2] 有的法院则认为，立法虽在文义上明确地界定了共益债务所产生的时间节点，但在认定因继续履行合同产生的债务是否为共益债务时更应考虑该债务性质是否具有共益性，进而仅将债务人破产前停产后为维护设备而产生的电费（具有共益的性质）认定为共益债务；[3] 还有法院，除同样认为不应机械得基于条文文义认定共益债务范围外，还认为仅能将破产债务人应给付之价款作为共益债务，

---

[1] 深圳市湘钢实业有限公司等诉深圳市科盛达实业有限公司普通破产债权确认纠纷案，最高人民法院(2016)最高法民申3384号民事判决书。

[2] 参见鞍山市铁西区万通小额贷款股份有限公司、鞍山信泰实业有限公司、石某、关某与被上诉人辽宁赫亿肥业有限公司管理人、刘某军确认合同无效纠纷案，辽宁省鞍山市中级人民法院(2018)辽03民终2434号民事判决书。

[3] 参见国网江苏省电力公司宿迁供电公司与江苏欧亚薄膜有限公司供用电合同纠纷案，江苏省宿迁市中级人民法院(2017)苏13民终1504号民事判决书。亦可参考焦作市迈科冶金机械有限公司与江华坤昊实业有限公司普通破产债权确认纠纷案，湖南省江华瑶族自治县人民法院(2020)湘1129民初823号民事判决书。

因破产债务人未按时付款产生的利息不应被认定为共益债务。[1] 概言之，此类共益债务究竟应如何界定，才能在破产财团价值最大化与相对人利益保护间达致平衡，需进一步探讨。管理人提供担保是否必须为足额担保亦存在类似问题。

如前所述，现行立法在管理人选择继续履行时并未向相对人提供充分救济。除此之外，管理人选择继续履行后，待履行合同应如何履行，现行立法同样存在制度供给不足的问题。如相对人得否基于《民法典》第525 条之规定对抗管理人的履行请求权？在杭州淳安千岛湖中集物流有限公司与李志芳取回权纠纷案中法院便认为，待履行合同继续履行时，若破产债务人未履行合同，相对人得行使先履行抗辩权。[2] 若相对人基于《民法典》享有之履行抗辩权在破产程序中不受限制，待履行合同继续履行之制度目的的实现是否会受到损害不无疑问。

此外，从管理人之职责——最大化破产财团价值的角度出发，管理人选择继续履行后未必仍需由破产债务人继续履行合同。在某破产重整案件中，若将双方均未履行完毕的造船合同解除，案涉尚未建成之船舶将成为“废铁”；若选择继续履行，管理人又受限于客观情况无法向已对破产债务人失去信任的相对人提供充足担保。此时，若能将此造船合同转让给相对人信任之第三人继续完成船舶建造，无疑会取得双赢结果。[3] 换言之，在管理人选择继续待履行合同后，得否及如何进行合同转让？对此，现行立法亦缺乏明确规定，由此给司法实践带来了诸多困惑。如当事人于合同中约定的不得转让事由管理人是否仍需严格遵守？若基于破产财团价值最大化之考量持肯定立场，那么相对人之利益应如何保护？

---

〔1〕 在该案中，破产债务人为所有权保留买卖合同的买受人，其给付货款义务在破产程序开始前均已到期。参见扬州市海力精密机械制造有限公司与安徽奥泰粉末冶金有限公司取回权纠纷案，安徽省滁州市琅琊区人民法院(2020)皖 1102 民初 1085 号民事判决书。

〔2〕 参见杭州淳安千岛湖中集物流有限公司与李某芳取回权纠纷案，浙江省淳安县人民法院(2020)浙 0127 民初 2150 号民事判决书。

〔3〕 参见朱志亮、孙贵斌：《浅谈破产重整中待履行合同转让》，载周继业主编：《人民法院破产审判——江苏实践与经验》，法律出版社 2018 版，第 192—197 页。

相较而言,美国法在此问题上进行了较为全面的规定。美国《破产法典》对于待履行合同之承继问题,主要从以下三个方面进行规制:(1)承继之效果。具体而言,包括以下几个方面:其一,只有经过承继破产财团才取代破产债务人成为原待履行合同的当事人;其二,若破产债务人于破产前存在违约行为,那么管理人须对该违约行为进行补救(cure)或及时提供充分保护(adequate assurance)[1][第365条(b)(1)(A)款];其三,对相对人因破产债务人之违约而遭受的损失进行赔偿或提供担保[第365条(b)(1)(B)款];其四,对未来之履行提供充分保护[第365条(b)(1)(C)款];其五,承继之后发生违约时,相对人将享有管理费用优先顺位[第365条(g)(2)款];其六,相对人可以保留破产债务人于偏颇期内的清偿;其七,管理人在选择承继时应遵循全有或全无的规则,即不仅承继对破产财团有利的条款,对破产财团不利的财团亦应被承继。[2] (2)承

〔1〕 一如后文将要论述的,对于本条规定充分保护(adequate assurance)的理解,美国学者Tabb教授认为应参考美国《统一商法典》第2-609条的相关内容。而对于《统一商法典》第2-609条确立的right to adequate assurance的理解,我国葛云松教授认为,"其实'assurance'在英文中本来就不是一有固定法律内涵的概念,所以汉语翻译上不必寻找既有法律上的概念与其对应。在使用上要特别避免被误认为法律要求提供某种固定方式的assurance。汉语中的'担保''保证'都有固定内涵,是非常严格的法律概念,都有造成误解的极大可能性。另外这也会反过来伤害'担保''保证'本身的严格使用"。进而葛云松教授认为,应将"adequate assurance of performance"用含义宽泛的汉语概念、非严格的法律概念来翻译,并最终采用了"充分之履约保障"这一用语。(葛云松:《期前违约规则研究——兼论不安抗辩权》,中国政法大学出版社2003年版,第26页)本书亦采用葛云松教授这一翻译进路,将本条中的"adequate assurance"统一翻译为"充分保护"。

〔2〕 根据该原则,管理人不得仅选择于己有利的条款履行。换言之,对于待履行合同,管理人只能就合同之整体进行选择(See Dennis Faber, Niels Vermunt, Jason Kilborn & Kathleen van der Linde, *Treatment of Contracts in Insolvency*, Oxford University Press, pp. 207-208)。我国司法实践中,有观点认为,管理人得就待履行合同之部分条款行使选择权。如在吴某屏等诉浙江金西园科技有限公司管理人借用合同纠纷案[浙江省衢州市中级人民法院(2017)浙08民终290号民事判决书]中,法院便认为"管理人主张解除转让协议中第4条第3项有关土地及房屋无偿借用的相关条款,于法有据"。相较而言,域外法上的全有或全无规则更能在相对人与破产债务人(实际为全体破产债权人)间取得价值中立地位。对此,笔者建议今后立法修订时不妨明确引入这一原则。值得关注的是,在徐某与威海正土房地产开发有限公司商品房销售合同纠纷案[山东省威海市经济技术开发区人民法院(2019)鲁1092民初2064号民事判决书]中,同一当事人与破产债务人签订有20套购房合同,但管理人仅解除了其中的19套。该案虽与此处讨论的全有或全无规则无直接关系,但该案足以反应出在现有法规范下管理人在平衡相对人利益与破产财产价值最大化间的挣扎。

继之限制。具体而言,主要包括以下内容:其一,管理人选择承继前该待履行履行合同尚未因到期等原因而终止;其二,需对已发生之违约进行补救(实与“承继之效果”的其二、其三相同);其三,待履行合同中诸如破产约定条款(Ipso Facto Clauses 或 bankruptcy clauses)、购物中心租约条款等在破产程序的效力问题;其四,贷款合同的承继限制问题。(3)承继后待履行合同的转让问题,其内容主要由第 365 条(f)款予以规定。本章将结合美国法的经验对前述问题予以重点讨论。

另外,在展开本章的讨论前,首先需要予以明确的一个问题是,管理人行使选择权应以待履行合同仍继续存在为前提。就此,又可引申出以下两个问题:其一,在破产申请之后而管理人做出选择前,原本属于双方未履行完毕的双务合同,因合同自身的原因(如租赁合同约定的租期在这一期间内到期,又如合同所附的解除条件在这一期间内成就等)终止时,应如何处理?其二,相对人能否在管理人选择前通过行使法定或约定解除权的方式解除该待履行合同?[1] 在美国法上,对于前者,一般认为应予以尊重,如若合同于破产前订立,而在破产申请后第 7 日时履行期届满,此时法院便无权再延长该合同的期限。对于后者,美国《破产法典》虽没有明确规定,但一般认为在破产申请提出后,相对人不得再终止待履行合同。否则对于经管债务人或管理人而言,无异于对合同的事实执行。[2] 我国《企业破产法》第 18 条仅对管理人在破产申请受理之日起 2 个月内及收到相对人催告之日起 30 日内未行使选择权的效果进行了规定,无法涵盖前述问题,笔者认为美国法的上述做法值得借鉴。[3]

---

〔1〕 若合同在破产申请前终止(无论终止是基于合同自然到期,还是一方当事人行使解除权),自然不会再发生待履行合同的问题,这一点应无疑义。不过,需注意的是,若待履行合同是基于破产约定条款而被解除的,则会发生不一样的效果。这主要涉及破产约定条款在破产程序中的效力问题。对此,笔者将在本章第二节予以专门讨论,此处不赘述。

〔2〕 See Charles Jordan Tabb, *The Law of Bankruptcy*, Foundation Press, 2009, p. 808; Douglas W. Bordewieck, “The Post-petition, Pre-rejection, Pre-assumption Status of An Executory Contract”, 59 *Am. Bankr. L. J.* 197 1985.

〔3〕 这实际上涉及管理人选择是否继续履行待履行合同的期限问题,详细讨论参见第四章第一部分。

第一节 管理人选择继续履行时对相对人的保护

在展开具体讨论前,基于本书提倡的尊重非破产法规范原则及功能主义理论,需先简要回答为何在继续履行时对当事人进行保护?其核心应在于,合同一方当事人发生破产后,当事人签订合同之初于合同中就今后商业风险进行的安排,是否会因继续履行而被实质性改变。基于正常理性人假设,在签订合同时若明知对方今后破产属大概率事件,应会采取诸如让对方提供担保,或约定远高于市价的合同价格的风险防范措施。换言之,对于一般的商业理性人而言,其在签订无担保合同时,推定其于签订合同之初未能预见合同履行期内相对方的破产风险,应合常理。故在合同相对方破产时,需跳出原合同设定的风险分担模式,重新调整。简言之,从风险分担的视角,管理人选择继续履行时向相对人提供保护,其内在原理仍与尊重非破产法规范原则及功能主义理论相契合。

美国学者 David Hahn 的下述论述亦可从侧面支撑上述论断:合同法之所以在一方当事人违约时赋予相对人终止权,主要在于使得相对人得以摆脱合同未来被继续违反的风险,而这一风险来源于此前业已违约的义务人,且其财务状况发生了根本性变化。然而破产的发生从根本上改变了上述机理,因在破产中破产管理人或经管债务人将取代原债务人,且因破产程序的启动,原债务人的财务状况业已被根本性改变。由此,相对人在破产前因破产人违约而享有的终止权在破产中应被限制,且通过以对先前违约予以补救为前提条件的承继较解除权更具价值。[1]

---

〔1〕 See David Hahn, "The Internal Logic of Assumption of Executory Contracts", 13 *U. Pa. J. Bus. L.* 723 (2011).

一、对相对人充分保护之一般规则

管理人选择继续履行时，相对人得寻求的救济方式——无论是《企业破产法》第 18 条之担保，还是第 42 条之共益债务，立法均未明确界定其范围。全国人大法工委在其释义中，同样未就第 18 条第 2 款所规定之“担保”的范围进行明确阐述。而在对第 42 条的释义中则仅指出：管理人决定继续履行的，对方当事人应当履行，同时自己也需要履行合同义务，由此产生的债务为共益债务，未对共益债务的范围作进一步的说明。[1] 如前文所述，在我国司法实践中，部分法院进一步将共益债务限定于具体共益属性的债务，甚至将破产债务人违约产生的迟延利息等排除在外。

对此，比较法上，各国态度不一。在德国，若合同为可分合同，那么在仅相对人已为部分履行时，相对人仅得就其尚未履行部分在破产程序中享有优先受偿权(privileged administration claim)，其已履行部分仅得作为普通债权，且不得就此部分要求管理人继续履行。如对于买受人破产时的买卖合同，假设合同总金额为 1000 元，出卖人已交付 400 元货物，买受人未支付任何货款。此时，管理人若选择继续履行，相对人仅就自己未履行部分(即 600 元)享有优先受偿权，其已履行部分(即 400 元)仅得申报普遍债权，且不得就此部分要求管理人继续履行。[2] 美国法则认为，管理人选择继续履行后，破产财团将有权获得因相对人履行合同而带来的收益；与此同时，破产财团必须承诺全面履行破产债务人在合同下的全部义务。换言之，相对人根据待履行合同所享有的债权取得管理费用优先顺位，优先清偿。[3]

---

〔1〕 参见安建主编：《中华人民共和国企业破产法释义》，第 33—35、69—71 页。

〔2〕 See Dennis Faber, Niels Vermunt, Jason Kilborn & Kathleen van der Linde, *Treatment of Contracts in Insolvency*, Oxford University Press, 2013, pp. 211 – 212.

〔3〕 See Charles Jordan Tabb, *The Law of Bankruptcy*, Foundation Press, 2009, pp. 805 – 806. 需略作说明的是，此处仅着眼于合同履行是否可分，在立法旨趣上区别于域外法(如德国法与美国法)处理待履行合同时的全有或全无原则。

相较于德国法,相对人就其已履行部分在美国法下将获得更多保障,即相对人在实质上较无担保债权人获得了优待。对此,美国法上一般认为,其正当性依据在于继续履行将强迫相对人依据合同对破产财团进行未来履行。[1] 而依据德国法,相对人将因破产债务人是否已为部分履行而遭受不同境遇。在前述假设案例中,若双方均部分履行(如买受人与出卖人均履行了400元的额度),已履行部分,破产的发生不会产生任何影响,当事人仍得继续保有已履行的合同利益。即相对人(出卖人)仍得继续保有已履行部分(400元)的利益。[2] 若仅相对人为部分履行,一如前文所述,其仅得就此(400元)享有普通债权,参与比例清偿。比较而言,这一立法取向在实践中极易引发反向激励问题——相对人将因仅得比例清偿的潜在风险而拖延或拒绝履行合同义务。这种反向激励作用,在合同一方当事人迫切需要对方当事人先为履行以助其摆脱困境时,将尤为显著。

此外,若破产债务人在破产程序启动前已违约,则会涉及对相对人的违约损害赔偿问题。对此,美国《破产法典》主要通过第365条(b)(1)款进行规制。依据该条规定,破产债务人存在破产前违约时,管理人若要选择继续履行合同,则除需就将来履行提供充分保护外,还应就违约及时进行补救,并赔偿相对人的违约损失,或就将来进行违约补救与损害赔偿提供充分保护。[3] 对于此处的充分保护应做何种理解,美国《破产法典》未给出明确界定。立法档案显示其来源于美国《统一商法

---

〔1〕 See Charles Jordan Tabb, *The Law of Bankruptcy*, Foundation Press, 2009, p. 809.

〔2〕 对于部分履行,德国法还区分仅买受人(破产债务人)部分履行(如先行交付400元货款)的情形。此时,相对人(出卖人)仍得继续保有400元的履行利益,但同时管理人得要求其交付400元的货物。因这种情形下相对人无需额外保护,故本书不再予以讨论。See Dennis Faber, Niels Vermunt, Jason Kilborn & Kathleen van der Linde, *Treatment of Contracts in Insolvency*, Oxford University Press, pp. 211 - 212.

〔3〕 需注意,根据该条规定,管理人需补救之违约不应当是破产债务人对不动产租约下非金钱义务(涉及惩罚性的义务除外)的违反。此外,除商业性不动产租约外,若管理人在选择继续履行后难以借助非金钱性的措施补救违约,那么该违约行为便被视为自选择继续履行之时或之后被补救;不过,仍需根据本条进行违约损害赔偿。

典》第 2-609 条中的充分保护(adequate assurance)[1]。因此,有学者认为可以参考美国《统一商法典》中的相关规定。对于美国《统一商法典》第 2-609 条下的充分之保障,一般认为是一个事实问题,在双方都是商人时则需在个案中根据商业标准确定。具体而言,当事人间的关系、既往交易情况、债务人的声誉、产生不安的理由以及必须提供保障的时间限制等都可能产生实质影响。有时债务人仅表示其将依照通知履行即可构成充分保护,有时则需要债务人提供严格意义上的担保。[2] 在多数破产案件中,法院往往仅会要求管理人提供破产财团将来有能力履行合同的确凿财务性证据。[3]

根据美国《合同法第二次重述》第 252 条的规定,相对方(即非发生支付不能的一方当事人)在基于支付不能的事实而有理由相信违约可能发生时,得中止履行自己尚未得到约定的交易对价的部分或者全部义务,直到对方履行了剩余的义务,或者为该义务的履行提供了充分的担保。而美国《统一商法典》第 2-702 条第 1 款则规定,在这种情况下,出卖人可以拒绝交付,除非对方以现金支付全部价款,包括此前已经根据合同交付的所有货物的价款在内。不过,仅仅基于对一方当事人支付能力产生怀疑并不能使其获得这一中止履行权。[4]

需注意的是,在上述有关充分保护的规定之外,对于购物中心

---

〔1〕 See David B. Simpson, "Leases and the Bankruptcy Code: Tempering the Rigors of Strict Performance", *Bus. Law*, 1982(38), p. 70; David B. Simpson, "Leases and the Bankruptcy Code: The Protean Concept of Adequate Assurance of Future Performance", *Am. Bankr. L. J.*, 1982(56), pp. 241-242.

〔2〕 参见葛云松:《期前违约规则研究——兼论不安抗辩权》,中国政法大学出版社 2003 版,第 77 页;[美]E. 艾伦·范斯沃思:《美国合同法》,葛云松等译,中国政法大学出版社 2004 版,第 611—612 页。此外,美国《破产法典》第 365 条(b)(4)款还就破产债务人为承租人时的承继规则进行了特殊规定,即无论第 365 条是否有其他规定,在破产债务人存在破产前违约时——第 365 条(b)(2)款规定的违约除外,管理人在选择继续履行前不得要求出租人提供与该租赁有关的服务或供应,除非出租人在该租约被继续履行前提供的服务或供应已被赔偿。

〔3〕 See Charles Jordan Tabb, *The Law of Bankruptcy*, Foundation Press, 2009, p. 812.

〔4〕 参见葛云松:《期前违约规则研究——兼论不安抗辩权》,中国政法大学出版社 2003 年版,第 609 页。需注意的是,对于购物中心(shopping center)租约之将来履行的充分保护问题,美国《破产法典》在第 365 条(b)(3)款中进行了单独规定,具体内容参见该条规定。

(shopping center)租约之将来履行的充分保护，美国《破产法典》第 365 条(b)(3)款进行了单独规定，具体包含以下几个方面：(1)租金的来源及租约规定的其他条件[第 365 条(b)(3)(A)款]；(2)在转让租约时，受让人及其保证人(若有)的财务状况与经营业绩，应与破产债务人及其保证人(若有)在开始承租时的情况相当[第 365 条(b)(3)(A)款]；(3)未就"按百分比计的租金"(percentage rent)予以任何形式的实质性削减[第 365 条(b)(3)(B)款]；(4)在承继或转让时仍须遵守租约原有的全部条款，包括但不限于诸如关于面积(radius)、位置、用途以及排他性安排的条款，并且对于包含于与该购物中心相关的任何其他租约、融资协议或整体租约(master agreement)中的上述条款亦应遵守[第 365 条(b)(3)(C)款]；(5)承继或转让不得破坏购物中心内的任何商户组合或搭配平衡[第 365 条(b)(3)(D)款]。

之所以要对购物中心租约进行单独规定，美国国会认为主要源于此类商业经营活动的特殊性。购物中心在建造之初，往往对此后的经营进行过精心设计，并且在经营上通常借助于一揽子租约及融资合同。换言之，购物中心在出租时，往往会对入驻的承租人有各种商业上的考量，以便通过对不同类型承租人的合理搭配吸引到尽可能多的顾客。因此法院在考虑管理人的承继时，不应忽视上述商业因素，以便尽量维护购物中心在经营上的整体性。[1]

此外，美国《破产法典》第 365 条(b)(4)款还就破产债务人为承租人时的承继规则进行了特殊规定，即无论第 365 条是否有其他规定，对于破产债务人作为承租人并发生违约时——违约属于第 365 条(b)(2)款规定的情形除外，管理人在选择承继前不得要求出租人提供与该租赁有关的服务或供应，除非出租人在该租约被承继前业已提供的服务或供应已被赔偿。这实际上涉及管理人在作出选择前待履行合同的效力问

[1] See H. R. Rep. No. 595, 95th Cong., 1st Session 348 – 49, reprinted in 1978 U. S. Code Cong. & Admin. News 5963, 6305; also see S. R. Rep. No. 95 – 989, reprinted in id. at 5787, 5845. Quoted from In re Joshua Slocum Ltd., 922 F. 2d 1081 (1990).

题,本书第四章第二节将予以详细讨论,此处不再予以赘述。

参诸上述立法例,为更好得保护相对人利益,不妨将《企业破产法》第 18 条中担保及第 42 条中共益债务的范围作扩大解释,即相对人得就整个合同要求管理人提供担保,并取得共益债权,优先清偿。此外,为因应实践中经常发生的仅因破产债务人无财产可供设定担保便解除有利于破产财产最大化的待履行合同现象,[1]应弱化《企业破产法》第 18 条"不提供担保,便解除"的立法设定,在破产债务人确无财产可供设定担保时,以提升债权人清偿顺位(即作为共益债权),抑或借鉴美国法上的充分保护理念作为相对人的次级保障机制,而非径直解除合同。破产债务人在管理人选择继续履行前已违约的,相对人之违约损害赔偿请求权同样应得到充分保护,此处的保障不以担保为限。不过,我们也应注意到,即使作此解释,在破产语境下,也极可能因破产财产不足而削弱这一规范目的。在美国司法实践中,这一立法选择还导致管理人倾向于推迟作出承继与否的决定,特别是在法院将要求相对人在管理人决定作出前的不确定期间内继续履行合同的情况下。[2] 前者属于客观条件的外在约束,不应以此否定在立法论上做出前述价值选择的合理性;后者应属规则的实践效果,乃相关利益主体基于自我利益最大化的规则适用,规则本身是否因此便丧失了合理性,有赖于成本—收益的进一步考察——至少应符合卡尔多—希克斯改进的要求。

二、破产债务人已违约时对相对人之充分保护

一方违约时,依据我国《民法典》非违约方除得主张违约损害赔偿外,还得要求违约方继续履行,或采取修理、更换、重做等补救措施,乃至解除合同。这些违约救济方式,相对人在破产程序中应如何主张,我国

[1] 此类现象在我国司法实践已较为普遍的发生。参见朱志亮、孙贵斌:《浅谈破产重整中待履行合同转让》,载周继业主编:《人民法院破产审判——江苏实践与经验》,法律出版社 2018 版,第 192—193 页。

[2] See Charles Jordan Tabb, *The Law of Bankruptcy*, Foundation Press, 2009, p. 809.

现行立法并未予以明确。虽尊重非破产法规范乃破产法的基本原则之一，但对于这些合同法上的违约救济方式，应否及如何尊重实有必要借鉴比较法经验予以进一步明晰。

关于相对人得否要求管理人继续履行。如前文所述，在德国，若相对人已为部分履行，则相对人就此部分不得要求管理人继续履行；而在美国，相对人仍得就此享有优先受偿权。为更好保护相对人利益，不妨借鉴美国法经验，相对人仍得要求管理人继续履行破产债务人已违约部分，并得就此要求管理人提供充分保护。进而，对于修理、更换、重做等补救措施，亦无限制必要。不过，相对人无论是要求管理人继续履行，还是主张修理、更换、重做等补救措施，均会涉及履行或补救的时点、期限以及方式等问题。对此，美国《破产法典》虽未进行明文规定，但其判例法发展出一套较为成熟的经验。

对于管理人提供违约补救的时点，美国《破产法典》第365条(b)(1)(A)款使用了“及时地”(promptly)这一具有描述色彩的词语，未就判断是否属于及时的标准进行规定，司法实践中的基本规则是进行个案判断[1]。不过，这导致了不同个案在结果上的巨大差异。在有的案件中，法院对“及时地”采取较为严格的解释标准，认为需要在较短的时间内对之前的违约进行补救，甚至需在选择承继时立即予以补救；[2]而在有的案件中，法院甚至会允许在实际承继的三年后再进行补救。需注意的是，法院在判断是否满足及时性的要求时，似乎往往与对充分性的考察放在一起同时进行。

对于合同约定的或可适用的非破产法规范规定的补救期限，管理人

---

〔1〕 See In re Gold Standard at Penn, Inc., 75 B. R. 669, 673 (1987); In re Mako, Inc., 102, 821 B. R. 818 (1988).

〔2〕 如在In re Embers 86th Street案中，管理人需支付的补救费用仅有17,000美元，但管理人却要求3个月后再行支付，加之债务人采取的增加利润的措施并不具有信服力，最终法院认为破产债务人的补救措施既不符合美国《破产法典》第365条(b)(1)(A)款规定的及时性的要求，也不符合充分性的要求。而在In re Lafayette Radio Electronics Corp.案中，法院则认为需要立即予以补救。[see In re Lafayette Radio Electronics Corp., 9 B. R. 993 (1981)]

是否必须遵循的问题。美国《破产法典》第 108 条(b)款规定,管理人可以在破产申请提出后 60 日内或合同约定的期限这二者之间,选择较晚者作为进行补救的最后期限。有法院甚至认为,既然美国《破产法典》第 365 条(d)(2)款允许管理人得在重整计划通过前的任意时点选择承继待履行合同,因此在美国《破产法典》第 365 条(d)(2)款提供的期限超过第 108 条(b)款提供的期限时,管理人可在最终选择承继之时再予补救。否则,债务人将不得不在尚未决定承继,或重整计划能否通过尚不确定的情况下,决定是否对违约进行补救,进而不利于破产重整的有效开展〔1〕。也有法院对此持有不同观点,认为首先应当严格根据美国《破产法典》第 108 条(b)款规定的期限对破产申请前的违约进行补救,然后才得根据美国《破产法典》第 365 条的规定选择是否承继待履行合同。当然也可以在第 108 条(b)款规定的期间内同时决定,对破产前的违约予以补救,为将来之履行提供充分之保障,以及选择承继待履行合同。总之,在理解第 108 条(b)款与第 365 条(d)(2)款的关系时,应采用体系解释的原则(whole statute interpretation)。唯有如此,才能既使第 108 条(b)款的规定不至于流于形式,又能使对不同类型合同的处理结果归于统一。此外,也只有采用这种解释方法,才能真正区分合同约定的或非破产法规范规定的此类期间在下述三种情况下的不同结果:(1)在破产申请前业已到期;(2)于破产申请前开始,而于破产申请后的某一时点到期;(3)于破产申请时尚未开始。〔2〕 针对司法实践中上述两种不同的观点,美国知名破产法学者 Tabb 教授倾向于第一种观点,即基

〔1〕 See Moody v. Amoco Oil Co., 734 F. 2d 1200, 1215 – 1216 (1984). 美国知名破产法学者 Tabb 教授亦倾向于这种观点(See Charles Jordan Tabb, *The Law of Bankruptcy*, Foundation Press, 2009, p. 811)。不过,有法院持有不同观点,认为首先应当严格根据第 108 条(b)款规定的期限对破产申请前的违约进行补救,然后才得根据第 365 条的规定选择是否承继待履行合同。当然也可以在第 108 条(b)款规定的期间内同时决定,对破产前的违约予以补救,为将来之履行提供充分之保障,以及选择承继待履行合同。See Matter of Delex Management, 155 B. R. 161, 168 (1993).

〔2〕 See Matter of Delex Management, 155 B. R. 161 (1993); also see In re Future Growth Enterprises, Inc., 61 B. R. 469 (1986).

于第365条(d)(2)款的规定可以进一步延长管理人进行违约补救的期限。[1]

对于管理人应如何补救的问题,在美国多数法院认为,管理人不必完全按照合同的约定进行补救,只要足以保护非债务人的实质性权利即可。否则,相对人便可通过对合同条款的巧妙设计,使得管理人的补救形同虚设。对于无法补救的非金钱性违约,美国《破产法典》除对不动产租约有明文规定外,未就管理人在承继之前是否仍须进行补救进行规定。[2] 对此,司法实践中往往认为,只有在违约属于根本性违约或造成了重大经济损失时才必须补救,[3]以便实现相对人与破产财团间的利益平衡。判断是否属于"根本性或经济上具有重大影响的(条款)"取决于"该条款对于当事人所达成的协议是否必不可少(根本性),以及该条款的履行是否将满足当事的全部期待利益(经济上的重大性)"[4]。

继续履行与违约补救两种违约救济方式,如前文所述,在破产程序中相对人仍得继续主张。但非违约方的合同解除权,若在破产程序中仍被"尊重",将与管理人的继续履行请求权产生直接冲突。前者意图终结合同关系,而后者意在继续维系合同关系。此时,根据尊重非破产法规范原则的要求,欲不再尊重非破产法规范,限制非违约方基于合同法享有的解除权,便须寻找充足的破产法政策支持。我国学者多认为,管理人应以破产财团价值最大化为标准来决定是否继续履行待履行合同。[5] 换言之,破产法创设待履行合同制度的核心目的在于让待履行合同的状态尽快归于确定,以利于破产财团价值的最大化。若仍允许相对人行使

---

〔1〕 See Charles Jordan Tabb , *The Law of Bankruptcy*, Foundation Press, p. 811.

〔2〕 See Charles Jordan Tabb, *The Law of Bankruptcy*, Foundation Press, 2009, pp. 811 - 812.

〔3〕 See In re New Breed Realty Enterprises, Inc. , 278 B. R. 314, 321 (2002); In re Joshua Slocum Ltd. , 922 F. 2d 1081, 1092 (1990).

〔4〕 See In re Fleming Cos. , 499 F. 3d 300, 305 - 306 (3d Cir. 2007).

〔5〕 参见王欣新:《破产法》,中国人民大学出版社2011版,第60—61页;齐树洁主编:《破产法研究》,厦门大学出版社2005版,第270页。日本亦有学者持类似立场,参见[日]山本和彦:《日本倒产处理法入门》,金春等译,法律出版社2016版,第69页。

解除权消灭该待履行合同，显然不利于上述目标的实现——管理人选择继续履行本身便意味着待履行合同的继续存续有利于破产财团价值的最大化。全国人大法工委在阐述第42条的立法目的时对此亦予以明确确认。[1] 且管理人选择继续履行的前提便是向相对人提供充分保护。具体而言，一项交易的达成，从根本上讲依赖于交易双方彼此间信赖关系的建立。在一方发生根本违约时，此种信赖便会被破坏，此时，合同法通过赋予相对人解除权的方式，使其能够从这一业已丧失信赖基础的"法锁"中解脱出来，回复到交易自由中。但是在破产程序中，尤其是破产重整中，基于对全体利害关系人整体利益的考量，破产法往往会对利害关系人原有的自由予以必要限制，最为明显的制度设计便是重整程序中的强行批准制度。故，应在破产程序中限制待履行合同相对人行使合同法上的解除权。

此外，美国《破产法典》第365条(b)(2)款还对破产约定条款(Ipso Facto Clauses)[2]以及非金钱性义务这两种特殊情形进行了规定：在违反破产约定条款与因未履行非金钱性义务而需承担赔偿责任时，无须按照第365条(b)(1)款的规定进行补救。

前者的基础在于美国《破产法典》第365条明文规定此类条款无效。我国《企业破产法》对此无明文规定。笔者认为，按照《企业破产法》的本身的规制意向及其内存的目的，[3]其本应禁止破产约定条款在破产程序中的效力，[4]却未予规定，故应属于法律漏洞。进而法官得在具体的

---

〔1〕 参见安建主编：《中华人民共和国企业破产法释义》，法律出版社2006年版，第69—71页。

〔2〕 所谓破产约定条款，一般指于合同中约定基于债务人的破产或特定财务状况，甚或仅仅因债务人有关的破产案件的启动，而终止或变更债务人的利益。具体讨论参见本章第三节的相关内容。

〔3〕 [德]卡尔·拉伦茨：《法学方法论》，陈爱娥译，商务印书馆出版社2003版，第254页。

〔4〕 否则债权人将会纷纷借助这一条款在破产程序刚刚启动之时便宣布终止合同，进而也就不会再存在破产程序中的待履行合同问题，《企业破产法》第18条的立法目的也便会因此而落空。

司法实践中对《企业破产法》第 18 条第 1 款第 1 句进行目的性扩大解释，即对于相对人业已基于破产约定条款而主张终止的合同，管理人仍得选择继续履行。

对于后者，有学者认为，其在实质上放松了管理人的违约补救义务，即如果债务人未能履行的是非金钱性义务，那么对相应的约定惩罚性损害赔偿责任的履行将不再作为管理人选择承继的前提。换言之，管理人在就瑕疵履行（defective performance）予以补救，并向非债务人赔偿违约造成的实际金钱损失后，便可选择承继该待履行合同，而无需支付合同约定的罚金（不属于对实际金钱损失的填补）。在此种情形下，可以以支付非违约利率（non-default rate）形式实现对违约的补救。[1]

第二节 管理人选择继续履行对相对人同时履行抗辩权的限制

《民法典》第 525、526、527、528 条创设了我国双务合同中的履行抗辩权[2]，即同时履行抗辩权、后履行抗辩权[3]及不安抗辩权制度。问题是，这些抗辩权在管理人选择继续履行后，相对人能否继续主张？即

---

[1] See Charles Jordan Tabb, The Law of Bankruptcy, Foundation Press, 2009, p. 810.

[2] 本书所涉及的抗辩权仅限于《民法典》规定的同时履行抗辩权、后履行抗辩权、不安抗辩权，至于当事人因自己义务履行期尚未届至等享有的抗辩权，不在本书讨论的范围内。另外，本书关注的重点在于前述三类抗辩权能否在破产程序中继续行使的问题，即上述三类抗辩权之行使是否有碍破产法立法目标之实现的问题，主要涉及从破产法视角考察上述抗辩权所具有的外部功效。对于我国民法学者在抗辩权问题上的争论不做过多涉及。这在于，上述争论所涉及者，不过是抗辩权制度内部的构造问题，对于上述抗辩权所具有的外部效用并无影响。

[3] 对于原《合同法》第 67 条规定的抗辩权的称谓，在我国尚存有争议，有观点将其称为“后履行抗辩权”，并认为不按抗辩权又可称为“先履行抗辩权”[参见胡康生主编：《中华人民共和国合同法释义》，法律出版社 2013 年版，第 131—133 页；王利明：《合同法研究》（第二卷），中国人民大学出版社 2011 年版，第 82—84 页]；而崔建远教授将其称之为“先履行抗辩权”（参见崔建远：《合同法》，法律出版社 2016 年版，第 105 页）。鉴于《民法典》第 527 条直接沿袭自原《合同法》第 67 条，为行文方便，本书统一采用“后履行抗辩权”这一称谓。

破产法能否基于自身的法政策考量,在破产程序中对这些抗辩权进行必要的限制。由于我国合同法下的同时履行抗辩权与后履行抗辩权实质上拆分自国外的同时履行抗辩权,我国学者一般认为,后履行抗辩权在行使方式、存在效力与行使效力等问题上,与同时履行抗辩权并无本质不同〔1〕;而同作为抗辩权的不安抗辩权,其效力亦与同时履行抗辩权基本相同〔2〕。故本书在论述双务合同中的履行抗辩权在破产程序中的效力时,以同时履行抗辩权为例。〔3〕

一、对同时履行抗辩权之拒绝履行效力的抑制

在我国,对于同时履行抗辩权行使以前是否具有排除给付迟延的效力这一问题,通说采行使的效果说,即履行抗辩权若要发生效力,需要权利人主张抗辩权。〔4〕如王利明教授便认为,“在一方有权行使同时履行抗辩权的情况下,该抗辩权必须行使才能产生作用,并影响到法律关系,如果当事人不行使这一权利,则并未对抗对方的请求权”。〔5〕而韩世远教授进一步将同时履行抗辩权的效力区分为本体的效力和其他效力。前者体现为拒绝履行权,需要积极主张;后者体现在对抵销、履行迟延的构成及合同解除等的影响,为同时履行抗辩权存在的效力,无须权利人积极主张〔6〕。

---

〔1〕 参见崔建远:《合同法》,法律出版社 2016 版,第 108 页。

〔2〕 参见邱聪智:《新订民法债编通则》(下册),中国人民大学出版社 2004 版,第 373 页。

〔3〕 需要简要说明的是,在个别案件中同时履行抗辩权对于破产债务人的效用已引起了法官的注意,如在针对承租人兴昊公司诉破产财产买受人香河公司继续履行其与破产企业签订的租赁合同案的点评中,该案主审法官便认为破产债务人可以在破产程序中以同时履行抗辩权对抗承租人(参见北京市大兴区人民法院承租人兴昊公司诉破产财产买受人香河公司继续履行其与破产企业签订的租赁合同案民事调解书)。不过,这种讨论与本书对同时履行抗辩权在破产程序中的效力的讨论仍相去较远。

〔4〕 参见崔建远:《合同法》,法律出版社 2016 年版,第 102 页。

〔5〕 王利明:《合同法研究》(第二卷),中国人民大学出版社 2011 版,第 74 页。

〔6〕 参见韩世远:《合同法总论》,法律出版社 2008 版,第 257 页。崔建远教授原则上赞同同时履行抗辩权在排除迟延履行的成立上采存在效果说,但认为需要对适用的范围予以必要限制。详细讨论参见崔建远:《合同法总论》(中卷),中国人民大学出版社 2012 版,第 147—149 页。

按我国民法学者的上述见解,同时履行抗辩权要发挥效力,需要权利人行使该权利。那么便可能出现崔建远教授所讲的僵局,即在两项债务的履行期届至和届满的时间完全相同且履行期已经届满的场合,会出现双方当事人均不履行债务,却不构成迟延履行,任何一方都不承担违约责任的现象,且此时任何一方都不得请求法院强制相对人继续履行[1]。此时,若在破产程序中仍允许相对人主张同时履行抗辩权,那么便会对破产程序(尤其是破产重整)的有效开展造成障碍,特别是在急欲获得相对人给付的一方陷入破产时。这在于,破产债务人或管理人,不但因对方的迟延履行被同时履行抗辩权的其他效力自动阻碍而无法要求法院强制其继续履行;也将因对方得主张同时履行抗辩权(即得主张拒绝履行)而无法直接请求对方继续履行。此外,破产债务人或管理人,还可能因自身履约能力一时的限制,欲打破僵局而不能。若能在破产程序中对相对人的同时履行抗辩权予以必要限制,即不再允许其主张拒绝履行,上述僵局便会被打破,进而便利破产程序的有效开展。

那么,此时会否对相对人的利益造成损害呢?笔者认为不会。因为,基于本章第一节的讨论,在破产债务人存在破产前违约时,管理人选择继续履行待履行合同的前提便是为相对人提供充分保护。也即同时履行抗辩权所具有的为当事人提供一时的担保或保护的功能,在破产程序中业已通过其他机制实现了,故即使限制同时履行抗辩权的行使也不会给相对人带来损害。

需进一步讨论的是,在破产债务人于破产前并无违约时,是否亦得在破产程序中限制相对人的抗辩权?笔者认为基于同样的内在逻辑,在管理人向相对人提供了全额担保的前提下,限制相对人的履行抗辩权并不会给相对人带来实质性损害,而且还可能因此而利用破产重整的顺利开展。

前文主要讨论的是对相对人同时履行抗辩权的限制,那么管理人可

---

[1] 崔建远教授描述的这一僵局的语境是,在抗辩权的其他效力问题上采存在效力说。参见崔建远:《合同法总论》(中卷),中国人民大学出版社 2012 年版,第 147 页。

否在破产程序中继续主张同时履行抗辩权？笔者认为，答案应是肯定的。原因在于，在管理人主张同时履行抗辩权时，基于管理人的身份定位，此时应推定这一决定对破产程序之有效开展或者说破产法立法目标的实现并无不利。加之在破产程序外，破产债务人原本便得主张同时履行抗辩权，在破产程序中继续允许管理人主张同时履行抗辩权并不会使相对人陷入较破产程序外更为不利的境地。

二、对同时履行抗辩权之限制抵销效力的抑制

同时履行抗辩权对抵销的限制作用，大陆法系国家或地区一般均有明文规定，如德国《民法典》第 390 条便规定："不得抵销有抗辩权与之对抗的债权。"〔1〕对此卡尔·拉伦茨教授认为，"只要抗辩权存在，也即抗辩权原因存在，并不要主张权利，即导致一些实体法上的法律后果，因此有抗辩权的债权是不能抵销的"。〔2〕我妻荣教授认为，附有抗辩权的债权不得抵销，是因为抗辩权具有阻止请求权行使的效力，如果允许抵销，相对人将在无任何理由下失去抗辩权。〔3〕上述学者虽对抗辩权得限制抵销的理由有不同见解，但均认可抗辩权得限制抵销。

我国立法虽未对此作出明确规定，学者多主张上述域外经验确有道理，我国应借鉴。〔4〕不过，民法学者多认为，应允许一方当事人自愿放弃同时履行抗辩权而为抵销，此时其不过是自愿承受不利益，因此无禁止之必要〔5〕。即民法学者们所认为的抗辩权对抵销的限制，实际上仅限于主张同时履行抗辩权的一方当事人处于抵销关系中的被动债权人地位时。

---

〔1〕《德国民法典》，陈卫佐译，法律出版社 2015 版，第 143 页。

〔2〕［德］卡尔·拉伦茨：《德国民法通论》（上册），王晓晔等译，法律出版社 2013 版，第 331 页。

〔3〕参见［日］我妻荣：《民法讲义 IV：新订债权总论》，王燚译，中国法制出版社 2008 版，第 303 页。

〔4〕参见崔建远：《合同法》，法律出版社 2016 年版，第 104—105 页。

〔5〕参见崔建远：《合同法》，法律出版社 2016 年版，第 105 页。另外可以参考孙森焱：《民法债编总论》（下册），文太印刷企业有限公司 2010 版，第 810 页。

就同时履行抗辩权对抵销的限制而言，具体到破产语境下，实际上需要讨论的无外乎以下两种情形：其一，管理人主张同时履行抗辩权，而相对人主张抵销；其二，相对人主张同时履行抗辩权，而管理人主张抵销[1]。由于笔者主张，在破产程序中应限制权利人继续主张同时履行抗辩权，那么上述同时履行抗辩权对抵销的限制功能是否会在破产程序中自动失效呢？即在破产程序中，同时履行抗辩权被限制行使，原本被限制的抵销权是否可以恢复主张，特别是在我国通说认为抗辩权需经权利人行使才能发生效力这一前提下？对于第一种情形——由管理人或破产债务人主动主张同时履行抗辩权，根据前文观点，此时管理人仍得继续主张同时履行抗辩权，进而抵销仍将因同时履行抗辩权而被限制。

对于第二种情形，相对人主张同时履行抗辩权，而管理人主张抵销。笔者认为，能否允许此类抵销在破产程序中主张，除需满足破产法上行使抵销权的条件外，关键在于厘清同时履行抗辩权通过限制抵销所欲维护的利益是否会遭到实质性破坏，或者说此时基于破产法的立法目的有无必要进行干预。一如前文所述，同时履行抗辩权的核心功能或价值在于其具有的担保或保护功能，即权利人借助于这一履行抗辩权可以促使对方当事人尽快履行自己之义务，尤其是在对方急于获得权利人一方的给付时。换句话说，同时履行抗辩权的运行机理在于，对于权利义务具有对价关系的合同，一方当事人通过抗辩自己义务之履行来保障自己债权的有效实现。而对抵销的限制则在于，防止对方当事人通过抵销间接地实现不履行其于合同下的义务而获得合同下的给付，进而起到防止同时履行抗辩权目的落空的作用。管理人在选择继续履行待履行合同时，首要前提便是需要为相对人于待履行合同下的债权提供充分保护，如我国《企业破产法》第 18 条便规定对方当事人有权要求管理人提供担保，

---

[1] 虽然《最高人民法院关于适用〈中华人民共和国企业破产法〉若干问题的规定(二)》第 41 条第 2 款原则上禁止管理人主动为抵销，但同时以但书的形式进行了例外规定，故管理人或破产债务人作为主动债权人一方为抵销的情形仍有讨论的价值。该款具体内容为“管理人不得主动抵销债务人与债权人的互负债务，但抵销使债务人财产受益的除外”。

管理人不提供的视为解除合同。由此，相对人于待履行合同下的债权业已借助于破产法提供的机制得到了充分的保障，即使允许管理人抵销，也不会受到实质性损害。故，在相对人主张同时履行抗辩权，而管理人主张抵销时，无必要限制管理人之抵销。

第三节　管理人选择继续履行后特殊条款的效力

由于管理人在行使选择权时需采取全有或全无的规则，那么在管理人选择继续履行合同后，是否便意味着待履行合同下所有的条款均继续有效呢？就此，美国《破产法典》主要从以下两个方面进行了规定：其一，规定破产约定条款无效[第 365 条(b)(1)款，第 365 条(e)(1)款，第 365 条(e)(2)款]；其二，规定购物中心租约中的租赁条款应继续被遵守[第 365 条(b)(3)款]。由于加速到期条款与破产约定条款具有高度的相关性，且在我国司法实践中，围绕借贷合同中的加速到期条款在破产程序中的效力问题曾引发过激励争论，故笔者在本节对加速到期条款的效力问题予以一并讨论。[1] 具体而言，主要涉及下面两个方面的问题：(1)加速到期条款的效力可否借由破产约定条款的途径予以否认，即其能否与加速到期条款相分割。(2)加速到期条款的效力可否借助破产撤销予以否定；若否，其在破产重整程序中是否必须被遵守。

一、破产约定条款在破产程序中的效力

在我国，借贷合同的当事人往往会在合同中约定加速到期条款，即约定在符合约定的条件时，银行债权人得宣布贷款提前到期，不再发放尚未发放的贷款，并有权宣布合同终止或解除合同。常见的触发加速到

---

〔1〕 需说明的是，在破产语境下，加速到期条款并非仅存在于待履行合同中。换言之，合同亦可能因一方当事人于破产程序启动前主张加速到期而提前到期，该合同进而转化“清算”状态。此时，于破产程序中讨论该加速到期条款之效力，合同加速到期的效果可否被恢复，仍具有意义。

期条款的因素主要包括:(1)违反陈述和保证;(2)不履行还本付息义务;(3)违反合同约定的其他义务(变更贷款用途等);(4)违反其他合同,影响本合同履行;(5)债务人涉讼,影响本合同债权人利益;(6)债务人经营能力或者清偿能力受限;(7)债务状况恶化;(8)股东发生变动;(9)借款人或者担保人涉嫌犯罪;(10)逃避监管、构成违法事由;(11)担保物贬值且未追加担保等。[1] 毋庸置疑,加速到期条款的存在,暗含了当事人通过合同规避破产法的可能性。如若当事人借鉴加速到期条款的机制[2],在合同中约定以破产程序的启动或类似事件的发生作为债权人变更合同内容的条件,尤其是在进入破产程序后处理待履行合同时,破产法应否承认此类条款的效力呢?

对此,我国现行破产法缺乏明确规定。而美国《破产法典》主要是通过破产约定条款加以处理的。所谓破产约定条款,一般是指于合同或租约中约定基于债务人的破产或特定财务状况,甚或仅仅与债务人有关的破产案件的开始,而终止或修改债务人的利益。[3] 1978 年修法之前,美

---

〔1〕 参见李春:《商业银行提前收回贷款的法律问题探讨》,载《上海金融》2007 年第 8 期;吴庆宝:《金融机构提前收贷风险防范的司法认知》,载《民商事审判指导》(2008 年第 2 辑),人民法院出版社 2008 年版,第 265—267 页。另外需注意的是,在我国的商业实践中,加速到期条款并非仅仅出现于借贷合同中。就笔者在北大法宝的检索结果看,因加速到期条款而引发的争议在融资租赁合同中亦大量发生,如广东蓝海海运有限公司与民生金融租赁股份有限公司船舶融资租赁合同纠纷上诉案[参见天津市高级人民法院(2015)津高民四终字第 39 号民事判决书]、德银融资租赁有限公司等与西安双成重型汽车有限公司融资租赁合同纠纷上诉案[参见上海市第一中级人民法院(2014)沪一中民六(商)终字第 249 号民事判决书]、广西通盛融资租赁有限公司诉吕某强融资租赁合同纠纷案[参见广西壮族自治区柳州市鱼峰区人民法院(2015)鱼民初(二)字第 32 号民事判决书]等。此外,甚至在个别的买卖合同纠纷中亦会涉及,如广东华坤建设工程有限公司与东莞市港创建材有限公司买卖合同纠纷上诉案[参见广东省东莞市中级人民法院(2013)东中法民二终字第 189 号民事判决书]。为行文方便,本书以借贷合同中的加速到期条款为例。

〔2〕 如在上海益流融资租赁有限公司诉雅达建筑新材料(上海)有限公司等融资租赁合同纠纷案中,当事人便在《售后回租赁合同一般条款》中约定"乙方发生分立、合并、兼并、收购等变更情况或者乙方停止经营任何主要部分的业务,或者乙方提出或者被提出有关诉讼、破产、歇业等……甲方认为上述情况的发生影响乙方履行本合同的能力的"。参见上海市浦东新区人民法院(2013)浦民六(商)初字第 S10866 号民事判决书。

〔3〕 See Paul Rubin, "Not Every IPSO FACTO Clause Is Unenforceable in Bankruptcy", 32 - *AUG Am. Bankr. Inst. L. Rev.* 2013, pp. 12 - 18.

国《破产法典》对此条款并无专门规定，而在实践中法院往往认可其效力，进而使得部分债权人得以避免债务人破产带来的影响。在1978年修法时，美国国会认为，若对此类破产约定条款的效力予以认同，将会剥夺延续对破产财团具有重要价值的合同的机会，[1]进而在第365条中进行了明文规定——基于债务人出现诸如：在破产程序结束前任何时间里发生支付不能或陷入某种财务困境，或者依据《破产法典》的规定而开始一项破产程序，或者在破产程序开始前，由被指定的破产管理人或托管人接管资产等情形而生效的条款在破产程序中被禁止执行。

需注意的是，上述规定尚存在例外情形。根据第365条(e)(2)(A)款的规定，在可得适用的法律免除(excuses)相对人向破产管理人或(该待履行合同或未完成租约)的受让人为给付，或自破产管理人或(该待履行合同或未完成租约的)受让人处受领给付时，法院应承认破产约定条款的效力。此外，借助于金融合约安全港规则，美国《破产法典》第555、556、559、560、561条分别针对不同的金融合约给予了明确地豁免性保护。即证券合同、商品合同、远期合同、回购合同、金融互换合同以及净额结算主协议等合同中的破产约定条款不受第365条的限制，权利人仍得继续基于破产约定条款主张终止合同。[2]

笔者认为，上述美国法上的做法具有合理性，值得我国立法借鉴。不过，在立法修订之前，我们在司法实践中应如何处理此类问题是一个值得进一步讨论的问题。对此，笔者认为可借助于对《企业破产法》第18条的目的性扩大解释来实现。根据卡尔·拉伦茨教授关于法的续造理论，“法律的‘漏洞’并非‘未为任何规定’，毋宁是欠缺特定——依法律的规定计划或其整体脉络，得以期待——的规则”。[3] 笔者认为，按

---

[1] See H. R. Rep. No. 595, 95th Cong. 1st Sess. pp. 347 – 48 (1977).

[2] 参见冯果、洪治纲：《论美国破产法之金融合约安全港规则》，载《当代法学》2009年第3期。

[3] [德]卡尔·拉伦茨：《法学方法论》，陈爱娥译，商务印书馆出版社2003年版，第253页。

照《企业破产法》的本身的规制意向及其内存的目的,[1]其本应禁止破产约定条款在破产程序中的效力(否则债权人将会纷纷借助这一条款在破产程序刚刚启动之时便宣布终止合同,进而也就不会再存在破产程序中的待履行合同问题,《企业破产法》第18条的立法目的也便会因此而落空),却未予规定,故应属于法律漏洞。进而法官得在具体的司法实践中对《企业破产法》第18条第1款第1句进行目的性扩大解释,即对于相对人业已基于破产约定条款而主张终止的合同,破产管理人仍得选择继续履行。

由于,笔者在本书中的讨论是以借贷合同为例展开的,所以美国《破产法典》将贷款合同排除在可以承继的待履行合同的范畴之外需要予以必要说明。在美国,为避免强迫当事人向破产债务人提供贷款局面的出现,美国《破产法典》第365条(c)(2)明文规定,贷款合同,或其他债务融资或财务通融合同不适用第365条关于待履行合同或未完成租约的规定,进而这些合同中的破产约定条款在破产案件中仍具有效力[第365条(e)(2)(B)]。但近来有学者对此提出了质疑,认为贷款合同中的加速到期条款属于破产约定条款,且美国《破产法典》第365条(c)(2)与(e)(2)(B)之规定均应适用于贷款合同。[2] 不过,由于在我国的商业实践中,加速到期条款并非仅仅存在于借贷合同中,加之从理论上讲我们不能认为纯粹意义上的破产约定条款仅会出现在借款合同中,因此即使在我国同样采取美国法的上述立场,即认为借贷合同及其他债务融资或财务通融合同不适用待履行合同的相关规定,前述关于破产约定条款在破产程序应无效的讨论仍具有实践意义。

---

〔1〕[德]卡尔·拉伦茨:《法学方法论》,陈爱娥译,商务印书馆出版社2003年版,第254页。

〔2〕See Scott K. Charles & Emil A. Kleinhaus, "Prepayment Clauses In Bankruptcy", 15 *Am. Bankr. Inst. L. Rev.* 2007, pp. 537–582. 另外,关于美国学者近年来围绕待履行合同问题的反思可以参考 Charles Jordan Tabb, *The Law of Bankruptcy*, Foundation Press, pp. 767–770.

二、加速到期条款的破产撤销问题

在前文中，笔者主要从破产约定条款的视角分析了加速到期条款在破产程序的效力。不过，就我国实践中常见的触发加速到期的条件看，破产约定条款的外延显然不能完全涵盖加速到期条款，进而借助于破产约定条款只能否认那些落入其范畴内的“加速到期”行为的效力。此外，实践中加速到期条款并不仅仅存在于贷款合同中，故结合贷款合同对加速到期条款在破产程序中的效力进行讨论具有广泛意义。

目前我国司法实践中围绕此类条款的效力问题所发生的争议[1]主要涉及如下几个问题：其一，通过加速到期条款宣布提前到期的行为，属于未到期债务的提前清偿而应当适用《企业破产法》第 31 条的规定，还是作为到期债务的清偿仅能适用第 32 条的规定，抑或根本不属于可撤销的行为。其二，债权人根据加速到期条款而享有的宣布债权提前到期的权利属于什么性质的权利？在破产法上是否应当受到尊重以及在多大程度上受到尊重。其三，如果银行借贷合同中的加速到期条款可以得到承认，那么，破产债务人与其他债权人之间关于特定债权优位对待的约定，其效力是否应当同样得到承认？其四，如果银行宣布加速到期之后，直接扣划破产债务人的往来款项用于抵销的，其效力又当如何？下文将主要就上述四个问题作全面论述。

---

〔1〕 如在南通美嘉利服饰有限公司破产管理人诉江苏银行股份有限公司南通观音山支行破产撤销权案中，法院认为：被告扣划原告账户上的存款时，因合同中的加速到期条款已经生效，被告也依该条款行使了单方解除合同权，使合同项下的未到期债务转化为已到期债务。故本案原告得主张合同项下的借款为到期债务。不过，被告的划扣清偿行为不符合《企业破产法》第 32 条所规定的破产撤销权的构成要件，故不得撤销。而在安吉县农村信用合作联社凤凰山信用社与浙江金贸竹木家具有限公司管理人破产撤销权纠纷上诉案中，一审与二审法院均认为，信用社的扣款行为属对未到期的债务提前清偿，应予以撤销。参见江苏省南通市港闸区人民法院（2009）港民二初字第 0168 号民事判决书；浙江省湖州市中级人民法院（2013）浙湖商终字第 35 号民事判决书。

(一)加速到期条款的基本内涵

1. 关于加速到期条款性质的认知分歧

按照布莱克法律词典的定义,加速到期条款是一贷款合同条款,其要求债务人在发生诸如未能按期付款或丧失相关保险等特殊事件时提前清偿贷款。[1] 加速到期条款虽然在商业活动中广泛存在,[2] 但在立法上大多均缺少明确规定。[3] 而在美国,加速到期条款被认为是抵押合同或其担保契约中的一个条款,该条款授权抵押权人在抵押人违约时宣布整个抵押债务立即到期,加速到期的生效日期由抵押权人在抵押人发生违约后向其发出的书面通知中指定。[4] 加速到期条款的目的是降低贷款人所面临的债务人不偿还债务的风险。[5] 在美国合同法上,就一般意义而言,当事人(特别是借款合同的当事人)在合同中约定一加速条款(acceleration clause)主要是为了规避下述规则:如果一方拒绝履行其义务的行为发生在履行拒绝方已经得到了约定的全部对待给付之后,那么拒绝履行义务的行为不构成违约。根据该条款,一方违约则其所有的未还款项全部成为到期债务,或者可以由贷款人宣布为全部到期,进而受

---

〔1〕 An acceleration clause is "[a] loan-agreement provision that requires the debtor to pay off the balance sooner than the due date if some specified event occurs, such as failure to pay an installment or to maintain insurance". Bryan A. Garner editor in chief, *Black's Law Dictionary* (Eighth Edition), 2004 West, a Thomson business, p. 12.

〔2〕 例如美国学者 David Hahn 指出,在贷款中总是包含有加速到期条款。See David Hahn, "The Role of Acceleration", *DePaul Business & Commercial Law Journal*, 2010, pp. 229 - 244. 而 Grant Gilmore 也指出"没有不包含加速到期条款的担保协议"。See Grant Gilmore, Security Interests in Personal Property § 43.4, p. 1195 (1965). 转引自 David Hahn, "The Role of Acceleration", *DePaul Business & Commercial Law Journal*, 2010, pp. 229 - 244.

〔3〕 参见李春:《商业银行提前收回贷款的法律问题探析》,载《上海金融》2007 年第 8 期。

〔4〕 See Restatement (Third) of Property: Mortgages, § 8. 1 Accrual of the Right to Foreclose—Acceleration.

〔5〕 See Christina Scharar, "Creating Insecurity: The Interpretation of Insecurity Clauses Triggered by Reappraisals Ordered by Commercial Mortgage Lenders", *Mich. St. L. Rev.* 2012, pp. 211 - 237.

害方就不必等到履行到来才能诉请损害赔偿。[1]

实践中能够触发加速到期的事件往往种类繁多，根据美国学者 R. Wilson Freyermuth 的总结，最常见的是债务人的违约行为——不能按时偿付贷款。此外，债务人未能遵守约定的资本结构或者违背了关于支出或风险事件的条款均能引发加速到期。甚至，仅仅因为关于借款人的负面新闻或不利消息而让他们感到将来偿付将受到损失，贷款人或债券持有人便可基于加速到期条款而加速贷款到期。[2] 甚至抵押人申请破产亦会触发加速到期条款。[3]

显而易见，加速到期条款广泛存在于我国国内的借贷合同中，但我国立法上却未对此给予明确回应，理论上的相关论述一般出现在介绍国际贷款合同违约救济方式的著作中。[4] 在《民法典》颁行前，我国司法实践中法院虽一般基于《合同法》第 203 条[5]与《贷款通则》第

[1] 参见[美]E. 艾伦·范斯沃思：《美国合同法》，葛云松等译，中国政法大学出版社 2004 年版，第 599—600 页。

[2] See R. Wilson Freyermuth, "Enforcement of Acceleration Provisions and the Rhetoric of Good Faith", *Brigham Young University Law Review*, 1998, pp. 1035 – 1079.

[3] See David Hahn, "The Role of Acceleration", *DePaul Business& Commercial Law Journal*, 2010.

[4] 按照相关论述，加速到期条款一般被认为是违约的一种补救机制。甚至有人明确指出，在国际贷款合同中，加速到期是预期违约之交叉违约的救济方式。参见刘胜题：《国际银团贷款法律风险分析及控制》，华东政法大学 2005 届博士论文；郭洪俊：《国际银团贷款中的法律问题研究》，法律出版社 2001 年版，第 179 页；郭玉军：《国际贷款法》，武汉大学出版社 1998 年版，第 166 页；高祥阳、陈宇：《国际银行法——合同、银团与法律冲突》，中国人民大学出版社 2003 年版，第 32 页。另外，王利明教授认为原《合同法》第 203 条关于提前收回借款的规定，实际上是提前终止合同。提前收回借款在贷款业务中被称为加速到期条款，它是因为借款人的违约行为而造成的，故而可以视为对借款人的违约行为的制裁。参见王利明：《合同法研究》（第三册），中国人民大学出版社 2012 年版，第 266 页。

[5] 该条规定："借款人未按照约定的借款用途使用借款的，贷款人可以停止发放借款、提前收回借款或者解除合同。"

22 条[1]而认可此类条款的合法性,[2]但对其性质的解读却往往存在不同的观点,极易导致适用上的混乱。如某某股份有限公司广东省分行诉广州市某某船务有限公司等船舶运营借款及担保合同纠纷案[3]与××股份有限公司广东省分行诉广州市××船务有限公司等船舶运营借款

---

〔1〕 该条规定:"贷款人权利为:……五、借款人未能履行借款合同规定义务的,贷款人有权依合同约定要求借款人提前归还贷款或停止支付借款人尚未使用的贷款……。"此外,《贷款通则》第 70、71、72 条还就贷款人提前收回借款的情形作了列举性规定。第 70 条第 2 款规定:"借款人违反本通则第九章其他条款规定,致使贷款债务落空,由贷款人停止发放新贷款,并提前收回原发放的贷款。造成信贷资产损失的,借款人及其主管人员或其他个人,应当承担部分或全部赔偿责任。在未履行赔偿责任之前,其他任何贷款人不得对其发放贷款。"第 71 条规定:"借款人有下列情形之一,由贷款人对其部分或全部贷款加收利息;情节特别严重的,由贷款人停止支付借款人尚未使用的贷款,并提前收回部分或全部贷款:一、不按借款合同规定用途使用贷款的。二、用贷款进行股本权益性投资的。三、用贷款在有价证券、期货等方面从事投机经营的。四、未依法取得经营房地产资格的借款人用贷款经营房地产业务的;依法取得经营房地产资格的借款人,用贷款从事房地产投机的。五、不按借款合同规定清偿贷款本息的。六、套取贷款相互借贷牟取非法收入的。"第 72 条规定:"借款人有下列情形之一,由贷款人责令改正。情节特别严重或逾期不改正的,由贷款人停止支付借款人尚未使用的贷款,并提前收回部分或全部贷款:一、向贷款人提供虚假或者隐瞒重要事实的资产负债表、损益表等资料的;二、不如实向贷款人提供所有开户行、帐号及存贷款余额等资料的;三、拒绝接受贷款人对其使用信贷资金情况和有关生产经营、财务活动监督的。"

〔2〕 由于《民法典》第 673 条直接保留了原《合同法》第 203 条的表述,故针对原《合同法》第 203 条的相关讨论在《民法典》时代仍成立。

〔3〕 在该案中,原告于 2010 年 2 月 3 日依约向被告某某公司发放 2217 万元贷款。借款凭证载明起息日为 2010 年 2 月 3 日,到期日为 2013 年 1 月 28 日,双方并约定"若出现借款人违反合同的约定,或者借款人经营出现严重困难等情形时,贷款人有权单方面宣布合同项下已发放的贷款本金部分和全部提前到期并要求借款人立即偿还所有到期贷款本金并结清利息"。后被告某某公司未按合同约定偿还 2011 年 6 月 21 日后的本金和利息,原告于 2012 年 1 月 11 日向四被告发出债务提前到期通知书,宣布贷款提前到期,到期日为 2012 年 1 月 11 日。法院判决认为,被告某某公司自 2011 年 6 月 21 日起未按时履行还本付息的义务,依双方约定,原告有权提前解除贷款合同并要求被告某某公司还本付息,认定 2012 年 1 月 11 日为合同到期日。参见某某股份有限公司广东省分行诉广州市某某船务有限公司等船舶运营借款及担保合同纠纷案,广州海事法院(2012)广海法初字第 154 号民事判决书。

合同及担保合同纠纷案，[1]虽同为广州海事法院所裁判，但前者认定为合同解除，而后者则认为是一种单独的违约责任承担方式。前述两个案子比较鲜明地体现了当前我国司法实践中在此问题上的态度，[2]即一种观点认为应当用合同解除制度予以解决，即借款人发生特定违约事由后，银行行使法定解除权或约定解除权时，未到期贷款的提前归还属于合同解除权中的恢复原状，也就是说，这种情况下借款人归还未到期借款仅是其承担合同解除责任的后续义务。另一种观点认为其为一种独立的违约责任承担方式，即在履行标的物是金钱的借款合同中，提前收回贷款意味着借款人期限利益的丧失，而期限利益的丧失对于违约的借款人来说属于一种性质独立的惩罚方式，此时，银行无需通过解除合同即可保障其借款合同下的利益。[3]

2. 对加速到期条款的再认识

笔者认为，关于如何对加速到期条款进行定性的问题，其实质在于能否将其解读成一种解除权，而这又涉及如何理解解除权与终止权的问题。为此，我们有必要首先对解除权与终止权作简单区分。

---

〔1〕 在该案中，原告于2011年5月11日向被告××公司发放了1,500万元贷款，借款期限为12个月。后原告首先于9月14日发函通知被告××公司需在9月19日前支付本案借款的第三季度利息，被告××公司同日确认收到通知函，承诺将筹措资金按期付息。9月26日、11月14日，原告又先后两次向被告××公司发送《催收利息通知书》，但被告均未付款。12月21日，原告以被告××公司拖欠利息时间超过90天，已构成违约为由，宣布本案《流动资金借款合同》项下借款本息于2011年12月21日全部到期，贷款利率执行合同约定的逾期贷款利率，该《贷款提前到期通知书》于12月27日邮寄给被告，28日投妥。法院认为，依照《流动资金借款合同》的约定，原告有权宣布贷款合同提前到期并要求被告××公司还本付息，并在被告××公司不能按时足额支付本金和利息时，要求被告××公司按照约定支付罚息和复利，同时认可2011年12月21日为贷款到期日。参见××股份有限公司广东省分行诉广州市××船务有限公司等船舶运营借款合同及担保合同纠纷案，广州海事法院(2012)广海法初字第242号民事判决书。

〔2〕 就笔者在北大法宝所检索到的包含加速到期条款的案例来看，我国司法实践中加速到期条款的运用情况远较前述两个案例反映的情况复杂，但判决理由却可如下文所述简单划分为两大类型。

〔3〕 参见李春：《商业银行提前收回贷款的法律问题探析》，载《上海金融》2007年第8期。

(1)解除权与终止权辨析

从比较法视角看,是否需区分解除与终止,在大陆法系国家存在不同的做法。日本民法便没有规定合同的终止,但将合同解除分为两类:一类解除的效力溯及既往,另一类解除的效力不溯及既往。[1] 而德国在19世纪末起草民法典第一草案时,曾经把它作为解除的一种类型,但是制定民法典第二草案时,认为终止与解除的性质毕竟不同,开始把二者分开,不但名称不一样,效果也不同。后来,其他大陆法系国家的判例学说也多区别解除与终止。[2] 在德国法下,“解除(Rücktritt),指一方当事人依据合同上的或者法定的相应权限,通过单方面的表示,使一个有效成立的合同溯及地归于消灭”。[3] 而在继续性债务关系中,常以特殊的信赖关系为先决条件,且当事人受到的拘束是长时期,甚至是不确定时期的。故,“在有重大事由时,必须能够使继续性债务关系在将来消灭,即必须能够使其终止”。[4] “终止(Kündigung),是合同一方当事人之单方面作出的形成性的意思表示。然而与解除不同的是,终止不具有溯及的效果,而仅是自表示之时起,向将来发生效力。”[5] 在区分解除与终止的国家,对二者间关系的解读,便成为学者的一项重要任务。邱聪智教授对二者间的异同曾做过比较简明的归纳,颇值得借鉴。(见表3-1)

---

[1] 参见王利明:《合同法新问题研究》,中国社会科学出版社2011年版,第541页。

[2] 参见崔建远主编:《合同法》,法律出版社2010年版,第243页。

[3] 杜景林:《德国债法总则新论》,法律出版社2011年版,第127页。

[4] [德]迪特尔·梅迪库斯:《德国债法总论》,杜景林、卢谌译,法律出版社2004年版,第13—14页。

[5] 杜景林:《德国债法总则新论》,法律出版社2011年版,第130页。

表 3－1　终止与解除异同〔1〕

	解除	终止
同	1. 均为使契约消灭之法律上救济手段； 2. 均为形成权，其行使均以意思表示为之； 3. 均有权利行使（主观）不可分原则之适用； 4. 均有债务不履行之损害赔偿问题； 5. 不履行事由补正，权利为之消灭	
异	1. 解除有溯及既往，使契约自始消灭之效力； 2. 发生原因：债之通则有一般规定； 3. 有回复原状效力； 4. 给付物不能返还或变更，有失权可能； 5. 主要适用于一时性契约	1. 终止无溯及既往，仅使契约自终止后消灭； 2. 发生原因：债之通则尚无一般规定； 3. 尚无回复原状效力； 4. 给付物不能返还或变更，无失权问题； 5. 主要适用于继续性契约

需注意的是，德国《债法现代化法》对法定解除权和约定解除权的法律效果进行了根本性的改变，即解除权的行使，使合同转变成清算了结的关系，或者成为返还性的债务关系。但其仅适用于债法上的合同，而不适用于物权合同。至此，以前通说之观念，即将解除视为消灭之法律构成，而将清算了结关系视为被修正的得利关系，被宣告寿终正寝。通过解除，双方当事人的履行请求权，以及与履行请求权相关联的次级请求权，归于消灭。解除不使合同作为整体被废止，而是说，合同继续存在，但当事人的给付义务则各自改变方向，走向与原来相反的轨道。〔2〕

一如前文所述，我国合同法语境下的终止与解除，〔3〕与传统大陆法系国家，尤其是德国法国家之终止与解除存在重大差异。为了统一我国合同法下终止与解除的含义，同时也便于更好的进行比较法上的对比，崔建远

〔1〕　邱聪智：《新订民法债编通则》（下），中国人民大学出版社 2003 年版，第 367 页。另外，史尚宽教授对解除与终止的区别亦持类似观点。参见史尚宽：《债法总论》，中国政法大学出版社 2000 年版，第 572—573 页。

〔2〕　详细讨论参见杜景林：《德国债法总则新论》，法律出版社 2011 年版，第 127—130 页。

〔3〕　相关讨论参见第二章第一节相关内容。

教授认为扩大解除的外延;而王利明教授则主张对终止做扩大解释。

(2)加速到期条款乃当事人关于终止权[1]的约定条款

在明晰了我国合同法语境下对解除与终止尚存在不同的理解后,我们便不难发现,前文提及的关于加速到期条款性质的争论,与此不无关系。若我们严格坚持解除权与终止权区分的观点的话,不难发现加速到期条款实为一种关于终止权的约定条款。下文将对此作简单分析。

首先,从比较法视角上,在严格区分解除权与终止权的情形,均认为加速到期条款应属一种终止权。德国《民法典》第 490 条第 1 款规定,如借用人的财产情况出现实质性恶化,或者濒临发生实质性恶化,则贷与人享有特别终止权。[2]

其次,就加速到期条款之运作机制来看,其亦难以被解读成解除权。加速到期条款之实质是通过债务人对自己期限利益(主要指债务人在债权人主张加速后的到期日与原合同约定的到期日之间对本金的使用利益)的放弃,来提前实现债权人的债权,进而达到债权人规避风险的目的。若以时间为衡量的标准,按照加速到期条款的字面意思,其效果在于尚未到期的贷款提前到期,与意在解除当事人双方合同关系的合同解除目的并不相同。而实践中往往存在这样的情形,即在加速到期的条款中同时约定债权人可得解除合同——对提前收贷与解除合同做刻意区分。如在中国银行股份有限公司厦门开元支行诉张某值等金融借款合同纠纷案中,当事人在借贷合同中约定"借款人未按期归还贷款本息视为合同项下违约,贷款人有权要求借款人限期补救,宣布本合同项下贷款本息全部或部分提前到期,终止或解除本合同并依法及本合同约定对

---

[1] 本节下文中的解除权与终止权,若无特殊说明,均采德国法上之观点。

[2] 德国《民法典》第 490 条第 1 款内容为:"借用人的财产情况或者为借贷所提供担保的价值发生实质性恶化,或者有发生实质性恶化的危险,因此危害借贷的归还,并且纵使将担保变价,仍然不能够改变这一情况的,在发生疑义时,贷与人在支付借贷之前,始终可以终止借款合同,在支付借贷之后,通常仅能够立即终止借贷合同。"杜景林、卢谌:《德国民法典评注——总则·债法·物权》,法律出版社 2011 年版,第 248—249 页。另外,可参考黄茂荣:《债法各论》,中国政法大学出版社 2004 年版,第 118 页。

抵押汽车行使抵押权”。[1] 另外,在国际贷款协议中对持续不止的违约事件,贷款人(辛迪加贷款时为一定比例的贷款人)可以通知借款人取消自己的贷款承诺,并加速已经发放的但尚未到期的贷款提前到期,这里的取消贷款承诺是针对解除贷款人尚未履行的义务而言,加速到期是要求借款人在贷款到期之前提前返还贷款。[2] 尤其需要注意的是,当事人对终止与解除的此种刻意区分,往往能够得到人民法院的正面回应。上海市高级人民法院在其印发的《〈关于审理借款合同纠纷案件若干问题的解答〉的通知》中,就“贷款人依据借款合同关于提前收贷的约定,诉请借款人提前还款,是否必须提前解除合同诉请的问题”给出的解释是:“借款合同关于贷款人提前收贷有约定的,该约定只要不违反法律、法规的强制性规定,应认定有效。在贷款人主张借款人提前还款的条件成就时,贷款人据此诉请要求借款人提前还款的,法院应予以支持。该诉请不以解除合同为前提,故贷款人无须主张解除合同诉请。”我们在对加速到期条款进行解读时,上述商业实践及司法实践中对其所持的态度,我们不应予以刻意回避。毕竟,法律的产生形式上创制的,实质上却是生产的。[3]

然而回归我国合同法的现实语境后,我们不难发现,因对终止与解除概念的理解尚存在不同意见,故我们在此亦难以对加速到期条款的定性问题给出终极答案。若采崔建远教授的思路,加速到期条款应理解为关于解除权的约定条款;若采王利明教授的思路,其又可理解为关于狭义上的终止的约定条款。而笔者认为,关于加速到期条款的认知分歧便根源于此。

(二)破产撤销权的功能定位与加速到期条款的偏颇性分析

前文已经指出,加速到期条款乃是一种单独的违约责任方式,债权人可以据此主张本金、利息及罚息等。在无破产因素的情况下,若债务人此时承担了违约责任,债权债务关系便归于消灭;而在加入破产因素

---

〔1〕 参见中国银行股份有限公司厦门开元支行诉张某值等金融借款合同纠纷案,福建省厦门市思明区人民法院(2012)思民初字第3923号民事判决书。

〔2〕 郭玉军:《国际贷款法》,武汉大学出版社1998年版,第166页。

〔3〕 参见张文显主编:《法理学》,高等教育出版社2003年版,第225页。

后,则需对债权人的加速行为是否与破产法的基本原则相冲突进行检视。也即,若允许债权人加速债权到期是否意味着赋予了该特定的债权人较之于其他债权人(指未在合同中加入加速到期条款的债权人)较为"优先"的地位,这种地位的改变,是否应当列入破产撤销权所规制的偏颇清偿行为范畴?[1] 要厘清债权人主张加速到期进而实现债权的行为是否具有可撤销的偏颇性,有必要首先厘清破产法上所谓偏颇撤销权的功能定位,进而检视加速到期时债权人地位的改变是否具有偏颇性。

1. 破产撤销权的功能定位

破产法的立法目的虽然在理论上存在着争论,[2]但破产程序作为一种概括清偿程序,应起到最大化收集破产财产并在同等债权人中公平分配的功能,正如联合国贸易法委员会《破产法立法指南》指出的:"破产制度应当实现如下关键目标,即为市场提供确定性以促进经济稳定和增长、力求资产价值最大化、确保对处境相近的债权人的公平待遇。"[3]由此,区别于个别强制执行时间在先,权利在先理念的同等债权同等对待,便构成破产法的最大特色。破产法所追求的同等债权同等对待目标,是建构在一系列制度保障基础之上的,而破产撤销权便是其中一项重要的制度设计。正如有学者指出的,"破产法主要通过破产程序启动之时的'自动冻结'制度所产生的往后冻结效力,与撤销权制度所体现的溯及既往的功能来维持可供债权人分配以及可供社会利用的总财富的价值。这两项制度通过时间维度上的无缝对接,共同实现限制在全体债权人共有的

---

〔1〕 就我国立法而言,破产撤销权规制的可撤销行为分为两类,即欺诈行为与偏颇性清偿行为。前者主要包括无偿转让财产、以明显不合理价格进行交易、放弃债权;后者主要包括对未到期的债权提前清偿、对没有财产担保的债务提供财产担保、危机期间的个别清偿行为。参见《最高人民法院关于〈企业破产法〉司法解释理解与适用》,人民法院出版社 2013 年版,第 191 页。由于"破产法上对诈害性行为的撤销当属对取得利益本身即属不合法的行为的撤销"(参见韩长印:《破产撤销权若干疑难问题研究》,载《月旦民商法杂志》2006 年第 4 期),而加速到期行为,一般并不具有诈欺性,故该行为无法基于欺诈原因而被撤销。故本书对其讨论主要集中在是否具有可撤销的偏颇性。

〔2〕 破产法的立法目的,在境外尤其是美国理论界存在较大争议。参见本书第一章第一节相关内容。

〔3〕 联合国贸易委员会:《破产法立法指南》(中译本),第 10—13 页。

责任财产这一‘公共鱼塘’内的个别‘钓鱼’行为的效果。因而，要解决债务人的有限财产所引发的债权人利益的公平分配问题，缺少破产撤销权制度是绝对行不通的”。[1] 破产撤销权的逻辑机理就在于：“将影响对债权人公平对待的财产转让行为予以撤销，从而维护破产法的公平原则。”[2]

具体而言，从理想的状态出发，破产法应以债务人出现破产原因时的债权人间的权利秩序或者权利义务格局作为其调整债权人间相互关系的基础。我们可以将此时的秩序称为债权人权利顺位的“原始秩序”。但由于对破产原因出现时点进行准确判断在实践中往往不具可操作性，也即在实践中破产原因出现的时点往往不能与进入破产程序的时间保持同步，[3]这便产生了“原始秩序”不能直接延续至破产程序中的问题，也就产生了“原始秩序”被扭曲的风险。为尽量降低此种风险，立法上只能以破产申请日为基准并向前推定至特定日期，对在此期间内试图转移债务人财产，破坏债权人间原始秩序的行为予以撤销。[4] 故而，对此期间内债权人间权利秩序的维护，也便意味着维护了破产法上对债权人的同等对待。而在此偏颇期起始时点后出现的试图改变债权人间权利秩序的行为，便打破了债权人间的这种平等对待关系，也即具有了偏颇性，故需借助破产撤销权制度将其转移的财产予以回复(对新设担保行为的撤销无须取回财产)，以恢复债权人间的原始权利秩序结构，进而维护破产法同等债权同等对待的目标。美国知名破产法学者 Thomas H. Jackson 曾经指出，“偏颇撤销权旨在将债权人试图在破产程序前扩大其

---

〔1〕 韩长印：《破产撤销权若干疑难问题研究》，载《月旦民商法杂志》2006 年第 4 期。

〔2〕 Charles Jordan Tabb , *The Law of Bankruptcy*, Foundation Press, p. 442.

〔3〕 破产原因出现的时点与进入破产程序的时点不同的原因，除正文中所提到的原因外，还存在诸如债务人或债权人等适格当事人启动破产程序的态度等因素。

〔4〕 当然，破产法并非对此期间内转让债务人财产的行为一概予以撤销，各国都规定有例外情形，我国《企业破产法》第 32 条关于“个别清偿使债务人财产受益的除外”的但书规定即属此。又如《最高人民法院关于适用〈中华人民共和国企业破产法〉若干问题的规定(二)》第 16 条规定“债务人对债权人进行的以下个别清偿，管理人依据企业破产法第三十二条的规定请求撤销的，人民法院不予支持：(一)债务人为维系基本生产需要而支付水费、电费等的；(二)债务人支付劳动报酬、人身损害赔偿金的；(三)使债务人财产受益的其他个别清偿”。

债权以增加其可得分配份额的行为，或债务人在债权人授意下采取的类似行为所取得的财产予以取回”。[1]

概言之，破产撤销权之关注点仅在于偏颇期起算时点至破产程序启动时债权人间债权秩序是否会因债权人或债务人的行为而被改变，而不去考究此时期内债权人之债权是否确定、合法等问题。也即，破产撤销权试图维护的是，偏颇期起算时点之时的债权人间的相互关系或按此时之状态自然发展之结果（比如，某项有财产担保的债权因所附解除条件之成就而被解除所产生的债权人间相对秩序的变动，或其间发生新的债权而引起的债权人间的秩序的变动等）。其在效果上具有将偏颇期起算时点至破产程序正式启动期间的债权秩序予以冻结，以防止进入破产程序前债权被个别清偿，或被改变受偿顺位。但此处之冻结效力不及破产程序启动之时的自动冻结的效力。后者会产生诸如未到期债权视为到期的效果，而前者则并不影响双方当事人基于合同产生的既定的权利义务内容。破产撤销权的此种设计也便体现了破产法应尽可能承认原有权利义务的基本诉求。[2]

2. 加速到期条款的偏颇性甄别

正如上文所言，破产撤销权试图维护的是偏颇追溯期起算点上债权人间的权利义务格局或按此时之状态自然延续至破产程序启动时的权利义务结果，任何试图改变此原始状态或其自然延续结果的行为均将被撤销。而考察债权人基于合同约定主张加速到期的行为是否具有偏颇性的关键在于，要甄别加速到期的行为是否改变了偏颇期起算之时债权人间的相互关系或按此时之状态自然发展之结果。

在判断加速到期行为是否具有偏颇性之前，我们有必要对破产撤销权所维护之债权人间的权利义务格局或其自然发展之结果做进一步的

---

〔1〕 Thomas H. Jackson, *The Logic and Limits of Bankruptcy Law*, Harvard University Press, 1986, p. 130.

〔2〕 Thomas H. Jackson, *The Logic and Limits of Bankruptcy Law*, Harvard University Press, 1986, p. 23. 实际上，此即破产法需尊重非破产法规范原则，相关讨论参见本书第一章第一节。

考察。为说理方便，我们可先构造一简单案例：某甲对某乙负有一笔债务，而某甲于 t_2 日进入破产程序，我们假设 t_1 日为起算偏颇期之第一日，其时间关系如图 3－1 所示：

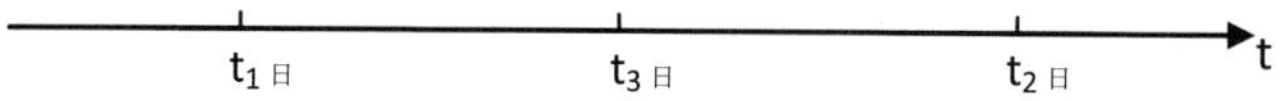

图 3－1　时间关系

如上文所述，破产撤销权所维护之原始状态实际上包括了两种不同类型，我们可称之为静的原始状态与动的原始状态。就上文所假定之案例而言，所谓静的原始状态，指某乙之债权于 t_1 日时已处于确定状态；或虽未立即确定，但却于 t_2 日前确定下来，一旦完成这种转换，也就可以称之为一种静的状态了。而所谓动的原始状态，指某乙之债权于 t_1 日时尚处于未确定状态，或因其尚未到期，或因其所附之条件尚未成就等而仍处于变动的状态下，比如，其可能因所附之解除条件之成就而于 t_2 日来临之前归于消灭。

基于上述权利义务两种状态类型的划分，破坏原始状态的行为也存在不同样态。对静的原始状态的破坏，典型行为当属对债权的个别清偿。在上述假设案例中便表现为某乙之债权已于 t_1 日到期，而某甲却于 t_3 日进行了清偿；对担保状态的违反也构成对静的原始状态的破坏行为。我们可将前述假设案例改造为某甲以其所有的一头猪为某乙之债权设定了担保，在 t_1 日时该猪仅值 100 元，而于 t_3 日时，因某乙之后续饲养行为，该头猪已 300 元。若某乙此时主张对这 300 元都享有担保物权，则在此一情形下便会被认为存在不当的利益输送，破坏了于 t_1 日时形成的原始状态，具有偏颇性，超出 t_1 日时之价值部分，即 200 元将被撤销，并返回于破产财产。[1] 概言之，对静的原始状态的破坏会直接改变债权本应得

---

〔1〕 这便是美国学者所谓的肥猪案（fat pig case），相关讨论参见 Charles Jordan Tabb，*The Law of Bankruptcy*，Foundation Press，p. 473. 而基于我国现有立法，似可通过扩大解释《企业破产法》第 31 条之“对没有财产担保的债务提供财产担保”实现同样效果，即将此处之债务解释为：本来未设置担保之债务，以及虽然设置了担保但担保财产价值不足的部分。对于此假设案例而言，超出 t_1 日时之 100 元部分的债务便属于 31 条所规定之没有财产担保的债务。关于此类案例所涉浮动抵押担保的效力分析，可参见韩长印：《破产撤销权行使问题研究》，载《法商研究》2013 年第 1 期。

到的清偿额,进而使债权人取得相对优先地位,违背了破产法"同等债权人同等对待"的立法目标。

然而,对动的原始状态破坏的判断却不像对静的原始状态的破坏那样明显。对动的原始状态的破坏,典型如对尚未到期债权的提前的清偿,亦可能表现为对附期限、附条件债权在期限、条件成就前的清偿。[1] 其偏颇性,一方面在于债务人放弃了自己的期限利益,进而减少了破产财产;另一方面在于导致债权人的厚此薄彼,违背破产程序之概括清偿的立法旨趣。但对于诸如在前述假设案例中某乙之债权于 t_1 日至 t_2 日期间内继续增加,或属于在此期间内新增之债权应如何甄别呢?其是否属于对原始状态的破坏呢?笔者认为,这两种情形均不会破坏破产债权人间的原始债权秩序。在此,可以结合前文中提及的肥猪案进行分析。在肥猪案中,对于超出 t_1 日时的担保价值部分(即小猪日后因饲养等原因增值的200元,区别于纯粹的市场价格变动导致的担保物价值变动),不仅要撤销债权人对该部分主张担保权的行为,而且应认定债权人对这部分根本就不具有担保权。[2] 这在于,一旦认可债权人对此部分享有新的担保物权,则意味着该债权人的位阶将获得提升,其日后获得的破产分配额也将优于原本与他处于同一受偿顺位之债权人(即于 t_1 日时均未设有担保之债权的债权人)。而对于在 t_1 日至 t_2 日期间内新增的债权,即使是有担保的债权,其之所以不会被破产撤销权否认,就在于这种变动,虽然也会对原有之债权人产生影响,但其仅在于绝对数额上的影响,而并非改变原有债权人间的相互位阶。即在新增债权的情况下,原有债权人间的相互位置并未受到影响,其在日后的破产分配中仍可获得同等对

---

〔1〕 需注意我国《企业破产法》第117条规定:"对于附生效条件或者解除条件的债权,管理人应当将其分配额提存。管理人依照前款规定提存的分配额,在最后分配公告日,生效条件未成就或者解除条件成就的,应当分配给其他债权人;在最后分配公告日,生效条件成就或者解除条件未成就的,应当交付给债权人。"

〔2〕 在美国法下,其对本问题的认知思路与本书并不完全相同,其一般认为属于偏颇性的财产转移行为,即将其放在偏颇性清偿行为的构成要件之财产转移下面进行讨论。参见 Charles Jordan Tabb, *The Law of Bankruptcy*, Foundation Press, pp. 471 – 473.

待。而对于在 t_1 日时债权额仍处于变动中的债权，因其在 t_1 日至 t_2 日期间内的变动，同样不会影响既有债权人间的相互关系，故同样不存在偏颇性问题。

对于债权人基于加速到期条款而主张加速到期的行为，其效果仅在于使得 t_1 日至 t_2 日期间内尚未确定的债权得以确定，即由未到期债权转变为到期债权。由此而引起的该债权人地位的变化，并未改变其与原债权人间的位阶关系。因为该债权人这种可得改变自身地位的权利是于 t_1 日时自然带来的。即该债权人基于加速到期条款所享有的地位，于 t_1 日至 t_2 日期间内，只有该债权人在是否主张加速到期做出明确选择时才得以确定，在此之前其与其他未到期之债权人间的关系都属于一种不确定状态，而且这种不确定状态应属破产撤销权所意在维护的 t_1 日前的原始秩序状态。

（三）加速到期之后的抵销及其限制

实践中，银行债权人往往在主张贷款加速到期后通过扣划的方式实现债权，那么这种实现的方式是否有效，特别是在破产语境下？本部分将予以讨论。如前文所述，加速到期乃一终止权，即使权利人于破产偏颇期内行使该权利亦不具有破产法上之偏颇性。其行使之效果，使得合同关系终止，未到期债权转换为到期债权，债权人可得主张债务人清偿债务，应于破产中予以承认。此时，对于这一业已到期之债务，银行债权人当然可以主张其各种法定或约定之权利，包括通过扣划的方式行使抵销权。

一般而言，银行对于其客户账户内的资金享有抵销权为各国立法所确认。[1] 在我国，立法上虽缺乏相应的明确规定，但仍可以找到必要的规则支持。[2] 如《民法典》第 568 条关于抵销的规定，确立了我国法定

---

〔1〕 参见沈达明：《美国银行业务法》，对外经济贸易大学出版社 1995 年版，第 127 页；沈达明、郑淑君：《英法银行业务法》，中信出版社 1992 年版，第 12—23、188—199 页。

〔2〕 在我国，虽可基于原《合同法》《贷款通则》等解读出已赋予银行抵销权，但尚存在诸多问题。如并未限制银行可得抵销的账户类型，未对银行可抵销的借款人账户上资金的来源及用途进行明确界定，银行与客户权利安排失当等。相关讨论参见李西臣：《论我国银行抵销权制度的建立》，载《上海金融》2007 年第 1 期；另可参见张学安：《国际金融法中的抵销理论与实务》，法律出版社 2008 年版，第 195—206 页。

抵销的基本制度框架;《企业破产法》第 40 条[1]也对破产语境下的破产抵销权作了规定。破产抵销权来源于民法上的抵销权,之所以在破产程序中加以承认是因为,“一是抵销制度是为了担负担保性功能,通过行使抵销权而不是根据破产手续,就能优先得到清偿;二是如果不允许抵消,就会产生不公平的现象,即自已欠破产财团的债务,被要求作出全面地履行;与此相对,自己拥有的债权则作为破产债权,只能受到按比例的平均的分配(清偿)”。[2] 虽然破产程序的基本规则之一在于尊重破产程序开始之前既存的权利义务格局,但是并不意味着银行之抵销权将不会受到破产法的任何干预。在我国现行立法下,银行行使抵销权,除应受到非破产法关于抵销之一般性规定的规制外,尚需接受破产法关于破产抵销权的必要规制。[3]

根据《企业破产法》第 40 条之内容,我们不难发现,我国现行立法对行使破产抵销权的行为的限制主要存在于破产程序启动之后,而对于在破产程序启动前的偏颇期内行使抵销权的行为却未作出明确规制。这是否意味着于破产程序启动前的偏颇期内行使抵销权行为便不受限制呢？其实不然。我们可构筑如下案例来做说明:某债务人甲在不当增加其开立在债权人某银行乙处的账户内余额后立即申请了破产,而在甲之破产程序启动前一刻乙采取迅速行动行使抵销权使自己之债权得到全

---

〔1〕 该条内容为:“债权人在破产申请受理前对债务人负有债务的,可以向管理人主张抵销。但是,有下列情形之一的,不得抵销:(一)债务人的债务人在破产申请受理后取得他人对债务人的债权的;(二)债权人已知债务人有不能清偿到期债务或者破产申请的事实,对债务人负担债务的;但是,债权人因为法律规定或者有破产申请一年前所发生的原因而负担债务的除外;(三)债务人的债务人已知债务人有不能清偿到期债务或者破产申请的事实,对债务人取得债权的;但是,债务人的债务人因为法律规定或者有破产申请一年前所发生的原因而取得债权的除外。”

〔2〕 [日]石川明:《日本破产法》,何勤华、周桂秋译,中国法制出版社 2000 年版,第 133 页,转引自王欣新:《破产法》,中国人民大学出版社 2011 年版,第 156—157 页。而我国学者关于抵销权之担保功能的论述可以参见崔建远:《合同法》,法律出版社 2010 年版,第 270—271 页;王利明:《合同法研究》(第二卷),中国人民大学出版社 2011 年版,第 343 页;黄立:《民法债编总论》,中国政法大学出版社 2002 年版,第 717—718 页;邱聪智:《新订民法债编通则》(下),中国人民大学出版社 2003 年版,第 469 页。

〔3〕 在我国现行立法下,对破产抵销权的限制主要体现在《企业破产法》第 40 条上。

额清偿;但如若没有甲之前之不当增加账户内余额的行为,债权人乙即使行使抵销权也不能得到全额清偿。在上述假设案例中,显然银行乙获得了超常的待遇,有违破产法的"同等债权人同等对待"的基本精神。而我国《企业破产法》第40条却并不能对上述情形作出有效回应。此外,依我国《企业破产法》关于破产撤销权之规定也难以有效对此时银行乙之抵销行为做出回应。这是因为,在前述假设案例中增加账户内余额的行为可解读为在双方当事人间产生了新的债权债务关系,而债权人嗣后以其原债权与新债务为抵销。问题的关键是,对于这部分新增的债务债权人可否为抵销。对此问题,美国《破产法典》主要通过第553条(b)的规定予以调整的,依照规定,如果债权人在破产程序启动前90日内行使抵销权的行为减少了该笔主动债权与其所对应之被动债权间的原本差额,那么便意味着该债权人的地位获得了提升而损害了其他债权人利益,管理人就得追回债权人多获得清偿的那部分财产。此处之差额衡量有两个关键的时间点:其一为破产申请日前第90日,或于偏颇期内第一次产生差额之日(也即债权人可得主张抵销权之日);其二为债权人实际行使抵销权之日。管理人所追回的金额应当是第二个时点上主动债权额超出被动债权之差额较第一个时点上所减少的部分。[1] 为此,我国《企业破产法》第40条关于破产抵销权的内容有必要借鉴美国法上这一制度设计,以更好地维护破产法的立法旨趣。而对于银行债权人基于加速到期条款中的抵销条款在偏颇期内行使抵销权时,除需满足民商实体

---

〔1〕 原文为:(1) Except with respect to a setoff of a kind described in section 362 (b)(6), 362 (b)(7), 362 (b)(17), 362 (b)(27), 555, 556, 559, 560, 561, 365 (h), 546 (h), or 365 (i)(2) of this title, if a creditor offsets a mutual debt owing to the debtor against a claim against the debtor on or within 90 days before the date of the filing of the petition, then the trustee may recover from such creditor the amount so offset to the extent that any insufficiency on the date of such setoff is less than the insufficiency on the later of—(A) 90 days before the date of the filing of the petition; and(B) the first date during the 90 days immediately preceding the date of the filing of the petition on which there is an insufficiency. (2) In this subsection, "insufficiency" means amount, if any, by which a claim against the debtor exceeds a mutual debt owing to the debtor by the holder of such claim. 相关讨论亦可参考 Charles Jordan Tabb , *The Law of Bankruptcy*, Foundation Press, pp. 545 –546。

法关于抵销权的一般性规定及双方于合同中所约定的条件的限制外，同样应注意不应通过行使抵销权而获取由于其他同类债权人的超额利益。

需注意的是，美国《破产法典》第553条详细列举了于破产中为抵销时应予以限制的情形。但是，美国《破产法典》在2005年修订时，明确规定互换协议、证券附回购转让合同、证券合同、远期合同、商品期货合同和净额结算主合同等专业金融合同的抵销得免受以下几项的限制：债权人的债权不得是在债务人事实破产之后，破产案件启动前90日内取得的[第553条(a)(2)款]；债权人的债务不得是为取得抵销权而在债务人事实破产之后，破产案件启动之前90日内不当承担的[第553条(a)(3)款]；若债权人已在破产案件启动之前90日内实际实施的抵销行为，以偏颇期限起算之时和抵销之时为准，在债权人地位获得提高的范围内，管理人可以予以追回[第553条(b)(1)款]。[1] 对此，我国破产法今后修订时应予以关注。此外，在美国破产法上，于破产程序中行使抵销权，与其他担保权一样均应受到自动冻结制度的限制。而我国《企业破产法》仅对破产进行中担保权的行使应予必要限制作出了规定，[2] 而未涉及抵销权的限制问题。此一问题亦须于今后修法时予以重视，但由于自动冻结的效力仅及于破产程序启动后，与本书重点讨论的破产偏颇期内抵销权之行使关联度不大，故此处不再予以详细讨论。

三、加速到期条款在破产重整程序中的效力

在前文，笔者论述了加速到期条款在不属于破产约定条款的情况下于破产程序中仍应认定其效力，那么这种有效性在破产程序中是否便因此而不得受到任何挑战呢？特别是在采纳美国《破产法典》将借贷合同排除在待履行合同的范畴之外的观点时，在破产重整程序中，是否可以

---

〔1〕 See Charles Jordan Tabb, *The Law of Bankruptcy*, Foundation Press, pp. 542 – 543.

〔2〕 如《企业破产法》第75条第1款规定："在重整期间，对债务人的特定财产享有的担保权暂停行使。但是，担保物有损坏或者价值明显减少的可能，足以危害担保权人权利的，担保权人可以向人民法院请求恢复行使担保权。"

基于促使破产重整取得成功的考量而对其效力予以必要的限制，比如恢复业已银行债权人加速到期的贷款合同？由于我国破产法立法并未涉及此类问题，加之笔者未能从北大法宝等公开途径查询到我国司法实践中是否业已遇到此类问题，以及在遇到此类问题时是如何处理的，下文笔者将主要对美国法上的做法做一简要介绍。

根据美国《破产法典》的规定，在破产重整中，其权益未受重整计划调整（unimpaired）的组别的成员被视为当然通过重整计划，无须再就重整计划征求该组成员的意见，［第 1126 条（f）款］而受到调整（impaired）组别的成员则对重整计划享有表决权。〔1〕因此，判断某一组别的权益是否受到了重整计划的调整便显得至关重要。对此，第 1124 条进行了明确规定，即仅在下述两种情况下可以认为重整计划未对该组别的权益进行调整（impaired）：（1）未对权利人的权利进行任何的变更［第 1124 条（1）款］；〔2〕（2）纠正违约并进行补偿，以回复已经加速到期的债务［第 1124 条（2）款］。

具体来讲，根据第 1124 条（2）款的规定，即使债权人基于合同约定或可援用的法律规定，其得因违约的发生而主张加速到期，并要求清偿，只要满足以下条件其权益仍可被视为未受调整：（1）纠正发生于破产程序开始之前或之后的违约，但为第 365 条（b）（2）款所排除的违约（即属于破产约定条款的违约）除外［第 1124 条（2）（A）款］；（2）将履行期限重新回复到违约发生前的约定时点［第 1124 条（2）（B）款］；（3）根据合同约定及可援用的法律规定，赔偿权利人因违约而遭受的损害［第 1124 条（2）（C）款］；（4）若此类权利或权益产生于未能履行非金钱性债务——对第 365 条（b）（1）（A）款下的非住宅不动产（nonresidential real property）租约的违约除外，赔偿权利人［债务人或具有恶意者（an

---

〔1〕 第 1126 条与第 1129 条对权益受重整计划调整组别的表决设置了较为复杂的规则，如最佳利益原则等，因其并非本书讨论的重点，此处不再予以详细介绍。

〔2〕 其原文表述为：leaves unaltered the legal, equitable, and contractual rights to which such claim or interest entitles the holder of such claim or interest.

insider)除外]的实际金钱性损失[第1124条(2)(D)款];(5)未改变(alter)权利人享有的普通法或衡平法上的权利/权益,或合同权利/权益。对于第1124条(2)款提供的加速到期回复权(the power to de-accelerate)所具有的功能,Tabb教授评价道,其极大得弱化了债权人抢在在债务人申请第11章救济之前主张债权加速到期的动机,因为债务人可以在第11章程序中予以回复(reverse)。事实上,加速到期条款的存在可以迫使债务人尽快申请第11章破产程序。[1]

由上面的简要介绍我们不难看出,在美国《破产法典》上,虽然亦未否认加速到期条款在破产程序中的效力,但是可以通过对权利人的权利或损害提供充分救济的方式回复业已被债权人加速到期的债权。

此外,在美国对于业已被加速到期了的住宅按揭贷款合同,在个人破产程序中能否被回复(de-accelerate)的问题,由于美国《破产法典》规制个人破产的第13章并未像第11章那样予以明确规定,在实践中引发了不少争议。有的法院认为业已加速到期的贷款可以被回复,[2]有的法院则认为不得回复,[3]而学者们则倾向于认为应采取与第11章相同的态度,即得允许回复,以便利于自然人的重新开始。[4] 由于我国仅在深圳特区开展就自然人破产进行试点,全国性立法尚属空白,故本书对此话题不做过多展开。不过笔者倾向于在自然人破产程序中采取与企业破产重整程序中相同的态度,即允许管理人或破产债务人回复业已被加速到期的贷款合同。

---

〔1〕 See Charles Jordan Tabb, *The Law of Bankruptcy*, Foundation Press, p. 1073.

〔2〕 See Matter of Clark, 738 F. 2d 869 (1984); Grubbs v. Houston First American Sav. Ass'n, 730 F. 2d 236 (1984); In re Taddeo, 685 F. 2d 24 (1982).

〔3〕 See Matter of La Paglia, 8 B. R. 937 (1981); In re Williams, 11 B. R. 504 (1981).

〔4〕 See Eric Taube, "Accelerated Mortgages an Unsolved Problem of Interpretation in Chapter 13", 19 *Hous. L. Rev.* 951 1981 - 1982; Douglas A. Winthrop, "The Chapter 13 Cure Provisions: A Doctrine in Need of a Cure", 74 *Minn. L. Rev.* 921 1989 - 1990.

第四节 管理人选择继续履行后的合同转让问题

一如前述,司法实践中,为避免有利于破产债权人利益最大化的待履行合同因管理人无法提供担保而被解除,有的法官不得不借助于合同法上的合同转让。[1] 然而,我国立法对破产程序中转让合同的条件、程序等均未规定。此处,实质上仍涉及破产法与合同法的衔接问题,即对于合同法上关于合同让与的相关规则,在破产程序中是否仍须一概予以尊重?以债权让与这一合同转让方式为例,在破产程序中是否仍需完全遵守合同法上的债权让与条件,尤其是被转让的债权须具有可转让性。即对于那些基于被转让的债权须具有可转让性的要求不得转让的债权,管理人可否基于转让更有利于破产财团的考量而突破上述限制,在破产程序中转让?换言之,是否存在足够的破产法理由支持突破破产法须尊重非破产法规范这一原则。与之类似的是,合同法上的债务承担与合同的概括移转这两种合同转让方式的基本规则在破产程序中能否被突破?下文将主要结合美国法经验进行简要讨论。

一、管理人得突破"合同不得让与"的美国法经验

在美国,管理人在承继待履行合同后,若要进行转让须满足如下两个前提条件:其一,管理人业已承继待履行合同;其二,受让人为其将来履约提供充分保护。前者意味着,管理人选择承继时需遵守的各种限制条件均已得到满足。由于美国《破产法典》对管理人选择承继的限制之一便是待履行合同可得转让。因此,管理人得选择承继的待履行合同本身便须可得转让。

---

[1] 参见朱志亮、孙贵斌:《浅谈破产重整中待履行合同转让》,载周继业主编:《人民法院破产审判——江苏实践与经验》,法律出版社 2018 版,第 192—197 页。

对于此处的可得转让,一般认为:(1)当事人关于禁止转让的合同约定在破产程序中将不再具有效力,即此时待履行合同具有可转让性,管理人得选择承继;(2)基于立法的禁止性规定或合同义务具有的人身属性等原因不得进行的转让,根据美国《破产法典》第 365 条(c)(1)(A)款与第 365 条(e)(2)(A)款的规定,在破产程序中继续有效,即此时待履行合同不符合可得转让的要求,管理人不得选择承继。上述对可得转让的限制,同样适用于管理人选择承继后的待履行合同转让问题。

针对前述可得转让的第一层意涵,在美国的商业实践中,债权人往往会采取规避措施。典型如在合同中不直接约定禁止转让合同,而是对标的物的用途进行严格限制。由于选择承继待履行合同时需遵循全有或全无规则,这些关于用途的限制条件便需要被严格遵守,进而间接实现了限制管理人转让的目的。对此,美国法院往往会借助于判断在不遵守此类用途限制条款(restrictive-use provision)时相对人是否存在实际损失来应对。若不遵守此类条款相对人并无实际损失,此类条款便会被排除适用[1]。又如当事人在合同中约定,因合同转让而取得的收益,转让人需进行共享,且共享的比例往往超过 50%。对于此类条款,即使在州法上有效,破产法院也会在破产程序中认为其无效。因为这类条款增加了管理人转让合同的负担,且有违破产法的政策取向[2]——第 365 条(f)款清晰地表明国会对待履行合同之承继与转让持鼓励态度[3]。

围绕前述可得转让的第二层意涵,美国司法实践中,在以下两个层面上存有不少争论。其一,因第 365 条(c)(1)款在条文中将得免除给付

---

〔1〕 See In re Mr. Grocer, Inc., 77 B. R. 349, 354 - 355 (1987); In re Evelyn Byrnes, Inc., 32 B. R. 825, 831 - 832 (1983); Matter of U. L. Radio Corp., 19 B. R. 537, 543 - 544 (1982).

〔2〕 See Robb v. Schindler, 142 B. R. 589, 591 (1992); In re Standor Jewelers West, Inc., 129 B. R. 200, 202 (1991).

〔3〕 See In re Howe, 78 B. R. 226, 228 (1987).

的对象限定为破产债务人或经管债务人而引发的争论[1]。由于此类争论实际上以美国法承认破产财团的独立主体地位为前提,而我国破产法未承认破产财产的独立主体地位,故笔者不再对美国法上的此类争议进行详细介绍。其二,第 365 条(c)款与第 365 条(f)款使用的可得适用的法律(applicable law)是否存在内在逻辑矛盾的问题。有法院认为二者并不存在矛盾,第 365 条(c)(1)(A)款指的是那些无视合同本身在此问题上的态度而一律禁止转让的州法,而第 365 条(f)(1)款仅指向那些合同本身亦禁止转让的情形,即此类州法不过是在重复合同本身的立场[2]。不过上述观点遭到不少法院的反对,如在 In re Magness 案中,法院便认为第 365 条(c)款与第 365 条(f)款使用的可得适用的法律在范围上并不相同。第 365 条(f)款实际上包含了一广泛性原则,即合同本身及可适用的法律对转让的限制并不能影响管理人基于第 365 条(a)款享有的承继或转让待履行合同的权利。而第 365 条(c)款则为上述原则设置了一例外,即若管理人转让待履行合同的行为会对非破产债权人的权利造成损害,那么此类禁止转让的可得适用的法律便可在破产程序中继续有效,以便保护相对人的利益[3]。据此,法院需要判断的重点是相对人是

〔1〕 美国《破产法典》第 365 条(c)(1)款规定,"若可适用的非破产法免除相对人向破产债务人或经管债务人为给付或自其受领给付,那么管理人便不得承继该待履行合同"。该条明确提及得免除给付对象为破产债务人或经管债务人,据此一些法院认为,立法在此创设了"假定标准"——假如合同不得被转让,则其就不得被承继,应严格遵守[see Matter of West Electronics Inc., 852 F. 2d 79, 83 (1988)]。由于这一标准将导致那些具有人身属性的合同在债务人破产时无法被承继,进而有些法院认为应采取"真实标准",即只要寻求承继的主体在事实上与原义务人为同一人便可承继[see In re James Cable Partners, L. P., 154 B. R. 813, 815 (1993)]。纽约南区破产法院则创立了 Footstar 分析法来解决这一问题,即认为立法只是禁止管理人承继合同,而非债务人或经管债务人,因此对于那些被禁止转让的合同经管债务人仍得承继[In re Footstar, Inc., 323 B. R. 566, 574 (2005)]。See Charles Jordan Tabb, *The Law of Bankruptcy*, Foundation Press, 2009, pp. 817－820; Daniel J. Bussel & Edward A. Friedler, "The Limits on Assuming and Assigning Executory Contracts", *Am. Bankr. L. J.*, 2000(74), pp. 327－328; Morris W. Macey & James R. Sacca, "Reconciling Sections 365(C)(1) and (F)(1) of The Bankruptcy Code: Should Anti-Assignment Laws Prohibit Assumption of Contracts By A Debtor in Possession", *Com. L. J.*, 1995(100), pp. 117－131.

〔2〕 See In re Pioneer Ford Sales, Inc., 729 F. 2d 27, 29 (1984).

〔3〕 See In re Magness, 972 F. 2d 689, 693－696 (1992).

否享有禁止合同转让的绝对权利，只有在这种情形下第 365 条(c)(1)款的禁止性规定才会被激活，从而在破产案件中合同转让应当被禁止[1]。而此类当事人享有绝对禁止合同转让的情形，在美国主要存在于具有人身属性的合同、联邦政府采购合同、专利及著作权许可使用协议等少数合同中[2]。

管理人在转让业已被承继的待履行合同时，除需遵循上述限制外，美国《破产法典》第 365 条(f)(2)(B)款还规定，受让人必须对未来的履约提供充分保护。不过，不同于管理人选择承继时以已发生违约为前提，该条并未作此要求，即在所有情况下受让人均应提供"充分保护"。这主要在于，受让人的履约能力可能与破产债务人原本的履约能力存有差异，而相对人却没有自由选择是否与其进行交易[3]。对此处未来履约的充分保护的具体理解，参见前文相关讨论。

二、对美国法的评析及我国相关立法的完善

由上述介绍，我们不难发现，在美国司法实践中，虽在对具体法律条文的理解上存有分歧，但整体上认为管理人在选择承继后可转让待履行合同。笔者认为，这一做法值得肯定，尤其是考虑到在进行转让时受让人需就将来履约提供充分保护。不过，今后我国在进行类似制度设置时，上述美国法上的经验是否予以全部借鉴仍需进一步探讨。

根据美国《破产法典》第 365 条(k)款的规定，管理人在将业已被承继的待履行合同或未完成租约转让后，管理人及破产财团将不再对转让之后的待履行合同或未完成租约下发生的任何违约承担责任。即美国《破产法典》第 365 条中的合同转让实际上相当于我国《民法典》下的债

---

〔1〕 See Charles Jordan Tabb, *The Law of Bankruptcy*, Foundation Press, 2009, pp. 828 - 829.

〔2〕 See Daniel J. Bussel & Edward A. Friedler, "The Limits on Assuming and Assigning Executory Contracts", *Am. Bankr. L. J.*, 2000(74), pp. 333 - 338.

〔3〕 See Charles Jordan Tabb, *The Law of Bankruptcy*, Foundation Press, 2009, pp. 830 - 831.

权债务的概括移转，且是转让全部权利义务的概括移转。在我国，合同的概括移转，既可以基于当事人与第三人间的合同而发生，也可以基于法律的直接规定而发生。对于前者，《民法典》第555条明确规定，当事人在将自己合同中的权利和义务一并转让给第三人时，须经对方当事人的同意。基于破产法追求破产财产价值最大化这一立法目标的考量，若管理人基于商业判断认为，概括移转其业已选择继续履行的待履行合同能获取更大收益，则应允许其进行合同的概括移转。不过参照美国法上的经验，受让人应为其将来的履约提供充分保护，毕竟不同履约人的履约能力存有差异。当然这种保障不以担保为限，而受让人提供之保障是否充分应由法院进行最后评判。

我国《民法典》上的债权让与及债务承担这两种合同让与方式，若严格遵守美国《破产法典》第365条(k)款所规定的转让合同的效果，在破产程序中便会丧失适用空间。不过笔者认为，根据举重以明轻原则，在理论上应允许其在破产程序中继续行使。具体而言，应将不得转让的情形限制在法律禁止转让与根据合同性质不得转让这两种情形，而在合同约定不得转让的情形下仍得于破产程序中转让。同时，在债务承担场合，应明定受让人需就将来履行提供充分保护；而在债权让与场合，由于受让人的主要义务在于及时受领相对人的给付，因此立法无须明文规定受让人须就自己之将来履约提供充分保护。

最后需注意的是，若受让人在此之前对破产债务人享有债权或负有债务，其可否在破产程序中主张抵销？对此，笔者认为我国《企业破产法》第40条[1]此时仍适用，否则管理人便可与受让人进行勾结，致使该

---

〔1〕 该条规定，债权人在破产申请受理前对债务人负有债务的，可以向管理人主张抵销。但是，有下列情形之一的，不得抵销：(1)债务人的债务人在破产申请受理后取得他人对债务人的债权的；(2)债权人已知债务人有不能清偿到期债务或者破产申请的事实，对债务人负担债务的；但是，债权人因为法律规定或者有破产申请一年前所发生的原因而负担债务的除外；(3)债务人的债务人已知债务人有不能清偿到期债务或者破产申请的事实，对债务人取得债权的；但是，债务人的债务人因为法律规定或者有破产申请一年前所发生的原因而取得债权的除外。

条的立法目的落空,损害其他普通债权人的利益。不过,考虑到管理人在转让待履行合同时,受让人需就自己之履约能力提供充分保护,因此在此类保障为担保时,若其在破产前对破产债务人享有担保债权,那么便应基于效率的目的允许其主张抵销。因此时该受让人或破产债权人并未在实质上提升自己的受偿地位。不过,在担保为物保时,且由破产债务人以自己之财产提供物保时,得抵销的数额应以受让人主张抵销时实际享有的担保债权额为限。这在于,在我国担保物权人仅得在担保物权实现时担保标的物的实际价值范围内享有优先受偿的权利。

第四章　行使选择权的程序问题与行权前待履行合同的效力

本书在前面几章中分别围绕待履行合同问题的基础理论，待履行合同的拒绝履行与继续履行问题等进行了讨论，指出在讨论破产程序中的待履行合同问题时应坚守破产法须尊重非破产法规范这一破产法上的基本原则，进而认为破产法无须为待履行合同问题创设破产法上的特殊规则。对于待履行合同，管理人在选择是否继续履行时仅以相应后果是否对破产财团之价值增加有利为标准。至于选择的后果，在选择拒绝履行时，相对人于合同法上享有的救济措施得主张强制继续履行的权利将因破产法之平等清偿规则而受到限制；在选择继续履行时，需向相对人提供充分的保障，以便维护相对人的利益。除此之外，观诸美国法上的经验，下述两个方面对于我国《企业破产法》在待履行合同问题上的进一步完善仍具有一定的借鉴价值，本章将予以简要介绍。

第一节 管理人行使选择权的程序问题

一、管理人行使选择权的期间

关于管理人行使选择权的期间,我国《企业破产法》第 18 条第 1 款的第二句进行了规定,即“管理人自破产申请受理之日起二个月内未通知对方当事人,或者自收到对方当事人催告之日起三十日内未答复的,视为解除合同”。就这一规定而言,在对方当事人未为催告时,管理人行使选择权的最长期间为自破产申请受理之日起的 2 个月;在对方当事人为催告时,管理人行使选择权的期间则变为自收到催告之日起的 30 日内。为尽快结束管理人行使选择权前待履行合同所处的不确定状态,理性的相对人最可能选择行使催告权的期间为破产申请受理之日起的 30 日内,超过这一期间再行使催告权,则只会使得管理人行使选择权的实际期间多于 2 个月。进而在实践中极可能发生,管理人决定是否继续履行待履行合同的实际期间短于 2 个月。那么,这最多 2 个月的期间,对于管理人决定是否继续履行待履行合同而言是否足够呢?尤其是考虑到待履行合同之履行与否往往对重整之成功具有重要影响,以及管理人从被指定到接管破产债务人的营业并对其营业形成基本判断应有基本的时间保障?最高人民法院在刘某、大理漾濞雪山河发电有限公司股权转让纠纷案中的观点可以在一定程度上看作对此刚性规定的矫正。在该案中,法院认为,管理人自破产申请受理之日起两个月未通知相对人解除或继续履行合同,并不当然产生合同解除的法律后果,仅视为管理人选择解除合同,再审申请人关于涉案合同已于破产申请受理后两个月的 2013 年 6 月 12 日解除的主张不应得到支持。[1]

---

〔1〕 参见最高人民法院民(2018)最高法民申 1646 号案事裁定书。

美国《破产法典》显得更灵活，更易满足实践中复杂局面的需求。[1] 美国《破产法典》第365条(d)款对管理人决定是否拒绝待履行合同的期限进行了详细规定，以期平衡破产财团与非债务人之间的利益冲突。具体而言，对于待履行合同、住宅类(residential)不动产租约及债务人个人所有(personal)财产的租约，在第7章清算程序中，管理人需在60日内或法院批准的延长期内进行选择，否则将视为拒绝。而在第11章的重整程序，或第9章、第12章、第13章的程序中，管理人则可以在重整计划被批准前决定是否继续履行，不过这些合同下的其他当事人可以请求法院为管理人指定行使选择权的期间。之所以在重整程序中会为管理人行使选择权设定更长的期间，主要在于重整程序与清算程序间的巨大差异。[2]

需注意的是，美国《破产法典》第365条(d)(3)款及(4)款中对商业不动产租赁进行了特殊规定。其中第365条(d)(3)款涉及的主要是，此类租约在管理人行使选择权之前的效力问题。对此，笔者将在下文予以详细讨论。第365条(d)(4)款则对管理人行使选择权的时限进行了规定。根据该项规定，管理人行使选择权的最后日期，以法院作出破产救济令后第120日与重整计划被批准之日这两个日期率先到来者为准。在此之前，若管理人未能行使选择权，则该租约视为被拒绝，在破产债务人为承租人时，管理人应及时返还破产债务人占有的租赁物。不过在120天的期限到期前，法院可以根据管理人或出租人的申请将管理人行使选择权的期限延长90天。此后，法院再为任何延长便需以出租人就本次延长事先书面同意为前提。

就上述简要介绍来看，较之于我国现有立法，美国《破产法典》在破

---

〔1〕 德国法与美国法的立场类似，管理人在选择的时间点上享有完全自由，只有当异议人对此提出要求时，其方须"不迟延地"声明是否需要履行。参见[德]乌尔里希·福尔斯特：《德国破产法》，张宇晖译，中国法制出版社2020年版，第136页。

〔2〕 See N. L. R. B. v. Bildisco and Bildisco, 465 U. S. 513 (1984). 在该案中，美国联邦最高法院认为，正是破产清算与破产重整间的差异使得国会认为，管理人在破产重整中决定是否拒绝待履行合同时应享有更大的自由。

产重整程序中为管理人决定是否继续履行待履行合同提供了更长的决策期间,且无论是在破产清算程序还是破产重整程序中均规定法院有权决定是否进一步延期。笔者认为,美国法的上述做法能够适应实践中复杂局面的需求,值得借鉴。

与2个月期间具有一定内在联系的是,对于《企业破产法》第18条中规定的"未通知或答复视为解除合同"中的"通知""答复"应作何种理解。即,管理人进行"通知""答复"应采取何种形式。对此,我国司法实践已围绕这一刚性规定进行了有益探索。在石家庄宝石集团电视机厂与石家庄市冀发商贸有限公司租赁合同纠纷案中,法官认为,对于案涉《租赁办公楼协议》,管理人在破产申请受理后继续收取租金的行为,属于以实际行为继续履行该租赁合同。对于持续履行中的房屋租赁合同,即使管理人未明确通知对方继续履行合同,也不得推定默认解除。[1] 在夏某华、金华市华源置业有限公司挂靠经营合同纠纷、委托合同纠纷案中,法官亦持类似观点,认为"该条文中的'视为解除',属于法律推定,是法律依据管理人的沉默这一事实推定管理人具有解除合同的意思,并非禁止双方均未履行完毕合同的继续履行"。[2] 前述2个案例实际认为管理人选择继续履行可以采取默示方式。不过,在黄某权、周某勇等普通破产债权确认纠纷案中,法官持有不同观点,认为管理人主张继续履行合同必须以明示的方式(通知对方当事人)作出;而管理人行使解除权可以明示或默示的方式作出。[3] 在湖北神州亚晋酒店管理有限公司、湖北神州运业集团有限公司合同纠纷案中,法官认为"在接管破产财产后两个月内没有作出任何意思表示,即是以默示的方式作出了意思表示,视同解除合同"。[4] 即亦认可以默示方式行使解除权。整体而言,在立法未修订前,笔者认为应对管理人通知及答复的方式作广义解释,即无

---

〔1〕 参见最高人民法院(2012)民提字第73号民事判决书。

〔2〕 参见浙江省金华市中级人民法院(2018)浙07民终5344号民事判决书。

〔3〕 杭州市萧山区人民法院(2022)浙0109民初2453号民事判决书。

〔4〕 湖北省襄阳市中级人民法院(2018)鄂06民终3702号民事判决书。

论解除还是继续履行均可以明示或默示的方式作出。不过，前述解释方法存在进一步增加相对人风险的可能。如许某文、黄山市新徽投资有限公司破产债权确认纠纷案所反映的。在该案中，本案中破产管理人未及时通知相对人破产债务人被法院裁定受理破产重整的相关情况，亦未通知相对人解除合同，致使相对人仍按合同约定的时间继续支付购房款项（260 万元），由此产生相对人后续支付的 260 万元购房款应如何保护的问题。[1] 对此，不妨通过增加管理人义务/责任的方式予以必要限制。本案所涉纠纷产生的关键便在于管理人未及时将破产债务人业已破产的事实通知相对人。

二、法院批准管理人选择权的标准

根据我国《企业破产法》第 26、69 条之规定，在第一次债权人会议召开之前，管理人决定继续履行待履行合同时应当经人民法院许可。对于此处法院许可的标准，立法却未能予以明确。不过《企业破产法》第 27 条规定"管理人应当勤勉尽责，忠实执行职务"。对此，学理上一般认为该条为管理人创设了勤勉义务。由此，管理人在决定是否继续履行待履行合同时亦应遵循该义务，进而法院在许可时大可据此进行考察。

在美国法上，立法虽然同样未明确规定法院批准管理人选择拒绝或承继的标准，司法实践中针对管理人之拒绝却逐步发展出了以下三种标准：(1)商业判断标准(The "Business Judgment" Standard)，该规则实为对公司法上的商业判断规则的直接借鉴，法院以之作为判断是否批准管理人决定的标准；(2)过重负担标准(The "Burdensome" Standard)，即以是否会造成破产财团绝对价值的减少作为评价是否继续履行的标准；(3)利益平衡标准(Balancing)，即由法院对双方之利益得失是否存在明显不公进行判断。美国学者多认为上述标准在管理人选择承继同样适

〔1〕 参见安徽省高级人民法院(2020)皖民终 1071 号民事判决书。

用,毕竟拒绝不过是不予承继。[1] 鉴于许德风教授在讨论限制管理人之解决权(或拒绝履行权)时已对美国法上的上述标准有较为充分的介绍,[2]笔者此处不再重复,整体上认为美国法的上述经验对于我国立法的进一步完善具有较大的参考价值。

值得注意的是,在我国近年的司法实践中,有法官采取了与前述美国司法实践相类似的做法。在浙江翔帝阀门有限公司、台州童氏车享链汽配有限公司与破产有关的纠纷案中法官便认为,“管理人选择不继续履行涉案租赁合同能更有利于厂房拍卖价值最大化,系管理人依法履职过程中的价值判断,不应无故加以干涉”。[3] 其在实质上借助于管理人在履行义务时是否妥当作为判断依据,且明确指出对属于商业判断的范畴不进行不必要的干预。在此,司法者保持了自身司法中立且仅进行法律评价的基本角色定位。但稍显遗憾的是,本案中法官未能如美国法官那样进一步发展出检验管理人在进行商业判断时是否合法的标准。

第二节 管理人行使选择权前待履行合同的效力

对于待履行合同问题,我国学者的既有论述多集中于管理人选择权之限制上,其中又以对管理人解除权的限制为重点,对于破产后管理人决定是否继续履行待履行合同之前这一期间内待履行合同的效力则关注的不够。由于,我国《企业破产法》对这一问题的忽略,司法实践中似

[1] See Charles Jordan Tabb, *The Law of Bankruptcy*, Foundation Press, 2009, p. 776; Michael T. Andrew, “Executory Contracts in Bankruptcy: Understanding ‘Rejection’”, 59 *U. Colo. L. Rev*. 845 1988.

[2] 参见许德风:《破产法论——解释与功能比较的视角》,北京大学出版社 2015 年版,第 140—142 页。

[3] 浙江省台州市中级人民法院(2021)浙 10 民终 2111 号民事判决书。

尚未就此一问题发生纠纷,[1]故下文笔者主要结合美国法的实践经验做一简要探讨。

一、美国法下管理人行使选择权前待履行合同的效力

对于这一问题,美国现在的主流观点认为,即使破产债务人在破产申请前业已发生违约,且基于非破产法,上述违约行为得使相对人免于继续履行合同义务,破产债务人或管理人仍得于破产程序中要求相对人履行其于待履行合同下的义务。[2] 但相对人不得要求破产财团履行原破产债务人于待履行合同下的义务。这一规则由美国联邦最高法院在1984年的N. L. R. B. v. Bildisco and Bildisco案[3]中创立。在该案中,对于一属于待履行合同范畴的集体劳动合同,经管债务人在破产申请之后决定拒绝该集体劳动合同前进行了单方面地变更。就经管债务人的上述变更行为是否构成了该集体劳动合同下的违约,美国联邦最高法院认为,在破产申请之后,该集体劳动合同对经管债务人不再具有拘束力,

---

〔1〕 笔者在撰写博士论文期间曾对此进行过专门检索:截至2016年9月1日,以"破产法第18条"为关键词,在"北大法宝"案例数据库进行全文检索,得到"法宝推荐案例"106件,"普通案例"146件。上述案例并未涉及待履行合同在破产申请受理之后管理人决定是否继续履行前的效力问题。在对书稿进行修订的过程中,笔者再次就此类争议进行了检索,仍未发现较为典型的案例。但在绍兴县红光纺织服装有限公司与沈关华等房屋租赁合同纠纷案[参见绍兴市中级人民法院(2014)浙绍民终字第608号民事判决书]中,法官实际上支持了相对人在管理人解除租赁合同前破产债务人继续占用租赁标的物的租金债权。即在此期间,待履行合同仍继续有效。不过,由于该案当事人诉争的核心并非此期间待履行合同的效力问题,法官亦未对此问题进行详细说理。在深圳市湘钢实业有限公司等诉深圳市科盛达实业有限公司普通破产债权确认纠纷案[最高人民法院(2016)最高法民申3384号民事判决书]中,法官认为"破产法将是否继续履行合同的权利特别赋予管理人一方,即只有在管理人基于破产财产最大化考量基础上,单方决定继续履行合同的情况下,该未履行完毕的合同才能继续履行,否则,合同均应解除。据此,在科盛达公司已经进入破产程序的情况下,案涉合同是否继续履行当由该公司管理人决定,湘钢公司在没有证据证明管理人决定继续履行合同的情况下,单方主张继续履行合同没有法律依据"。按此观点,相对人基于合同法的履行请求权将因破产的发生而被剥夺。类似观点亦可参见甄某秀、怀化市阳光房地产开发有限责任公司商品房销售合同纠纷案[湖南省高级人民法院(2019)湘民终700号民事判决书]。

〔2〕 See Richard E. Mikels, "Can A Counterparty to An Executory Contract Perform Pre-assumption", 31 – MAY *Am. Bankr. Inst. J.* 28 (2012).

〔3〕 See N. L. R. B. v. Bildisco and Bildisco, 465 U. S. 513 (1984).

否则将有违破产法政策,即使得破产法为使经管债务人能够灵活从容地处理待履行合同问题而进行的制度设置流于形式。对此,有学者认为,不同于此前的判例中法院往往直接依据新实体理论来否定待履行合同对于经管债务人的拘束力,美国联邦最高法院在本案中可谓采纳了一种改进的新实体理论,即虽不认为经管债务人乃一新实体,却也否认待履行合同对经管债务人具有拘束力。[1] 简言之,在美国法上,对于自破产申请之日至管理人或经管债务人决定是否予以拒绝前这一期间内的待履行合同,破财财团可以要求相对人继续履行,后者却不得要求前者继续履行。不过,为平衡相对人的利益,相对人得就其在此期间内的履行向破产财团主张债权,且就此享有管理费用(administrative expenses)的优先顺位。[2] 另外,相对人还得于管理人或经管债务人做出决定前向法院提出申请,催告管理人或经管债务人尽快做出是否承继的决定。

上述规则产生自判例法,但这方面的司法判例明显亲债务人,而疏远非债务人。为此,在相关利益群体的游说之下,美国国会针对出租人破产时的商业不动产租约及商业动产租约设置了特殊规则。[3] 这些特殊规则主要体现在《破产法典》第 365 条(d)(3)款与(d)(5)款中。

---

[1] See Douglas W. Bordewieck, "The post-petition, Pre-rejection, Pre-assumption Status of An Executory Contract", 59 *Am. Bankr. L. J.* 197 1985. 需要进一步予以说明的是,在 N. L. R. B. v. Bildisco and Bildisco 案之前,曾有观点认为,在破产申请之后管理人或经管债务人决定是否拒绝待履行合同之前,待履行合同对经管债务人仍具有约束力(see D. Bordewieck & V. Countryman, "The Rejection of Collective Bargaining Agreements by Chapter 11 Debtors", 57 *Am. Bankr. L. J.* 239, 332 1983)。不过,在 N. L. R. B. v. Bildisco and Bildisco 案后,无论是学者还是司法实践中主流观点均认为,在这一期间内待履行合同对经管债务人不再具有约束力。

[2] See NLRB v. Bildisco & Bildisco, 465 U. S. 513, 531 (1984). 另外,关于相对人得主张的具体数额,多数法院还认为,非债务人不得主张合同下未实现的潜在收益的补偿,除非合同被破产财团正式承继。少数法院则认为,即使是潜在收益也得作为管理费用优先债权予以主张。See Charles Jordan Tabb, *The Law of Bankruptcy*, Foundation Press, 2009, p. 833.

[3] See Charles Jordan Tabb, *The Law of Bankruptcy*, Foundation Press, 2009, p. 832. 另外,在美国司法实践中,法院多援引 Hatch 议员在 1984 年修法时对此一问题的观点来说明第 365 条(d)(3)款的正当性基础。Hatch 议员认为,在这一期间内出租人被要求继续完全履行其在租约下的义务,却不得要求承租人同样履行义务,这一局面明显对出租人不利。See 130 Cong. Rec. S8895 (daily ed. June 29, 1984) (remarks of Sen. Hatch); quoted from In re Koenig Sporting Goods, Inc., 229 B. R. 388 (1999).

在非住宅性不动产(即商业性不动产)租约下的承租人发生破产时,为向非债务人(即出租人)提供更多保护,第365条(d)(3)款规定,在法院做出破产救济令之后,管理人应当及时履行破产债务人(即承租人)于租约下负担的除破产约定条款所约定的义务之外的所有义务,直至租约被承继或被拒绝承继。而且管理人对上述义务的履行,无须考虑《破产法典》第503条(b)(1)款[1]的相关规定。对此,多数法院将其解读为出租人得免于提供第503条(b)(1)款所要求的对实际使用及对破产财团具有益处的证明,[2]少数法院认为出租人仍须提供第503条所要求的证明。[3] 不过,对于产生于法院作出破产救济令之后60日内的义务的履行期限,经法院批准可以延长,但以法院作出破产救济令之后的60日为限。[4]

此外,在美国司法实践中,围绕第365条(d)(3)款的理解与适用,在以下几点存有争议[5]:

(1)因涉案租约之租期横跨破产申请日而引发的第365条(d)(3)款的适用问题。对此,在美国法上具有代表性的案例是In re Burival案[6]。在该案中,作为承租人的破产债务人,在租期到期前2天申请了破产,其需支付的租金为91,000美元。对于该笔租金,是应根据第365条(d)(3)款的规定将其整体认定为处于管理费用顺位的债权,还是仅作为破产前的普通债权对待?在美国的司法实践中存有不同观点:一种观点认为应以债务的最终到期日作为相对人债权的发生日期;另一种观点则

---

〔1〕 该条主要对属于管理费用的事项进行了列举。

〔2〕 See In re Pacific-Atlantic Trading Co., 27 F.3d 401 (9th Cir. 1994).

〔3〕 E.g., In re Palace Quality Servs. Indus., Inc., 283 B.R. 868 (Bankr. E.D. Mich. 2002); In re Mr. Gatti's, Inc., 164 B.R. 929 (Bankr. W.D. Tex. 1994).

〔4〕 该条规定:...The court may extend, for cause, the time for performance of any such obligation that arises within 60 days after the date of the order for relief, but the time for performance shall not be extended beyond such 60-day period...

〔5〕 对于美国法上的相关讨论亦可参考 Charles Jordan Tabb, *The Law of Bankruptcy*, Foundation Press, 2009, pp. 835-837.

〔6〕 See In re Burival, 406 B.R. 548 (2009).

认为,应按照实际比例支付,即第 365 条(d)(3)款只适用于破产申请之后剩余租期所对应的那部分租金。前一种理论被称之为,"出单日"理论(billing date),后一种理论则被称之为"实际发生"理论(accrual approach)。对于 In re Burival 案而言,若采用"出单日"理论,则 91,000 美元租金都将被作为管理费用顺位的债权;而若采用"实际发生"理论,则仅需将剩余租期内(即最后 2 天)所对应的那部租金作为管理费用顺位的债权,其余部分在无担保的情况下仅得作为普遍债权。而在该案中法院最终采纳的是"出单日"理论。[1]

(2)虽然第 365 条(d)(3)款规定管理人需及时履行未完成租约下的义务,却未对管理人不履行时应如何处理进行规定。实践中,主流观点认为法院可采取必要措施,如要求破产债务人返还由其占有的租赁物,[2]甚至可以解除冻结以便相对人得以寻求州法上的救济。[3]

(3)对第 365 条(d)(3)款规定的管理费用顺位的具体理解。多数法院认可第 365 条(d)(3)款对破产申请后出租人因管理人继续占有适用租赁物而取得的债权具有管理费用的优先顺位,但这一顺位不得再优先于其他类型的管理费用。[4]

在破产重整程序中,对于承租人破产的商业动产租约,在管理人选择是否拒绝之前,根据第 365 条(d)(5)款的规定管理人需及时履行自破

---

〔1〕 在美国的司法实践中,也有案例采用"实际发生"理论,如 In re GCP CT School Acquisition 案。See In re GCP CT School Acquisition, LLC, 443 B.R. 243 (2010).

〔2〕 See In re Orvco, Inc., 95 B.R. 724 (1989).

〔3〕 See In re Granada, Inc., 88 B.R. 369 (1988).

〔4〕 在 In re Burival 案中,法院引述 Cukierman v. Uecker [In re Cukierman, 265 F. 3d 846, 850 (9th Cir. 2001)], Towers v. Chickering & Gregory [In re Pacific-Atlantic Trading Co., 27 F. 3d 401, 405 (9th Cir. 1994)], El Paso Props. Corp. v. Gonzales [In re Furr's Supermarkets, Inc., 283 B.R. 60, 69 (10th Cir. BAP 2002)]等判例指出,大多数法院认为破产申请之后,管理人决定是否拒绝待履行合同之前产生的租金债权具有管理费用顺位。不过,也存在不同观点,如在 Great W. Sav. Bank v. Orvco, Inc. 案[see In re Orvco, Inc., 95 B.R. 724, 727 (9th Cir. BAP 1989)]中,法院便认为管理费用优先顺位的获得需要存在明文规定,因此在相对人不能证明其确实享有第 503 条(b)(1)款所规定的权利时,便不应认为相对人就此类租金债权享有管理费用的优先顺位。See In re Burival, 406 B.R. 548 (2009).

产救济令作出60日及之后首次产生的破产债务人于租约下负担的全部义务,但是为第365条(b)(2)款禁止的破产约定条款下的义务除外。与前述商业不动产租约相同,管理人在履行上述义务时,无须考虑美国《破产法典》第503条(b)(1)款的规定。不过,法院经听证后可以就债务人之义务的内容或履行时间突破上述规则。由于,美国国会在设置第365条(d)(5)款时较多的参照了第365条(d)(3)款的规定,因此前述关于商业不动产租约中存在的问题,在商业动产租约中也基本存在,对此笔者不再予以赘述。

二、对我国立法的评析与完善

从形式上看,我国《企业破产法》与此问题具有一定关联度的主要是以下两处:第18条第2款第1句的前半段,即"管理人决定继续履行合同的,对方当事人应当履行";以及第42条第1项,即在法院受理破产申请之后"因管理人或者债务人请求对方当事人履行双方均未履行完毕的合同所产生的债务"为共益债务。

就前者而言,根据第18条的整体立法构造,其本意应指管理人所享有的选择继续待履行合同之选择权下的继续履行,并未涉及管理人最终就其选择权做出决定前的待履行合同效力问题。而对后者之文义,同样应作此理解,即并未涉及管理人行使选择权前相对人履行待履行合同的问题。不过,参照前述美国法处理此类问题的经验,针对这一立法漏洞,我们不妨暂且借助于类推适用的释义学方法认为,管理人在正式行使选择权前亦得要求相对人继续履行待履行合同。至于对相对人的保护,则可借助于对第42条第2项的类推适用,认为相对人应管理人之请求在其行使选择权前因履行待履行合同而取得的债权同样为共益债权。

不过,这一问题的解决最终还应回归到立法论层面,有待今后立法的进一步明确。另外,美国法为平衡相对人利益,纠正立法对破产债务人的过度保护,针对商业不动产与动产租约创设了特殊规则。对于这一立法所采取的价值取向,笔者赞同。不过是否仅限于这两类合同,则持怀疑态度,在今后修法时可做进一步讨论,比如被许可人破产时的许可合同便与上述两类合同具有极高的相似性。

除上述内容外,在我国需要进一步予以探讨的是,在此期间内相对人得否主张民法上的抗辩权。笔者认为,其与管理人选择继续履行待履行合同后相对人得否主张抗辩权的问题并无本质区别,即在此时亦应限制相对人行使抗辩权,否则本部分的讨论便会流于形式。关于为何得限制相对人行使抗辩权的论述,参见本书第三章第二节的有关内容。

结　语

在处理破产法与其他法律规范的关系时，应严格遵守破产法应尊重非破产法规范原则。这一原则要求，除非存在破产法上的政策需求，否则对于非破产法规则应予尊重。在分析待履行合同时，亦应以此原则为前提，同时对此间的破产法政策需求应保持警惕——在具体情境下进行具体分析，切记笼统适用。待履行合同问题的核心在于，一方破产带来的特定合同能否继续履行的风险由谁承担。由此，原则上无需创设破产法上的特殊规则。

首先，作为处理待履行合同问题的一般规则，美国学者提出的功能主义理论更具逻辑自洽性。按照该理论，破产债务人于待履行合同中享有的债权被自动视为破产财产，不过是负有债务的财产。这便要求管理人在决定是否保留这笔财产（即主张该债权）时应考察其净价值是否为正，即主张破产债务人于待履行合同中享有的债权所得到的收益减去因此而承担的债务是否正值。这一理论在实质上便是财产抛弃规则在待履行合同问题上的具体体现。回归到我国立法，由于我国立法并未承认破产财团之独立法律主体地位，故借用功能主义理论来重构我国的待履行合同制度具有一定的理论与法制空间。

其次，按照上文理解，我国《企业破产法》直接赋予管理人解除权，背离了问题的本源，突破了合同法上法定解除权的法理——非享有法定解除权的场景，违反了尊重非破产法规范原则。这在于，破产财团价值最大化并不能构成赋予管理人解除权的正当性理由——管理人决定是否继续履行待履行合同问题实质上是一个管理人决定是否抛弃对破产财团不利的财产的问题。遵循这一逻辑脉络，我国立法应抛弃解除权模式，回归到合同法上的拒绝履行，即管理人仅得选择拒绝履行而非径直解除待履行合同。与之相关的是，基于破产法的平等清偿原则，应限制相对人在管理人选择拒绝履行后主张强制履行，以免其获得优先对待。

最后，在管理人选择继续履行时，由于破产这一“黑天鹅”事件的出现，打破了合同当事人于合同签订之处作出的风险承担安排，故有必要为相对人提供保护。整体而言，我国立法应从以下几个方面作进一步完善：(1)若破产债务人存在破产受理前的违约行为，管理人虽仍得选择继续履行，但为保护相对人利益，管理人应对此类违约进行及时地补救或就未来将提供违约损害赔偿提供充分保护。(2)相对人基于《民法典》享有的履行抗辩权应被限制行使。(3)实践中常出现的加速到期条款，在破产清算程序中原则上仍有效，而在破产重整程序中则应受到必要限制，否则重整程序极可能无法有效开展，不过相对人基于加速到期条款享有的利益亦应在实质上得到尊重。(4)参照美国法经验，为便利破产财产的价值最大化，管理人在选择继续履行后可不受合同约定的禁止转让的限制转让待履行合同，不过受让人应为自己之将来履约向相对人提供充分保护。

主要参考文献

一、中文文献

(一)著作

[1]崔建远:《合同法》,法律出版社 2016 年版。

[2]崔建远:《合同法学》,法律出版社 2015 年版。

[3]许德风:《破产法论——解释与功能比较的视角》,北京大学出版社 2015 年版。

[4]《企业改制、破产与重整案件审判指导》,法律出版社 2015 年版。

[5]胡康生主编:《中华人民共和国合同法释义》,法律出版社 2013 年版。

[6]李永军:《破产法——理论与规范研究》,中国政法大学出版社 2013 年版。

[7]熊秉元:《法学的经济思维》,华艺学术出版社 2013 年版。

[8]信春鹰等主编:《中华人民共和国劳动合同法释义》,法律出版社 2013 年版。

[9]《最高人民法院关于〈企业破产法〉司法解释理解与适用》,人民法院出版社 2013 年版。

[10]李永军:《破产法——理论与规范研究》,中国政法大学出版社。

[11]崔建远:《合同法总论》(中卷),中国人民大学出版社2012年版。

[12]兰晓为:《破产法上的待履行合同研究》,人民法院出版社2012年版。

[13]王利明:《合同法研究》(第三册),中国人民大学出版社2012年版。

[14]杜景林、卢谌:《德国民法典评注——总则·债法·物权》,法律出版社2011年版。

[15]杜景林:《德国债法总则新论》,法律出版社2011年版。

[16]王利明:《合同法研究》(第二卷),中国人民大学出版社2011年版。

[17]王利明:《合同法新问题研究》,中国社会科学出版社2011年版。

[18]王欣新:《破产法》,中国人民法学出版社2011年版。

[19]王洪主编:《婚姻家庭继承法精要与依据指引》,北京大学出版社2011年版。

[20]崔建远主编:《合同法》,法律出版社2010年版。

[21]孙森焱:《民法债编总论》(下册),文太印刷企业有限公司2010年版。

[22]韩世远:《合同法总论》,法律出版社2008年版。

[23]王全兴:《劳动法》,法律出版社2008年版。

[24]吴庆宝:《金融机构提前收贷风险防范的司法认知》,载《民商事审判指导》(2008年第2辑),人民法院出版社2008年版。

[25]杨忠孝:《破产法上的利益平衡问题研究》,北京大学出版社2008年版。

[26]张学安:《国际金融法中的抵销理论与实务》,法律出版社2008年版。

[27]韩长印主编:《商法教程》,高等教育出版社 2007 年版。

[28]韩长印:《破产法学》,中国政法大学出版社 2007 年版。

[29]安建主编,《中华人民共和国企业破产法释义》,法律出版社 2006 年版。

[30]丁文联:《破产程序中的政策目标与利益平衡》,法律出版社 2006 年版。

[31]韩世远、[日]下森定主编:《履行障碍法研究》,法律出版社 2006 年版。

[32]韩世远:《履行障碍法的体系》,法律出版社 2006 年版。

[33]齐树洁主编:《破产法研究》,厦门大学出版社 2005 年版。

[34]邱聪智:《新订民法债编通则》(下册),中国人民大学出版社 2004 年版。

[35]黄茂荣:《债法各论》,中国政法大学出版社 2004 年版。

[36]高祥阳、陈宇:《国际银行法——合同、银团与法律冲突》,中国人民大学出版社 2003 年版。

[37]葛云松:《期前违约规则研究——兼论不安抗辩权》,中国政法大学出版社 2003 年版。

[38]张文显主编:《法理学》,高等教育出版社 2003 年版。

[39]黄立:《民法债编总论》,中国政法大学出版社 2002 年版。

[40]郭洪俊:《国际银团贷款中的法律问题研究》,法律出版社 2001 年版。

[41]史尚宽:《债法总论》,中国政法大学出版社 2000 年版。

[42]郭玉军:《国际贷款法》,武汉大学出版社 1998 年版。

[43]沈达明:《美国银行业务法》,对外经济贸易大学出版社 1995 年版。

[44]沈达明、郑淑君:《英法银行业务法》,中信出版社 1992 年版。

[45]《德国民法典》,陈卫佐译,法律出版社 2015 年版。

[46][日]山本和彦:《日本倒产处理法入门》,金春等译,法律出版

社 2016 年版。

[47][德]莱因哈德·波克:《德国破产法导论》,王艳柯译,北京大学出版社 2014 年版。

[48][美]尼古拉斯·L. 吉奥加卡波罗斯:《法律经济学的原理与方法——规范推理的基础工具》,许峰等译,复旦大学出版社 2014 年版。

[49][德]卡尔·拉伦茨:《德国民法通论》(上册),王晓晔等译,法律出版社 2013 年版。

[50][日]我妻荣:《民法讲义 IV:新订债权总论》王燚译,中国法制出版社 2008 年版。

[51][德]迪特尔·梅迪库斯:《德国债法总论》,杜景林等译,法律出版社 2004 年版。

[52][美]E. 艾伦·范斯沃思:《美国合同法》,葛云松等译,中国政法大学出版社 2004 年版。

[53][德]乌尔里希·福尔斯特:《德国破产法》,张宇晖译,中国法制出版社 2020 年版。

[54]王利明主编:《中国民法典释评(合同编·通则)》,中国人民大学出版社 2020 年版。

(二)论文

[1]孙良国:《违约方的合同解除权及其界限》,载《当代法学》2016 年第 5 期。

[2]王欣新、乔博娟:《论破产程序中未到期不动产租赁合同的处理方式》,载《法学杂志》2015 年第 3 期。

[3]刘颖:《反思〈破产法〉对合同的处理》,载《现代法学》2016 年第 3 期。

[4]袁文全、马晶:《大规模人身侵权之债在破产债权中的清偿顺位考量》,载《重庆大学学报(社会科学版)》2014 年第 2 期。

[5]董淳锷:《合法形式掩盖下的非法合同问题研究——以企业间借贷的法律规避现象为例》,载《华东政法大学学报》2014 年第 2 期。

[6]庄加园:《预告登记的破产保护效力》,载《南京大学学报(哲学·人文科学·社会科学)》2014 年第 6 期。

[7]韩长印:《破产撤销权行使问题研究》,载《法商研究》2013 年第 1 期。

[8]王欣新、方菲:《破产程序中大规模人身侵权债权清偿问题探究》,载《政治与法律》2013 年第 2 期。

[9]冯辉:《破产债权受偿顺序的整体主义解释》,载《法学家》2013 年第 2 期。

[10]傅穹、王欣:《破产债务人财产制度的法律解释》,载《社会科学研究》2013 年第 5 期。

[11]梅夏英、邹启钊:《法律规避行为:以合法形式掩盖非法目的——解释与评析》,载《中国社会科学院研究生院学报》2013 年第 4 期。

[12]韩长印、何欢:《隐性破产规则的正当性分析——以公司法相关司法解释为分析对象》,载《法学》2013 年第 11 期。

[13]吴春岐:《论预告登记之债权在破产程序中的法律地位和保障》,载《法学论坛》2012 年第 1 期。

[14]朱军:《未约定经济补偿对离职竞业禁止协议效力的影响——基于离职竞业禁止案例的整理与研究》,载《华东政法大学学报》2012 年第 1 期。

[15]林一:《侵权债权在破产程序中的优先受偿顺位建构——基于“给最少受惠者最大利益”的考量》,载《法学论坛》2012 年第 2 期。

[16]李永军:《论破产管理人合同解除权的限制》,载《中国政法大学学报》2012 年第 6 期。

[17]霍政欣:《效率违约的比较法研究》,载《比较法研究》2011 年第 1 期。

[18]陈凌云:《效率违约遏制论——以完善违约损害赔偿责任为线索》,载《当代法学》2011 年第 1 期。

[19]任永青:《绝对优先原则与我国破产法的缺失》,载《河北法学》2011 年第 10 期。

[20]韩长印、韩永强:《债权受偿顺位省思——基于破产法的考量》,载《中国社会科学》2010 年第 4 期。

[21]董保华:《由竞业限制经济补偿争鸣引发的思考——兼与叶静漪教授商榷》,载《法学》2010 年第 10 期。

[22]王欣新、余艳萍:《论破产程序中待履行合同的处理方式及法律效果》,载《法学杂志》2010 年第 6 期。

[23]孙良国、单平基:《效率违约理论批判》,载《当代法学》2010 年第 6 期。

[24]冯果、洪治纲:《论美国破产法之金融合约安全港规则》,载《当代法学》2009 年第 3 期。

[25]许德风:《论破产中尚未履行完毕的合同》,载《法学家》2009 年第 6 期。

[26]许德风:《破产法基本原则再认识》,载《法学》2009 年第 8 期。

[27]郑尚元:《企业员工退休金请求权及权利塑造》,载《清华法学》2009 年第 6 期。

[28]丁晓春:《未履行或未完全履行的双务合同在破产程序中的命运——德国支付不能法第 103 条》,载《天津市政法管理干部学院学报》2008 年第 1 期。

[29]唐清利:《效率违约:从生活规则到精神理念的嬗变》,载《法商研究》2008 年第 2 期。

[30]王欣新、徐阳光:《破产重整立法若干问题研究》,载《政治与法律》2007 年第 1 期。

[31]李西臣:《论我国银行抵销权制度的建立》,载《上海金融》2007 年第 1 期。

[32]崔建远:《履行抗辩权探微》,载《法学研究》2007 年第 3 期。

[33]单海玲:《雇员离职后的竞业禁止》,载《法学研究》2007 年第

3 期。

[34]单海玲:《离职雇员的商业秘密管制:竞业禁止与保密义务》,载《知识产权》2007 年第 4 期。

[35]李春:《商业银行提前收回贷款的法律问题探讨》,载《上海金融》2007 年第 8 期。

[36]叶静漪、任学敏:《我国竞业限制制度的构建》,载《法学杂志》2006 年第 4 期。

[37]韩长印:《破产撤销权若干疑难问题研究》,载《月旦民商法杂志》2006 年第 4 期。

[38]孙良国:《效率违约理论研究》,载《法制与社会发展》2006 年第 5 期。

[39]韩长印:《企业破产立法目标的争论及其评价》,载《中国法学》2004 年第 5 期。

[40]郑金玉、王嘎利:《破产宣告对租赁合同的效力》,载《政法论丛》2003 年第 4 期。

[41]王闯:《论双务合同履行中的同时履行抗辩权——兼释合同法第六十六条及其适用中的相关疑难问题》,载《法律适用》2000 年第 12 期。

[42]韩长印:《建立我国的破产财团制度刍议》,载《法学》1999 年第 5 期。

[43]张弛、鲍治:《附随义务论》,载《华东政法大学学报》1999 年第 6 期。

[44]韩长印:《破产宣告对未履行合同的效力初探》,载《法商研究》1997 年第 3 期。

[45]刘冰、韩长印:《论破产清算组的法律地位——兼论建立我国的破产财团制度》,载《法学评论》1995 年第 3 期。

[46]庄加园、段磊:《待履行合同解除权之反思》,载《清华法学》2019 年第 5 期。

[47]丁燕、尹栋:《论破产管理人待履行合同解除权的限制》,载《法律适用》2022 年第 3 期。

(三)学位论文及其他

[1]陈路:《效率违约研究》,中国政法大学 2011 届博士学位论文。

[2]滕骥:《效率违约研究》,西南财经大学 2011 届博士学位论文。

[3]钟淑健:《民事抗辩权及其基本规则研究》,山东大学 2011 届博士学位论文。

[4]刘胜题:《国际银团贷款法律风险分析及控制》,华东政法大学 2005 届博士学位论文。

[5]崔悦:《论破产管理人对待履行合同的选择权》,华中师范大学 2012 届硕士学位论文。

[6]章菁:《论破产程序中待履行合同选择权》,浙江大学 2012 届硕士学位论文。

[7]叶名怡:《破产宣告对于待履行合同的效力》,河南大学 2004 届硕士学位论文。

[8]联合国贸易委员会:《破产法立法指南》(中译本)。

(四)案例

[1]宏恩医疗健康产业有限公司诉嵊州市天宏制衣有限公司等纠纷案,浙江省嵊州市人民法院(2016)浙 0683 民初 558 号民事判决书。

[2]北京英嘉房地产开发有限公司与杨某物权确认纠纷案,北京市高级人民法院(2015)高民终字第 761 号民事判决书。

[3]北京英嘉房地产开发有限公司、杨某与北京英嘉房地产开发有限公司、杨某物权确认纠纷申请再审案,最高人民法院(2015)民申字第 1158 号民事裁定书。

[4]杭州众意纸业有限公司诉中信富通融资租赁有限公司等/融资租赁合同纠纷案,天津市高级人民法院(2015)津高民二终字第 0070 号民事判决书。

[5]广西通盛融资租赁有限公司诉吕某强融资租赁合同纠纷案,广

西壮族自治区柳州市鱼峰区人民法院(2015)鱼民初(二)字第32号民事判决书。

[6]广东蓝海海运有限公司与民生金融租赁股份有限公司船舶融资租赁合同纠纷上诉案,天津市高级人民法院(2015)津高民四终字第39号民事判决书。

[7]杨某与北京英嘉房地产开发有限公司所有权确认纠纷案,北京市第一中级人民法院(2014)一中民初字第5482号判决书。

[8]温州佳通实业有限公司等诉温州博来登皮具有限公司租赁合同纠纷案,浙江省温州市龙湾区人民法院(2014)温龙民初字第767号民事判决书。

[9]德银融资租赁有限公司等与西安双成重型汽车有限公司融资租赁合同纠纷上诉案,上海市第一中级人民法院(2014)沪一中民六(商)终字第249号民事判决书。

[10]郦某达等诉浙江枝来服饰有限公司房屋租赁合同纠纷案,绍兴市中级人民法院(2014)浙绍民终字第550号民事判决书。

[11]厦门兴汇源金属制品有限公司等诉杭州兆丰电池有限公司租赁合同纠纷案,杭州市中级人民法院(2013)浙杭民终字第3086号民事判决书。

[12]金某局等诉平阳县泰宇房地产开发有限公司商品房预售合同纠纷案,浙江省平阳县人民法院(2013)温平民初字第706号民事判决书。

[13]安吉县农村信用合作联社凤凰山信用社与浙江金贸竹木家具有限公司管理人破产撤销权纠纷上诉案,浙江省湖州市中级人民法院(2013)浙湖商终字第35号民事判决书。

[14]广东华坤建设工程有限公司与东莞市港创建材有限公司买卖合同纠纷上诉案,广东省东莞市中级人民法院(2013)东中法民二终字第189号民事判决书。

[15]吴某、桐柏县五交化公司破产清算组与梁某租赁合同纠纷案,

南阳市中级人民法院(2013)南民一终字第00585号民事判决书。

[16]冷××与沈阳××实业有限公司清算组破产清算清收财产纠纷案,沈阳市中级人民法院(2012)沈中民二终字第2027号民事裁定书。

[17]张某等诉安徽国茂建设置业有限公司商品房买卖合同纠纷案,安徽省滁州市中级人民法院(2012)滁民一初字第00065号民事判决书。

[18]江苏日出化工有限公司等与江苏金融租赁有限公司融资租赁合同纠纷上诉案,江苏省南京市中级人民法院(2012)宁商终字第680号民事判决书。

[19]某某股份有限公司广东省分行诉广州市某某船务有限公司等船舶运营借款及担保合同纠纷案,广州海事法院(2012)广海法初字第154号民事判决书。

[20]××股份有限公司广东省分行诉广州市××船务有限公司等船舶运营借款合同及担保合同纠纷案,广州海事法院(2012)广海法初字第242号民事判决书。

[21]中国银行股份有限公司厦门开元支行诉张某值等金融借款合同纠纷案,福建省厦门市思明区人民法院(2012)思民初字第3923号民事判决书。

[22]南通美嘉利服饰有限公司破产管理人诉江苏银行股份有限公司南通观音山支行破产撤销权案,江苏省南通市港闸区人民法院(2009)港民二初字第0168号民事判决书。

[23]石家庄宝石集团电视机厂与石家庄市冀发商贸有限公司租赁合同纠纷案,最高人民法院(2012)民提字第73号民事判决书。

[24]夏某华、金华市华源置业有限公司挂靠经营合同纠纷、委托合同纠纷案,浙江省金华市中级人民法院(2018)浙07民终5344号民事判决书。

[25]黄某权、周某勇等普通破产债权确认纠纷案,杭州市萧山区人民法院(2022)浙0109民初2453号民事判决书。

[26]湖北神州亚晋酒店管理有限公司、湖北神州运业集团有限公司

合同纠纷案,湖北省襄阳市中级人民法院(2018)鄂06民终3702号民事判决书。

[27]吴某屏等诉浙江金西园科技有限公司管理人借用合同纠纷案,浙江省衢州市中级人民法院(2017)浙08民终290号民事判决书。

[28]徐某与威海正土房地产开发有限公司商品房销售合同纠纷案,山东省威海市经济技术开发区人民法院(2019)鲁1092民初2064号民事判决书。

[29]文某华诉株洲千姿置业有限公司房屋租赁合同纠纷案,湖南省高级人民法院(2017)湘民再461号民事判决书。

[30]陈某玲、浙江正国房地产开发有限公司与破产有关的纠纷案,浙江省温州市中级人民法院(2021)浙03民再15号民事判决书。

[31]福建省南安恒丰食品有限公司、福建名茶村茶业有限公司返还原物纠纷案,福建省高级人民法院(2021)闽民终569号民事判决书。

[32]马某忠、河南省新乡县良种棉加工厂破产管理人破产债权确认纠纷案,河南省新乡市中级人民法院(2019)豫07民终3862号民事判决书。

[33]山东长江房地产开发有限公司、张立江确认合同效力纠纷案,山东省淄博市中级人民法院(2019)鲁03民终3038号民事判决书。

二、英文文献

(一)著作

[1] Dennis Faber & Niels Vermunt & Jason Kilborn & Kathleen van der Linde, *Treatment of Contracts in Insolvency*, Oxford University Press, 2013.

[2] Mark S. Scarberry & Kenneth N. Klee & Grant W. Newton & Steve H. Nickles, *Business Reorganization in Bankruptcy Cases and Materials*, Thomson Reuters, 2012.

[3] Brian A. Blum, *Bankruptcy and Debtor/Debtor*, Aspen

Publishers, 2010.

[4]Charles Jordan Tabb, *The Law of Bankruptcy*, Foundation Press, 2nd ed. 2009.

[5]Thomas H. Jackson, *The Logic and Limits of Bankruptcy Law*, Harvard University Press, 1986.

[6]Douglas G. Baird, *The Elements of Bankruptcy Law*, Foundation Press, 2006.

[7]Restatement (Third) of Property: Mortgages, § 8.1 Accrual of the Right to Foreclose—Acceleration.

(二)论文

[1] Gabrielle Palmer, "Making Trademark Licenses Matter after Rejection in Bankruptcy", 24 *No.* 4 *J. Bankr. L. & Prac. NL Art.* 6 (2015).

[2]Omer Kimhi & Arno Doebert, "Bankruptcy Law as a Balancing System: Lessons from a Comparative Analysis of the Intersection between Labor and Bankruptcy Laws", 23 *Am. Bankr. Inst. L. Rev.* 491 (2015).

[3]Siddharth P. Sisodia, "Does Rejection of an Executory Trademark Licensing Agreement Under Bankruptcy Code Section 365(a) Terminate the Non-debtor Licensee's Right to Continue to Use the Trademark?", 24 *No.* 2 *J. Bankr. L. &Prac. NL Art.* 4 (2015).

[4] Benjamin H. Roth, "Retaining the Hope That Rejection Promises: Why Sunbeam Is a Light That Should Not Be Followed", 30 *Emory Bankr. Dev. J.* 529 (2014).

[5]Paul Rubin, "Not Every IPSO FACTO Clause is Unenforceable in Bankruptcy", 32 – AUG *Am. Bankr. Inst. L. Rev.* (2013).

[6] Adam J. Levitin, "Bankrupt Politics and the Politics of Bankruptcy", 97 *Cornell L. Rev.* 1399 (2012).

[7] Christina Scharar, "Creating Insecurity: The Interpretation of

Insecurity Clauses Triggered by Reappraisals Ordered by Commercial Mortgage Lenders", *Mich. St. L. Rev.* 211(2012).

[8] David A. Skeel & Jr., Thomas H. Jackson, "Transaction Consistency and The New Finance in Bankruptcy", 112 *Colum. L. Rev.* 152 (2012).

[9] Richard E. Mikels, "Can a Counterparty to an Executory Contract Perform Pre-assumption", 31 – MAY *Am. Bankr. Inst. J.* 28 (2012).

[10] Richard F. Broude, "Executory Contracts and Unexpired Leases in Bankruptcy", ST055 ALI-CLE 653, (2012).

[11] Jay Lawrence Westbrook, "The Abolition of Dysfunctional Contracts in Bankruptcy Reorganization", from http://ssrn.com/link/texas-public-law.html.

[12] David Hahn, "The Internal Logic of Assumption of Executory Contracts", 13 *U. Pa. J. Bus. L.* 723 (2011).

[13] David Hahn, "The Role of Acceleration", *DePaul Business & Commercial Law Journal* (2010).

[14] Daniel W. Linna Jr. & Melanie A. Van Antwerp, "Courts' Treatment of Executory Contracts When Both Parties Are Debtors", 28 – NOV *Am. Bankr. Inst. J.* 50 (2009).

[15] Ziad Raymond Azar, "Bankruptcy Policy: A Review and Critique of Bankruptcy Statutes and Practices in Fifty Countries Worldwide", 16 *Cardozo J. Int'l & Comp. L.* 279 (2008).

[16] Ziad Raymond Azar, "Bankruptcy Policy: an Empirical Investigation of 50 Jurisdictions Worldwide", 82 *Am. Bankr. L. J.* 407 (2008).

[17] Christopher W. Frost, "Executory Contracts, Rejection and Specific Performance: The First Circuit Provides Some Clarity", 27 No. 7 *Bankruptcy Law Letter* 1 (2007).

[18] Scott K. Charles & Emil A. Kleinhaus, "Prepayment Clauses in Bankruptcy", 15 *Am. Bankr. Inst. L. Rev.* (2007).

[19] Jason D. Schauer & Kerri A. Lyman, "Carving up the Contract Turkey Under Bankruptcy Code Section 365: Severability and Indivisibility, Integration, and Aggregation in Acquisition Transactions", 15 *J. Bankr. L. & Prac.* 3 Art. 3 (2006).

[20] Douglas G. Baird & Thomas H. Jackson, "Barry E. Adler, Cases, Problems, and Materials on Bankruptcy", Foundation Press (2001).

[21] Daniel J. Bussel & Edward A. Friedler, "The Limits on Assuming and Assigning Executory Contracts", 74 *Am. Bankr. L. J.* 321 (2000).

[22] Thomas E. Plank, "The Bankruptcy Trust as a Legal Person", 35 *Wake Forest L. Rev.* 251 (2000).

[23] R. Wilson Freyermuth, "Enforcement of Acceleration Provisions and the Rhetoric of Good Faith", *Brigham Young University Law Review*1035, (1998).

[24] David G. Epstein & Steve H. Nickles, "The National Bankruptcy Review Commission's Section 365 Recommendations and the 'Larger Conceptual Issues'", 102 *Dick. L. Rev.* 679 (1997 – 1998).

[25] Jessica L. Kotary, Nicole L. Inman, "Eliminating 'Executory' From Section 365: The National Bankruptcy Review Commission's Panacea for An Ailing Statute", 5 *Am. Bankr. Inst. L. Rev.* 513 (1997).

[26] Brett W. King, "Assuming and Assigning Executory Contracts: A History Of Indeterminate 'Applicable Law'", 70 *Am. Bankr. L. J* 95 (1996).

[27] Donald R. Korobkin, "The Role of Normative Theory in Bankruptcy Debates", 82 *Iowa L. Rev.* 75 (1996).

[28] Jesse M. Fried, "Executory Contracts and Performance Decision", 46 *Duke L. J.* 517 (1996).

[29] Thomas E. Plank, "The Constitutional Limits of Bankruptcy", 63 *Tenn. L. Rev*. 487 (1996).

[30] Morris W. Macey & James R. Sacca, "Reconciling Sections 365 (C)(1) and (F)(1) of The Bankruptcy Code: Should Anti-Assignment Laws Prohibit Assumption of Contracts By A Debtor in Possession", 100 *Com. L. J.* 117 (1995).

[31] Stephen McJohn, "Person or Property? On the Legal Nature of the Bankruptcy Estate", 10 *Bankr. Dev. J.* 465(1994).

[32] Elizabeth Warren, "Bankruptcy Policymaking in an Imperfect World", 92 *Mich. L. Rev*. 336 (1993).

[33] Donald P. Board, "Retooling 'A Bankruptcy Machine That Would Go of Itself' ", 72 *B. U. L. Rev*. 243 (1992).

[34] David M. Brent, "Executory Contracts And Section 365: A Doctrine in Search of A Policy", 1 *J. Bankr. L. & Prac*. 180 (1992).

[35] Morris G. Shanker, "Bankruptcy Asset Theory and its Application to Executory Contracts", *Ann. Surv. of Bankr. Law* 3 (1992).

[36] Kathryn R. Heidt, "Environmental Obligations in Bankruptcy: A Fundamental Framework", 44 *Fla. L. Rev*. 153 (1992).

[37] Lawrence J. La Sala, "Partner Bankruptcy and Partnership Dissolution: Protecting The Terms of The Contract And Ensuring Predictability", 59 *Fordham L. Rev*. 619 (1991).

[38] Michael T. Andrew, "Executory Contracts Revisited: A Reply to Professor Westbrook", 62 *U. Colo. L. Rev*. 1 (1991).

[39] Linda Johannsen, "United States v. Whizco, Inc.: A Further Refinement of The Conflict Between Bankruptcy Discharge and Environmental Cleanup Obligations", 20 *Envtl. L.* 207 (1990).

[40] Douglas A. Winthrop, "The Chapter 13 Cure Provisions: ADoctrinein Need of a Cure", 74 *Minn. L. Rev.* 921 (1989 – 1990).

[41] Jay L. Westbrook, "A Functional Analysis of Executory Contracts", 74 *Minn. L. Rev.* 227 (1989).

[42] Thomas H. Jackson, "On the Nature Of Bankruptcy: An Essay on Bankruptcy Sharing And The Creditors' Bargain", 75 *Va. L. Rev.* 155 (1989).

[43] Michael T. Andrew, "Executory contracts in Bankruptcy: Understanding 'Rejection'", 59 *U. Colo. Rev.* 845 (1988).

[44] Elizabeth Warren, "Bankruptcy Policy", 54 *U. Chi. L. Rev.* 775 (1987).

[45] Neil P. Olack, "Executory Contracts and Unexpired Leases: Right to Adequate Protection Prior to Assumption or Rejection", 4 *Bankr. Dev. J.* 421 (1987).

[46] Douglas W. Bordewieck, "The Postpetition, Pre-Rejection, Pre-Assumption: Status of An Executory Contract", 59 *Am. Bankr. L. J.* 197 (1985).

[47] Thomas H. Jackson, "Translating Assets and Liabilities to the Bankruptcy Forum", *The Journal of Legal Studies*, Vol. 14, No. 1 (1985).

[48] Gregory A. Nave, "Collective Bargaining Agreements in Bankruptcy Proceedings: Congressional Response to Bildisco", 1985 *U. Ill. L. Rev.* 997 (1985).

[49] Douglas W. Bordewieck, "The Post-petition, Pre-rejection, Pre-assumption Status of An Executory Contract", 59 *Am. Bankr. L. J.* 197 (1985).

[50] Thomas H. Jackson, "The Fresh-Start Policy in Bankruptcy Law", 98 *Harv. L. Rev.* 1393 (1985).

[51] Douglas G. Baird, Thomas H. Jackson, "Corporate Reorganizations and The Treatment Of Diverse Ownership Interests: A Comment On Adequate Protection Of Secured Creditors In Bankruptcy", 51 *U. Chi. L. Rev*. 97 (1984).

[52] Douglas G. Baird, Thomas H. Jackson, "Kovacs and Toxic Wastes in Bankruptcy", 36 *Stan. L. Rev*. 1199 (1984).

[53] Thomas H. Jackson, "Avoiding Powers in Bankruptcy", 36 *Stan. L. Rev*. 725 (1984).

[54] Christopher Capuano, "Rejection of Collective Bargaining Agreements in Bankruptcy: NLRBv. Bildisco & Bildisco and The Legislative Response", 33 *Cath. U. L. Rev*. 943 (1983 - 1984).

[55] Raymond T. Nimmer, "Executory Contractsin Bankruptcy: Protecting the Fundamental Terms of the Bargain", 54 *U. Colo. L. Rev*. 507 (1983).

[56] David B. Simpson, "Leases and The Bankruptcy Code: Tempering The Rigors of Strict Performance", 38 *Bus. Law* 61 (1982).

[57] David B. Simpson, "Leases and the Bankruptcy Code: The Protean Concept of Adequate Assurance of Future Performance", 56 *Am. Bankr. L. J.* 233 (1982).

[58] Thomas H. Jackson, "Bankruptcy, Non-Bankruptcy Entitlements, and the Creditors' Bargain", 91 *Yale L. J.* 857 (1982).

[59] Eric Taube, "Accelerated Mortgages an Unsolved Problem of Interpretation in Chapter 13", 19 *Hous. L. Rev*. 951 (1981 - 1982).

[60] Vern Countryman, "Executory Contracts in Bankruptcy Part II", 58 *Minn. L. Rev*. 479 (1973 - 1974).

[61] Vern Countryman, "Executory Contracts in Bankruptcy Part I", 57 *Minn. L. Rev*. 439 (1972 - 1973).

[62] Vern Countryman, "The Use of State Law in Bankruptcy

Cases", 47 *N. Y. U. L. Rev*. 407 (1972).

[63] John J. Creedon, Robert M. Zinman, "Landlord's Bankruptcy: Laissez Les Lessees", 26 *Bus. Law*. 1391 (1970 – 1971).

[64] Richard F. Broude, "Executory Contracts and Bankruptcy: The Case for a Federal Common Law", 17 *Kan. L. Rev*. 1, 3 & n. 14 (1968).

[65] James McLaughlin, "Amendment of the Bankruptcy Act", 40 *Harv. L. Rev*. 583, 605 (1927).

[66] John A. E. Pottow, "A New Approach to Executory Contracts", 96 *Tex. L. Rev*. 1437(2018).

[67] Alfred Hill, "The Erie Doctrine in Bankruptcy", 66 *Harv. L. Rev*. 1013 (1953).

(三)案例

[1] In re City of Cent. Falls, R. I. , 468 B. R. 36 (2012).

[2] Sunbeam Products, Inc. v. Chicago American Mfg. , LLC, 686 F. 3d 372 (2012).

[3] In re Antones Records Inc, 445 B. R. 758 (2011).

[4] In re Exide Techs. , 607 F. 3d 957 (2010).

[5] In re GCP CT School Acquisition, LLC, 443 B. R. 243 (2010).

[6] U. S. v. Apex Oil Co. , Inc. , 579 F. 3d 734 (2009).

[7] Rederford v. US Airways, Inc. , 589 F. 3d 30 (2009).

[8] In re Burival, 406 B. R. 548 (2009).

[9] In re Ellis, Not Reported in B. R. (2008).

[10] In re Airadigm Communications, Inc. , 519 F. 3d 640 (2008).

[11] U. S. v. Mitchell, 476 F. 3d 539 (2007).

[12] Crafts v. Pitts, 161 Wash. 2d 16 (2007).

[13] In re Fleming Cos. , 499 F. 3d 300, 305 – 306 (2007).

[14] In re Dehon, Inc. , 352 B. R. 546 (2006).

[15]In re Nickels Midway Pier, LLC, 332 B. R. 262 (2005).

[16]Katz v. C. I. R., 335 F. 3d 1121 (2003).

[17] In re New Breed Realty Enterprises, Inc., 278 B. R. 314 (2002).

[18]E. g., In re Palace Quality Servs. Indus., Inc., 283 B. R. 868 (Bankr. E. D. Mich. 2002).

[19]In re Furr's Supermarkets, Inc., 283 B. R. 60, 69 (10th Cir. BAP 2002).

[20]In re Valley View Shopping Ctr., 206 B. R. 10 (D. Kansas 2001).

[21]In re Cukierman, 265 F. 3d 846, 850 (2001).

[22]In re Bergt, 241 B. R. 17 (1999).

[23]In re Ben Franklin Hotel Associates, 186 F. 3d 301 (1999).

[24]In re Koenig Sporting Goods, Inc., 229 B. R. 388 (1999).

[25]In re Vitanza, Not Reported in B. R. (1998).

[26]Hansen, Jones & Leta, P. C. v. Segal, 220 B. R. 434 (1998).

[27]In re Young, 214 B. R. 905 (1997).

[28]In re Embers 86th Street, Inc., 184 B. R. 892 (1995).

[29]In re Pacific-Atlantic Trading Co., 27 F. 3d 401 (1994).

[30]In re Mr. Gatti's, Inc., 164 B. R. 929 (Bankr. W. D. Tex. 1994).

[31]In re Pacific-Atlantic Trading Co., 27 F. 3d 401, 405 (1994).

[32]In re Udell, 18 F. 3d 403 (1994).

[33]Matter of Delex Management, 155 B. R. 161 (1993).

[34]Robb v. Schindler, 142 B. R. 589 (1992).

[35]In re Magness, 972 F. 2d 689 (1992).

[36] In re Drexel Burnham Lambert Group, Inc., 138 B. R. 687 (1992).

[37]In re Affiliated Food Stores, Inc. , 123 B. R. 747 (1991).

[38]In re Ontario Locomotive & Indus. Ry. Supplies (U. S.) Inc. , 126 B. R. 146 (1991).

[39]In re Chateaugay Corp. , 944 F. 2d 997 (1991).

[40]944 F. 2d 997 (2d Cir. 1991).

[41]In re Standor Jewelers West, Inc. , 129 B. R. 200 (1991).

[42]U. S. v. Energy Resources Co. , Inc. , 495 U. S. 545 (1990).

[43]In re Gore, 124 B. R. 75 (1990).

[44]In re Joshua Slocum Ltd. , 922 F. 2d 1081 (1990).

[45]In re Evatt, 112 B. R. 405 (1989).

[46]In re Orvco, Inc. , 95 B. R. 724 (1989).

[47]In re Granada, Inc. , 88 B. R. 369 (1988).

[48]In re Carlisle Homes, Inc. , 103 B. R. 524 (1988).

[49]In re Windmill Farms, Inc. , 841 F. 2d 1467 (1988).

[50]In re Henke, 84 B. R. 693 (1988).

[51]In re Mako, Inc. , 102 B. R. 818 (1988).

[52]U. S. v. Whizco, Inc. , 841 F. 2d 147 (1988).

[53]Matter of Durham, 87 B. R. 300 (1988).

[54]In re Mohawk Industries, Inc. , 82 B. R. 174 (1987).

[55]In re Walat Farms, Inc. , 69 B. R. 529 (1987).

[56]In re Wall Tube & Metal Products Co. , 831 F. 2d 118 (1987).

[57]In re Gold Standard at Penn, Inc. , 75 B. R. 669 (1987).

[58]In re Mr. Grocer, Inc. , 77 B. R. 349 (1987).

[59]In re Howe, 78 B. R. 226 (1987).

[60]In re Future Growth Enterprises, Inc. , 61 B. R. 469 (1986).

[61]In re Aslan, 65 B. R. 826 (1986).

[62] Midlantic Nat. Bank v. New Jersey Dept. of Environmental Protection, 474 U. S. 494 (1986).

[63] In re Lovitt, 757 F.2d 1035, 1041 (9th Cir. 1985).

[64] Ohio v. Kovacs, 469 U. S. 274 (1985).

[65] In re Pioneer Ford Sales, Inc., 729 F.2d 27 (1984).

[66] Grubbs v. Houston First American Sav. Ass'n, 730 F. 2d 236 (1984).

[67] Matter of Clark, 738 F.2d 869 (1984).

[68] Moody v. Amoco Oil Co., 734 F.2d 1200 (1984).

[69] In re American Provision Co., 44 B. R. 907 Bankr. D. Minn. (1984).

[70] N. L. R. B. v. Bildisco and Bildisco, 465 U. S. 513 (1984).

[71] In re Coors of North Mississippi, Inc., 27 B. R. 918 (1983).

[72] In re Grudoski, 33 B. R. 154 (1983).

[73] In re Evelyn Byrnes, Inc., 32 B. R. 825 (1983).

[74] Matter of U. L. Radio Corp., 19 B. R. 537 (1982).

[75] In re Taddeo, 685 F.2d 24 (1982).

[76] 19 B. R. 53 (Bankr. D. Utah 1982).

[77] In re Lafayette Radio Electronics Corp., 9 B. R. 993 (1981).

[78] Matter of La Paglia, 8 B. R. 937 (1981).

[79] In re Williams, 11 B. R. 504 (1981).

[80] In re Detlefsen, 610 F.2d 512 (1979).

[81] Butner v. U. S., 440 U. S. 48 (1979).

[82] Shopmen's Local Union No. 455 v. Kevin Steel Products, Inc., 519 F.2d 698, 707 (CA2 1975).

[83] In re Goodson, 208 F. Supp. 837 (1962).

[84] In re New York Investors Mut. Group, Inc., 143 F. Supp. 51 (1956).

[85] O'Neill v. Keegan, 376 Pa. 606 (1954).

[86] Pepper v. Litton, 308 U. S. 295 (1939).

[87] Brown v. O'Keefe, 300 U. S. 598 (1937).

[88] In re Hines, 69 F. 2d 52 (1934).

[89] In re Baumgartner, 55 F. 2d 1041 (1931).

[90] Board of Trade of City of Chicago v. Johnson, 264 U. S. 1 (1924).

[91] Planters' Oil Co. v. Gresham, 202 S. W. 145 (1918).

[92] Board of Trade of City of Chicago v. Weston, 243 F. 332 (1917).

[93] Central Trust Co. of Illinois v. Chicago Auditorium Ass'n, L. R. A. 1917B,580 (1916).

[94] In re Neff, 157 F. 57(1907).

[95] In re Imperial Brewing Co. , 143 F. 579 (1906).

[96] In re Pettingill & Co. , 137 F. 143(1905).

[97] Watson v. Merrill, 69 L. R. A. 719 (1905).

[98] First Nat. Bank v. Lasater, 196 U. S. 115 (1905).

[99] In re Swift, 112 F. 315(1901).

[100] Dushane v. Beall, 161 U. S. 513, 515 (1896).

[101] U. S. Trust Co. v. Wabash W. Ry. Co. , 150 U. S. 287 (1893).

[102] Sunflower Oil Co. v. Wilson, 142 U. S. 313 (1892).

[103] Quincy, Missouri & Pacific R. Co. v. Humphreys, 145 U. S. 82 (1892).

[104] Long v. Bullard, 117 U. S. 617 (1886).

[105] American File Co. v. Garrett, 110 U. S. 288 (1884).

[106] Hoyt v. Stoddard, 2 Allen 442 (1861).

[107] Streeter v. Sumner, 11 Fost. 542 (1855).

[108] Rugely v. Robinson, 19 Ala. 404 (1851).

[109] South Staffordshire Railway Company v. Burnside, 155 E. R.

56 (1850).

[110]Martin v. Black, 9 Paige Ch. 641 (1842).

[111]Ogden v. Saunders, 25 U. S. 213 (1827).

[112]Sturges v. Crowninshield, 17 U. S. 122 (1819).

[113]Copeland v. Stephens, 106 E. R. 218 (1818).

(四)立法资料及其他

[1]American Bankruptcy Institution Commission to Study the Reform of Chapter 11: 2012 -2014 Final Report and Recommendations.

[2] National Bankruptcy Review Commission, Final Report: Bankruptcy: The Next Twenty Years, Recommendation 2. 4. 4 at 21 (1997).

[3]H. R. Rep. No. 595, 95TH Cong. , 1ST Sess. (1977).

[4] Bryan A. Garner, *Black's Law Dictionary* (Eighth Edition), 2004 West, Thomson Business.

后　记

本书由笔者的博士论文修改而来。自 2017 年定稿至今,5 年时间匆匆而过。5 年间,我国破产法治取得了显著发展。如最高人民法院制定了《关于适用〈中华人民共和国企业破产法〉若干问题的规定(三)》,印发了《全国法院破产审判工作会议纪要》。各地高级人民法院亦纷纷出台了地方性的"企业破产案件审理规范指引"。此外,在最高人民法院的指导下,各地法院还从组织架构上进行了相应调整,截至 2022 年 6 月底全国已正式设立 16 家破产法庭。伴随上述举措的落地,每年审结的破产案件数量亦稳固提升。根据最高人民法院工作报告,2021 年全国法院共审结破产案件 1.3 万件,涉及债权 2.3 万亿元,审结破产重整案件 732 件;5 年前的 2017 年,仅审结破产案件 3373 件。前后对比,成果不可谓不显著。更值得铭记的是,《深圳经济特区个人破产条例》于 2021 年 3 月 1 日起施行。这标志着,现代意义上的个人破产制度终于在我国取得实质性进展,缺失的另外"半部破产法"的填补工作迈出了坚实的一步。作为一名从业者,在如此短的时间内见证了如此大的发展,实乃幸事。

但在这快速发展的过程中,笔者隐约观察到,发展的轨道隐现偏离破产法基本功能定位的倾向。人们似乎对破产法附加了太多破产法承担不了的期许。如对于“执转破”机制,最高人民法院便一再强调其对解决执行难的重大意义,同时亦希望借此缓解破产受理难。对此,已有学者专文进行了回应,指出无论是破产法还是执行法,其完善的前提便是厘清破产法与执行法的关系。

此类现象,在待履行合同的处理中同样普遍存在。如实践中广泛存在的房地产企业破产后购房人的利益保护问题。为保护普通购房者在房地产企业破产后的利益,最高人民法院发展出了优先保护消费性购房者的理念。但随之而来的便是如何认定消费性购房?对此,实践中有法官认为购买别墅不属于消费性购房,还有法官认为仅应保护购房者的1套购房。稍作扩展,购房者的家庭成员数是否需要纳入考量范畴?所购房屋的地段、属性(如是否属于学区房)是否应被纳入考量范畴?如此等等,不一而足。又比如对于购房者预先支付的购房款应如何处理?还有法官借助取回权制度保护购房者的利益,在购房者业已交付全部房款时,允许房地产企业配合其继续完成相关证件办理手续。上述问题之所以产生,更本质性的原因应在于我国房地产预售制设置上的偏差。相较于国外更普遍采用的按工程进度支付购房款,我国实践中采用的是一次性支付全款。消费者在签订房屋预售合同的同时与银行签订房屋抵押贷款合同。在银行完成批贷后,房地产企业便会收到全部购房款。此后,房屋开发是否顺利完成的风险便转嫁到购房者身上。此举,在降低房地产企业开发房地产时的资金压力,提升其资金周转效率的同时,也将房地产过度金融化的风险转嫁给了购房者。在经济进入下行周期时,此种制度设计的负面效应便集中显现。一如近期频现于报端的购房者集体断供。对此类问题的解决,寄希望于在破产法范围内进行法律技术层面的创新,终究只能是隔靴搔痒,甚至不排除破产法制度内在的逻辑自洽性因此类无法承受之重的侵入而遭受损害,进一步恶化其作为市场主体法治化退出通道功能的实现。当然,考虑到法律的实践品性,相关问题的最终解决更可能采取的逻辑是“面多了加水,水多了加面”。

本书作为笔者博士论文的最终呈现,虽仍有诸多不完善之处,但终归是一个阶段性见证。一路走来,好运眷顾,受益于太多的师友。其间最应感谢的便是恩师韩长印教授！老师当年将自己招入门下,为自己的学术生涯彻底打开了一个全新的世界。第一次迈入交大校园时内心的激动,至今仍清晰如昨。在交大跟随老师求学、生活的 8 年间,从老师身上学到了太多的为人与治学的道理。毕业后老师仍继续在生活与工作中给予诸多无私支持。一路走来,彭诚信老师、庄加园老师、肖俊老师、徐阳光老师等无不给予了莫大的无私帮助。各位老师的言传身教业已融入自己的工作、生活中,成为我不断前行的力量。

在此,特别感谢京衡律师事务所的任一民律师、卢和平律师。他们出于对高校年轻学者经济上较为“拮据”的体恤以及提供教学研究素材机会的考虑,让我有机会参与京衡破产团队成员相关疑难案件的讨论,在“极轻松地”获取一份收入、减轻生活压力的同时,吸收破产法方面教学科研的营养。

年近七旬的父母,是关爱自己最多的人,操劳至今,为自己支撑了一片可以自由逐梦的空间。此刻,文字只剩苍白！最后,感谢陪伴左右的爱人,感谢你的宽容与默默付出。

还有太多的师友、亲朋应予感谢,但是乐曲便有终章,此处不再一一言谢。

汲取的太多,回报的太少！今后自己只能倍加珍惜！

张玉海

2022 年 9 月于上海